NOIRES
ET DEBOUT

JULIANA GOODMAN

NOIRES
ET DEBOUT

Traduit de l'anglais
par Thaïs Cesto

Young Novel

THE BLACK GIRLS LEFT STANDING by Juliana Goodman

Published by Feiwel and Friends, an imprint of Macmillan Publishing Group, LLC, New York.

Traduction : Thaïs Cesto
Mise en page : Patrick Leleux PAO
Illustration de couverture : Ricardo Edwards

Dépôt légal : février 2025
ISBN : 978-2-38531-356-2
Akata – 5, place Georges-Bonnet – 87290 Rancon (France)
www.akata.fr

I.S.S.N. collection Young Novel : 2678-6621

Imprimé en France par CPI Firmin Didot en janvier 2025 (182772).
Diffusion : Interforum

Loi n° 49-956 du 16 juillet 1949 sur les publications destinées à la jeunesse.

À Elena Marcia Gross, alias Fat Baby

CHAPITRE 1

Le distributeur de savon est rempli de liquide rose.

Ce n'est pas un distributeur automatique sous lequel on passe la main pour recevoir une boule de mousse, c'est le type de distributeur à l'ancienne sur lequel il faut appuyer pour faire tomber un filet de savon gluant.

Alors que je m'applique à me laver les mains, je n'arrive pas à me faire à la présence de ces toilettes au sein du funérarium de Warshire. Comme il est étrange d'uriner, de tirer la chasse d'eau et de me laver les mains alors que le corps de ma sœur repose dans une boîte à quelques pièces de là.

Quand je sors de ces toilettes sales, Deja m'attend derrière la porte. Ses épais cheveux de jais sont rassemblés dans un chignon serré sur le dessus de la tête, comme je le lui ai demandé. Elle ne porte pas non plus de maquillage. Il ne manquerait plus que mes oncles et mes cousins la reluquent et lui demandent d'où elle vient.

— Ça va, Beau ? demande-t-elle en s'appuyant sur le mur.

— Oui, ça va.

Nous portons toutes les deux des pantalons de survêtement bleu ciel assortis, avec les mots « R.I.P. KATIA » peints à la bombe en rose et violet le long de la jambe, et des sweat-shirts à capuche assortis avec le visage de Katia sérigraphié sur la poitrine. J'ai réalisé le croquis moi-même il y a quelques jours, en essayant de reproduire le style de ma tagueuse préférée, Bexley O. Même si je suis loin d'être aussi bonne qu'elle.

— J'ai vraiment pas envie de traverser ce couloir, dis-je en enfonçant les mains dans mes poches et en tentant de me rappeler comment respirer.

Inspire, expire.

— Je sais, répond-elle.

Wheeler, le vieil ami de papa, est un putain de menteur. Je me suis déjà rendue dans plusieurs funérariums et celui de son beau-frère est probablement le plus pourri de Chicago. L'intérieur est sombre et démodé. Le sol est recouvert de vieux tapis moisis, les murs miteux – probablement blancs il fut un temps – ont viré au marron et les lampes fluorescentes aux ampoules grillées bourdonnent telles des mouches et plongent la majeure partie de l'endroit dans la pénombre. C'est une véritable catastrophe, mais une catastrophe gratuite que nous ne pouvions pas nous permettre de refuser.

Le pire reste ce long couloir glauque qui mène à la chapelle au fond du bâtiment. Cette dernière est bordée de mini-chapelles abritant chacune trois cercueils ouverts. Tous ces corps exposés au même endroit, l'odeur pesante de pot-pourri et de mort, tout cela me noue l'estomac.

— Agrippe-toi à moi et ferme les yeux, dit Deja en tendant le bras comme une cavalière de bal de fin d'année.

Je glisse mon bras dans le sien et la laisse me guider dans le silence du couloir de la mort.

D'après mes calculs, il doit y avoir au moins vingt personnes dans ces pièces, mais nous sommes les seules en vie, et le frottement de nos chaussures de sport sur la moquette est le seul son que j'entends.

Lorsque Deja me dit d'ouvrir les yeux, nous sommes de retour dans la chapelle de Katia. Des mini-projecteurs roses et bleus colorent la pièce aux boiseries ternes. Les programmes funéraires ont déjà été déposés sur les bancs, bien qu'il y en ait au moins quinze rangées et que je doute que nous en ayons besoin d'autant.

— Dejanae, tu veux bien déplacer ma voiture devant ? Je suis en double file, ma grande, demande Wheeler.

Il a rejoint un cercle au fond de la salle où se trouvent mes parents et une douzaine d'autres personnes que je n'ai jamais vues auparavant. Tous sont vêtus de robes et de costumes noirs alors que je leur avais dit que la couleur préférée de Katia était le bleu. *Bande de connards irrespectueux.*

— C'est *Deja*. Donnez-moi vos clés, répond-elle en levant les mains au moment où Wheeler les lui lance.

— Je reviens tout de suite, me souffle-t-elle avant de m'embrasser sur la joue et de partir.

Elle n'est pas du genre à recevoir des ordres de qui que ce soit. La Deja que je connais aurait conseillé à Wheeler d'enfoncer ses clés dans son cul ridé, mais la Deja serviable accepte sans ciller tout ce qu'on lui demande de faire aujourd'hui.

Mais je ne suis venue ici que pour une seule et unique raison : Jordan.

Alors que Wheeler passe en revue le programme de la « célébration de la vie » avec mes parents, je me dirige lentement vers la chapelle, telle une mariée qui s'apprête à rencontrer l'amour de sa vie à l'autel, sauf qu'il n'y a pas d'autel ici. Il n'y a qu'un cercueil blanc fermé avec des poignées en laiton sur les côtés.

Je m'approche de la boîte blanche et brillante qui contient le corps de ma sœur et pose ma main à l'endroit où se trouve sa tête. De la chaleur, des vibrations, un génie surgissant pour m'accorder trois vœux ? Je ne sais pas trop ce que je m'attends à ressentir, mais j'ai l'impression de toucher n'importe quel objet ordinaire. Je ne *ressens* pas l'esprit de Katia.

Je ne pense pas qu'elle soit là.

Sur la photo diffusée aux informations, l'agent Peter Johnson a l'air d'un type réglo, avec son fils blond sur les épaules et sa femme encore plus blonde à côté de lui. Mais je sais que c'est un meurtrier froid et sans pitié. Il était quatre heures du matin et il a déclaré que Katia essayait de s'introduire dans sa maison. Foutaises. Tout ce que je sais, c'est que la balle s'est introduite dans son visage juste au-dessus de sa lèvre, à l'endroit de son piercing Madonna, et qu'elle est ressortie à l'arrière de son crâne.

Soudain, je sens une main sur mon épaule, légère et parfumée au jasmin, comme celle de Katia. Je me retourne, le sourire aux lèvres, mais ce n'est que Deja.

Et voilà que la lumière s'éteint à nouveau en moi.

— Tu as besoin de quelque chose ? demande Deja en me conduisant vers un banc comme si j'étais une figurine de verre qui risquait de se briser d'un instant à l'autre.

— Je crois, oui.

— De quoi ? Tu veux de l'eau ? du café ? Je peux passer te chercher quelque chose à manger chez Popeyes. Dis-moi ce qu'il te faut.

Mais je me contente de secouer la tête. Nous nous asseyons côte à côte au premier rang et je m'appuie contre son épaule. Je m'imagine que c'est un rêve, que d'une seconde à l'autre, je vais me réveiller à l'hôpital après m'être cogné la tête, ou quelque chose comme ça. Les médecins me diront que je suis restée inconsciente pendant des jours. Katia sera assise sur la chaise à côté de mon lit. Elle me regardera avec sa peau noire éclatante et ses fausses boucles d'oreilles en bambou doré et me dira : « Beau, me refais plus jamais peur comme ça, putain ! » Comme elle me l'a balancé la fois où j'ai passé la nuit chez Deja et que je n'avais dit à personne où j'allais.

Les flics nous ont demandé si Katia se droguait, ce qu'elle faisait dans cette rue, pourquoi elle s'était introduite dans la maison de ce flic. Nous leur avons alors répondu :

qu'elle n'était pas droguée
que nous ne le savions pas
qu'elle ne s'était pas introduite dans la maison.

Parce que c'est ce que *nous* savons.

Du moins, ce que nous croyons savoir.

Je ferme les yeux le plus fort possible, faisant semblant de m'être endormie sur Deja pour que les gens qui entrent dans la chapelle me laissent tranquille. Cela fonctionne un certain temps. J'entends certains de mes oncles et tantes renifler leurs larmes et parler de moi à Deja. Je simule même un ou deux ronflements pour pouvoir garder la tête collée contre son corps et entendre les vibrations profondes de sa voix lorsqu'elle explique à tout le monde à quel point les derniers jours ont été éprouvants pour moi.

— Pauvre bébé, je sais qu'elle est fatiguée, murmure tante Nisha.

— Ce flic aura ce qu'il mérite. Croyez-moi ! lance l'oncle Kolby.

J'entends un *paf* suivi de la voix de tante Rachel :

— Ne dis pas des choses pareilles ! Il ne manquerait plus que tu te fasses arrêter.

Quelque part, ma mère se lamente et demande « Pourquoi, Jésus ?! » Comme s'il allait se pointer ici avec un diagramme pour nous expliquer pourquoi Katia devait mourir. J'entends papa lui dire : « Ça va aller, chérie », avant d'éclater en sanglots. Puis j'entends trois coups sourds et quelques exclamations, mais je refuse d'ouvrir les yeux. Je ne veux rien voir de tout ça. Je ne veux pas que ce soit réel.

— Il est là ? je murmure à Deja, les yeux toujours fermés.

— Il n'est pas assez bête pour se pointer ici. Pas avec ces deux abrutis de Blancs postés près de la porte. Des flics.

— Ils sont là pour Jordan ?

— Il y a quelques Onyx Tigers dans les parages. Les flics sont probablement juste là au cas où quelqu'un déciderait de vider son chargeur.

Katia et son petit ami, Jordan, avaient quitté la boîte de nuit ensemble ce soir-là et Peter Johnson affirme avoir vu deux personnes sur son porche, mais que le garçon s'est enfui avant qu'il n'ait pu l'attraper. C'était il y a onze jours. Personne n'a revu Jordan depuis. Et si c'était le cas, personne ne dit rien.

Il y a beaucoup plus de monde que prévu pour la cérémonie : des gens de Grady Park, des militants de Black Lives Matter, un gang de motards, un *vrai* gang. Il y a tellement de gens que nous n'avons plus assez de livrets et que Wheeler se précipite pour en imprimer d'autres. Une bonne partie des gens sont debout, et M. Warshire a dû repousser les autres services de la journée, faute de place pour les familles.

À treize heures cinquante, soit cinquante minutes après l'heure à laquelle nous étions censés commencer, la cérémonie débute enfin. Deja s'installe sur le banc derrière nous, tandis que je me retrouve écrasée entre ma mère, mon père et le reste de la famille.

— Ça va aller, murmure papa en m'embrassant sur le front, y laissant une trace de son baume à lèvres gras.

C'est ce que les gens disent aux funérailles. Ça ne me soulage absolument pas.

Je scrute la pièce à la recherche de Jordan, de sa tête carrée et de son fameux dégradé, mais il ne s'est toujours pas montré. L'agent Johnson est en congé administratif rémunéré. Notre avocate, cette femme rousse que l'on appelle maître Anniston, dit que le procureur a besoin de la déposition d'un témoin avant d'envisager des poursuites pénales. Nous avons besoin de quelqu'un pour clamer haut et fort : *Katia n'a rien fait de mal.*

— Dans ce cercueil ici présent ! Ce CERCUEIL ! Dans ce cercueil se trouve de la POUSSIÈRE ! s'époumone dans le micro le pasteur-à-louer fourni avec le forfait funéraire.

Il essuie son crâne brun et chauve qui transpire déjà à l'aide d'un bout de tissu.

Je sais que ce n'est que le corps de Katia dans ce cercueil, mais c'est le corps dans lequel elle vivait, le corps que je touchais et avec lequel j'ai partagé une chambre pendant seize ans. Il peut bien continuer à brailler, mais il y a une grande différence entre le corps de Katia et la poussière qui s'accumule sur les pales du ventilateur du plafond de notre chambre.

— On va s'en sortir, mon bébé, on va s'en sortir, me chuchote ma mère.

Je devrais pleurer, moi aussi, mais pour une raison que j'ignore, je n'y parviens pas. C'est comme si mes canaux étaient bloqués et que les larmes coulaient à l'intérieur de moi au lieu de rouler sur mes joues. *Katia, pourquoi n'es-tu pas restée à la maison avec moi ?*

Ce n'est qu'une fois le pasteur assis que le véritable cirque commence. Ils ouvrent le cercueil pour que les gens puissent regarder ma sœur, pour qu'ils puissent vérifier par eux-mêmes à quel point elle est morte. L'avoir identifiée à la morgue avec ma mère me suffit amplement. Elle s'apprêtait à le faire seule, car papa n'avait pas répondu à temps au téléphone. Mais je ne voulais pas la laisser seule là-dedans. Elle ne voulait pas que je la suive, mais je sais qu'elle avait besoin de moi. C'est pour ça que je refuse de regarder Katia à présent. Je ne peux plus la voir comme ça.

Le reste de ma famille fait la queue devant le cercueil ouvert, mais tante Pepper s'évanouit dans l'allée centrale. Elle a fait le même coup à l'enterrement de grand-mère il y a quelques années, se roulant au sol comme un vulgaire crayon à papier. Si les gens pleuraient déjà, à présent ils crient et gémissent, car le chagrin est contagieux.

— Seigneur Jésus, aide-la ! implore tante Rachel, soutenant la tête de tante Pepper dont les yeux bruns se révulsent.

Une officiante aux hanches larges, vêtue d'une robe blanche et d'une coiffe d'infirmière, se précipite à son secours. Oncle Kolby reconduit tante Pepper sur le banc, mais elle réagit à peine et tout le monde autour d'elle se sert de son programme pour éventer son visage en sueur.

Lorsque tante Pepper revient enfin à elle, la cérémonie se poursuit avec les meilleures amies de Katia, Monica et Clarice.

Elles aussi portent le pantalon de survêtement bleu « R.I.P. Katia ». Elles ont failli ne pas l'avoir, parce qu'elles l'ont laissée quitter la boîte de nuit seule avec Jordan ce soir-là. Si elles étaient rentrées à la maison avec elle, rien de tout cela ne serait arrivé.

Je me retourne et je découvre la foule, qui doit compter au moins deux cents personnes. Deja avait raison. Jordan serait prêt à manquer les funérailles de sa petite amie pour se cacher de la police. Je ne sais pas grand-chose de lui, si ce n'est qu'il a un casier judiciaire, que son père est détenu pour meurtre depuis qu'il est bébé, et qu'il a passé les deux dernières années à mentir et à tromper ma sœur.

Mes poings se serrent et je commence à agiter ma jambe pour apaiser mon besoin de me lever et de faire quelque chose qui importe vraiment. Comme arracher le micro des mains de Monica et crier à tout le monde de monter dans sa voiture pour se mettre à la recherche de Jordan. Rester assis à pleurer ne sert à rien.

Après un long discours, Monica dépose une lettre pour Katia dans son cercueil, puis hurle sa tristesse. Clarice n'a qu'une fraction de seconde pour la rattraper avant qu'elle ne s'évanouisse. Elle manque son coup et la tête de Monica heurte le sol dans un bruit sourd. Deux autres officiants se précipitent vers elle. Environ six autres personnes s'évanouissent, et on ne peut que saluer les officiants, qui veillent à ce que personne ne meure pendant leur service.

— Beau, ma chérie, tu veux un mouchoir ? demande tante Pepper assise derrière moi. Elle a repris ses esprits, mais ses yeux sont injectés de sang.

— Non, merci.

L'enterrement de Katia n'est qu'*un seul* jour pour elle, pour tout le monde ici. Mais pour moi, c'est pour le reste de ma vie. Quand je me réveillerai le matin, quand je m'endormirai le soir, Katia sera toujours morte. Pour toujours.

Le nœud dans mon estomac se contracte lorsque j'entends les premières notes de « I Wish » de R. Kelly diffusées par les haut-parleurs. M. Warshire, le directeur du funérarium, fait signe à la famille d'avancer. Mes parents, mes tantes, mes oncles et mes cousins se rassemblent autour du cercueil, chacun posant une main sur le couvercle. M. Warshire rabat délicatement la couverture blanche à volants sur Katia, comme si elle et cette foutue couverture n'allaient pas être jetées dans un brasier une fois le spectacle terminé.

Ma mère commence à hurler du plus profond de ses poumons alors que le couvercle se referme.

— Oh mon Dieu, pas mon bébé ! Katiaaaa ! S'il te plaît, Seigneur, s'il te plaît, s'il te plaît, Seigneur !

Elle se heurte à tante Pepper et à oncle Kolby, qui sont les seuls à réussir à l'empêcher de rejoindre Katia dans son cercueil. Elle voudrait être morte avec elle.

C'est ma dernière chance. Si je ne regarde pas maintenant, je ne la reverrai plus jamais. Après ça, Katia sera incinérée et il ne restera d'elle qu'un sac de cendres.

Je le fais rapidement. Je baisse les yeux vers elle, puis je les remonte vers le couvercle.

Je le regrette instantanément.

Elle est gonflée, sa peau est dix tons plus foncée, et son menton est collé à sa poitrine, comme si elle n'avait pas de cou. Ou comme s'ils l'avaient remplie de papier de soie. Ils l'ont enveloppée dans un épais filet blanc et ont placé un oreiller en dentelle sur le côté de son visage, là où la balle l'a transpercée.

Ce n'est pas Katia, me dis-je alors que le couvercle est sur le point de se refermer. *Ce n'est PAS ta sœur.* Je refuse que ce soit elle. Elle paraît défigurée et brisée, mais c'est bel et bien Katia, allongée dans son cercueil, qui ne réagit pas tandis que nous refermons le couvercle sur elle pour toujours.

Je reste sur mon banc jusqu'à ce que la chapelle se vide et que le directeur du funérarium fasse rouler le cercueil dans la pénombre de l'arrière-salle, là où l'on incinère les grandes sœurs. Lorsque les policiers qui stationnent près de la porte s'en vont enfin, je comprends que Jordan ne viendra pas.

— Mademoiselle ?

Je sursaute en sentant une main se poser sur mon épaule, mais ce n'est que M. Warshire, dans son costume bleu marine d'enterrement et le nœud papillon rouge le plus kitsch que j'aie jamais vu.

— Désolé, je ne voulais pas vous effrayer. Avez-vous besoin d'aide pour transporter les fleurs jusqu'à votre voiture ? demande-t-il en désignant les compositions florales roses et bleues posées sur et tout autour du cercueil.

— Euh… est-ce qu'on peut en faire don ? On n'a pas vraiment de place. Et même si c'était le cas, qui voudrait rapporter des fleurs d'enterrement chez soi pour se remémorer ce moment ?

— Bien sûr, mademoiselle, acquiesce M. Warshire. Y a-t-il autre chose que je puisse faire pour vous ?

— Non, merci.

Une fois qu'il s'est éloigné, je me mets à fouiller dans les fleurs, à la recherche de cartes ou de quoi que ce soit d'autre. Je remarque alors quelque chose qui ne se trouvait pas là au début de la cérémonie. Un ours en peluche bleu ciel tenant une rose rouge avec un morceau de papier attaché autour de la tige.

Je retire le mot et le déplie. Il y est écrit :

POUR MON BÉBÉ, KATIA.

JE T'AIME, À TOI POUR TOUJOURS, JORDAN.

CHAPITRE 2

AVANT

L'ORAGE GRONDAIT AU-DEHORS ET LA PLUIE S'ABATTAIT contre notre fenêtre la nuit où Katia m'a annoncé qu'elle avait décidé de s'enfuir. Elle avait seize ans et je venais d'en avoir dix. J'étais plantée au milieu de notre chambre plongée dans le noir, des larmes silencieuses roulant sur mon visage tandis que Katia fourrait ses affaires dans son sac de sport. L'horloge sur le mur indiquait deux heures trente-sept du matin.

— Retourne te coucher, OK ? a-t-elle murmuré par-dessus son épaule.

Elle avait rassemblé ses microlocks en une haute queue-de-cheval et portait sa veste noire au logo contrefait sur la poitrine.

— Pourquoi… tu… t'en… vas ? ai-je hoqueté entre deux sanglots.

Katia a passé la sangle de son sac de sport violet par-dessus son épaule.

Elle s'est agenouillée devant moi et a pris mes mains dans les siennes.

— Parce qu'il le faut, Bozo.

— Tu vas où ?

À l'époque, je voulais tout faire comme Katia. Je voulais me coiffer comme elle, m'habiller comme elle. Il m'arrivait même de manger la même chose qu'elle, même si c'était dégoûtant.

Mais si Katia s'en allait, qu'est-ce que j'étais censée faire toute seule ?

— Je vais juste me promener, a-t-elle répondu, son regard passant de moi à la porte, comme si mon père ou ma mère allaient débouler et nous surprendre en flagrant délit.

— Dis-moi où tu vas.

— J'ai pas de comptes à te rendre. T'es qu'une gamine, retourne te coucher.

— Katia, dis-moi ! ai-je pleurniché.

Elle a plaqué sa main sur ma bouche en me demandant de me taire.

— Tu vois ? C'est pour ça que je peux rien te dire. J'suis même pas encore partie que t'es déjà prête à réveiller toute la maison.

— Laisse-moi venir. Je te promets que je t'embêterai pas ! ai-je supplié en rebondissant sur mes orteils.

— J'ai dit non.

Elle s'est relevée, a soulevé la fenêtre de notre chambre, et la pluie qui tombait dehors lui a arrosé le visage.

Je me trouvais juste derrière elle.

— Si tu me laisses pas venir, j'le dis tout de suite à papa et maman, ai-je menacé.

— Comme si j'en avais quelque chose à foutre, a-t-elle répondu en passant sa jambe par la fenêtre.

— Alors je dirai à maman que t'as volé vingt dollars dans son sac à main, l'autre jour.

Katia est restée immobile sur le rebord de la fenêtre, une moitié dans notre chambre, l'autre à l'extérieur, et m'a fixée comme si elle souhaitait que je n'existe pas. Après avoir passé une bonne minute à me toiser, elle m'a demandé :

— Combien d'argent de ton anniversaire il te reste ?

Ce n'était pas assez pour acheter deux billets de bus pour New York, où vivait tante Pepper, chez qui nous étions toujours les bienvenues. Ce n'était pas assez pour acheter n'importe quel ticket de bus. Au lieu de cela, nous avons arpenté les rues sombres du South Side et avons pris trois trains pour rejoindre les abords d'une banlieue où nous n'avions jamais mis les pieds.

Dans un des trains, une infirmière blanche en blouse rose qui était assise en face de nous et qui avait l'air épuisée nous a demandé ce que nous faisions dehors à cette heure de la nuit.

— C'est ma fille. On va voir son père en prison, a ironisé Katia.

Les yeux de la dame se sont écarquillés, mais elle a fini par lâcher l'affaire et nous a ignorées pour le restant du trajet.

J'étais terrifiée, mais aussi très excitée. J'aimais être dehors la nuit, car mon père et ma mère ne nous laissaient jamais sortir de la maison après le coucher du soleil. Ils avaient peur que quelque chose de grave nous arrive, pourtant la nuit était le meilleur moment de la journée. Pas de foule, pas de brouhaha ni de cris, pas de bébés pleurnicheurs, pas d'école. Mais c'était aussi l'heure la plus effrayante de la journée, celle où les parcs sombres et les vitrines noires des magasins cachaient les monstres et les pervers.

Je savais que Katia me protégerait du danger. Elle était consciente que nos parents la puniraient s'il m'arrivait malheur.

— J'ai faim, ai-je dit alors que nous marchions dans une rue bordée de bars et de magasins qui vendaient de l'alcool.

Nous étions trempées et il faisait de plus en plus froid dehors.

— Moi aussi, je commence à avoir faim. Arrêtons-nous là, a décidé Katia.

Un restaurant vieillot se trouvait au bout de la rue et semblait être le seul endroit ouvert vingt-quatre heures sur vingt-quatre. Alors que Katia traversait le parking en direction de la porte, j'ai failli trébucher sur quelque chose de dur.

— Cette brique a dû se détacher du mur du bâtiment, ai-je dit en la ramassant.

Katia m'a tenu la porte ouverte en levant les yeux au ciel.

— On s'en fout, dépêche-toi d'entrer.

Quand je me suis avancée, je l'ai aperçu, le trou au milieu des briques, juste à côté de la porte vitrée.

— Attends ! Je crois qu'elle va là !

J'ai aligné les bords de la brique avant de la pousser dans l'espace vide. Elle s'y est logée sans difficulté. À peine ai-je terminé que Katia m'a saisie par le bras pour m'entraîner à l'intérieur.

Le Rosie's Diner était l'endroit le plus cool que j'avais jamais vu. Il y avait une enseigne lumineuse à l'extérieur, sur laquelle figurait le nom du restaurant en lettres rose vif. À l'intérieur, les banquettes et les tables étaient roses et bleues, tandis que le sol formait un damier noir et blanc. Au fond de la salle, un jukebox changeait de couleur et diffusait des chansons des années soixante.

— On peut se mettre là ? ai-je demandé en me glissant sur la banquette la plus proche et en saisissant un menu.

— Peu importe, a grommelé Katia en jetant un coup d'œil autour d'elle et en tambourinant des ongles sur la table.

Elle semblait nerveuse.

Une femme blanche et maigre, coiffée d'une choucroute et vêtue d'une robe rose bonbon, est alors venue prendre nos commandes. Je lui ai demandé si elle était Rosie et elle m'a répondu que Rosie était morte dix ans plus tôt. Nous avons commandé des cheeseburgers, des frites et deux milk-shakes à la fraise. La serveuse ne voulait pas savoir ce que nous faisions là à une heure pareille, mais elle s'est assurée que nous avions de l'argent.

— Évidemment qu'on a de l'argent. Pourquoi on viendrait commander de la nourriture sinon ? a répliqué Katia.

La serveuse s'est confondue en excuses et est partie transmettre nos commandes en cuisine.

— Tu crois que papa et maman ont appelé la police ? ai-je demandé.

— Ça m'étonnerait.

Elle a sorti son baume à lèvres rose et s'en est badigeonné les lèvres.

— Pourquoi tu veux aller voir tante Pepper, de toute façon ?

— J'sais pas. Pour avoir un endroit où aller, a-t-elle répondu – comme si cela avait le moindre sens.

La serveuse nous a apporté notre repas avant de nous souhaiter bon appétit. J'ai mordu dans mon hamburger et la graisse a coulé le long de mon menton et sur ma veste verte.

— Bon sang, Beau, enlève cette putain de veste avant de la tacher ! a aboyé Katia.

Je l'ai retirée et la lui ai donnée pour qu'elle la glisse dans son sac de sport. Elle a avalé quelques frites, mais s'est surtout contentée de regarder par la fenêtre, où une voiture passait toutes les deux ou trois minutes. Elle aimait beaucoup faire ça, observer les gens ou regarder dans le vide, comme si le simple fait de penser lui permettait d'être ailleurs.

— Pourquoi tu veux pas vivre à la maison ? Maman et papa ne sont pas si méchants que ça. Je connais des parents qui frappent leurs enfants et ne les nourrissent même pas, ai-je affirmé.

— Ce n'est pas d'eux que je veux m'éloigner, a expliqué Katia.

— C'est de moi ?

— Si c'était le cas, tu crois que j'aurais emmené ta tronche d'emmerdeuse avec moi ?

J'avais avalé la cerise de mon milk-shake avant de faire un nœud avec la tige.

— Oui, si tu veux me tuer et redevenir l'enfant unique de la maison.

Katia m'a dévisagée avant d'éclater de rire.

— Tu regardes trop la télé. C'est pas de toi que je cherche à m'éloigner. C'est de Grady Park.

— C'est pas si mal.

Je n'avais pas vraiment de point de comparaison, mais la cité me semblait acceptable.

— Ouais, exactement.

— Hein ?

Katia a haussé les épaules.

— Disons que tu as deux amies. L'une est incroyable. L'autre est « pas si mal ». Mais tu ne peux en choisir qu'une seule. Laquelle tu choisis ?

J'ai reposé ma frite et me suis efforcée de réfléchir attentivement. Katia prenait rarement la peine de m'expliquer les choses, il était donc important pour moi de lui donner la bonne réponse, de lui montrer que j'étais aussi intelligente qu'elle.

J'ai fini par trouver une réponse.

— Je serais amie avec une pendant une semaine, puis avec l'autre la semaine d'après. On échangerait. Comme ça, je serais amie avec les deux, mais pas en même temps.

Katia a levé les yeux au ciel, et j'ai su que j'avais échoué.

— Laisse tomber, Beau. Un jour, t'auras mon âge et tu comprendras exactement ce que je veux dire. J'espère juste que je serai partie depuis longtemps d'ici là.

Je ne l'espérais pas.

Une fois mon hamburger terminé, nous avons compté ce qui nous restait d'argent. Nous en avions assez pour reprendre les trois trains qui nous ramenaient à la maison ou pour commander plus de nourriture et appeler nos parents pour qu'ils viennent nous chercher. La seule raison pour laquelle je n'avais pas peur d'avoir des ennuis, c'était que Katia n'avait pas l'air d'avoir peur. Tout irait bien. Je savais au moins cela.

— Tout me va, ai-je dit.

Katia m'a lancé un drôle de regard, peut-être qu'elle m'aimait bien, après tout. Elle s'est levée de la banquette et a fait signe à la serveuse derrière le comptoir.

— Hé, madame ! On peut avoir deux autres cheeseburgers avec des frites ? Et du gâteau !

La serveuse a eu l'air agacée d'être apostrophée comme une servante. Elle a ôté sa main de sa hanche et a sorti son bloc-notes.

— Quel genre de gâteau voulez-vous ?

— Euh… n'importe. Ce que vous avez !

La serveuse a lâché un soupir.

— On en a sept sortes différentes.

— D'accord, alors donnez-moi, euh, deux de chaque !

La femme a regardé Katia comme si elle était folle.

— Chérie, ça fait *quatorze* parts de gâteau. Et les portions sont grosses. T'es sûre d'en vouloir autant ?

Katia s'est tournée vers moi, cherchant mon approbation.

— Oui, on prend le tout.

CHAPITRE 3

Je suis toujours plantée là, le mot et l'ours en peluche à la main, que je ne cesse de relire pour m'assurer de son authenticité. Car si tel est le cas, cela signifie que Jordan était parmi nous aujourd'hui. Nous nous trouvions au même endroit, et je n'en avais pas la moindre idée. Comment ai-je pu ne pas m'en apercevoir ?

Les portes de la chapelle s'ouvrent une nouvelle fois dans un grincement et Breon, une de mes plus anciennes amies, passe la tête par l'entrebâillement.

— Hé, Beau. J'attendais que tu sortes. Il faut que je te parle, dit-elle en entrant dans la chapelle et en plongeant les mains dans les poches de son jean cargo noir.

Ce n'est pas vraiment une tenue d'enterrement, mais je ne lui en veux pas, car elle porte une de ces fausses chemises de smoking plutôt convenable.

Elle s'approche de moi, puis examine l'ours et le papier que je tiens dans la main.

— Il est mignon, cet ours.

— Je crois que c'est de la part de Jordan. Il a signé son nom, je réponds, incrédule.

— Sérieux ? Il était ici ? Je ne l'ai pas vu.

— Ouais, moi non plus. Mais il a bien dû entrer à un moment ou à un autre, non ?

Breon coince une boucle de cheveux derrière son oreille.

— Peut-être. Ou bien il a demandé à quelqu'un de le déposer à sa place.

— C'est possible, oui… Enfin, tu voulais me parler ?

Même si je l'ai invitée à la cérémonie, Breon et moi ne nous fréquentons plus depuis plus d'un an. Elle vit toujours dans l'immeuble en face du mien et je la croise souvent, mais nous avons cessé de traîner ensemble.

— Je voulais juste te dire que je suis vraiment désolée pour ce qui est arrivé à Katia. Je veux que tu saches que je suis là, si t'as besoin de parler ou quoi que ce soit d'autre. Si t'en as envie, évidemment.

J'ouvre la bouche pour lui répondre, mais une voix le fait à ma place.

— J'crois pas, non. C'est pour ça que je suis là, rétorque Deja en entrant dans la chapelle, se postant à côté de moi comme un garde du corps.

Breon pousse un gémissement contrarié.

— Deja, t'en as pas marre de te mêler des affaires des autres ?

— À vrai dire, si. J'aimerais être plus comme toi et traîner dans la rue à ne rien foutre de mes journées. Maintenant, si ça te dérange pas, moi et *ma* meilleure amie, on aimerait avoir un peu d'intimité.

Breon se tourne vers moi, espérant que j'intervienne pour faire taire Deja. Mais je n'ai pas l'énergie de m'occuper de ces deux-là en plus de Jordan.

— OK, j'ai compris, répond Breon.

Elle jette un regard noir à Deja avant de sortir.

— Elle t'embêtait ? demande Deja.

— Non, ça va.

— T'es sûre ? Parce que si elle a toujours pas compris que notre amitié est morte…

— Deja. C'est bon.

J'ai parfois du mal à croire que nous étions toutes les trois les meilleures amies du monde. Nous le serions encore aujourd'hui si Breon ne nous avait pas trahies. La façon dont c'est arrivé est complètement dingue. Du jour au lendemain, l'excellente élève, la petite Miss parfaite déterminée à devenir première de sa classe de quatrième semblait avoir été possédée par Lil Wayne. Elle s'est mise à faire la fête, à boire de la lean et à arriver en cours complètement défoncée. Je pense que nous aurions pu accepter tout ça s'il n'y avait pas eu les vols.

— Je sais même pas pourquoi elle s'est pointée, lance Deja d'un ton méprisant.

— Elle aussi connaissait Katia.

— C'est toi qui l'as invitée ? demande Deja.

— Quoi ? Bien sûr que non.

J'ai pourtant bel et bien invité Breon. C'était un peu bête, mais j'avais secrètement rêvé de ce moment magique où, submergées de tristesse, nous tirerions toutes les trois un trait sur le passé et redeviendrions les meilleures amies du monde. J'aurais dû me douter que cela n'arriverait jamais.

— C'est quoi ça ? (Deja me prend le mot des mains avant de le lire.) Où est-ce que t'as trouvé ça ?

— Sous un bouquet de fleurs. Tu as vu Jordan entrer ou sortir d'ici ?

Elle secoue la tête.

— Non. Vaut mieux pas qu'il se pointe à Grady Park avec les Onyx Tigers à ses trousses.

— Qu'est-ce qu'ils lui veulent ?

— J'sais pas trop, mais j'ai entendu des gens dire qu'il volait de l'argent aux OT. Il a fallu qu'il disparaisse pour qu'ils comprennent, mais ils l'ont dans le collimateur maintenant.

Ça ne présage rien de bon. Les Onyx Tigers sont associés à la quasi-totalité des homicides de ce côté-ci de la ville. Deux d'entre eux vivent dans le bâtiment A, leurs bandanas bleu et orange nous signalant de retourner à l'intérieur avant que les choses dégénèrent et que nous soyons pris entre deux feux.

— Ils vont le tuer ? je demande.

Deja hausse les épaules.

— J'espère. Il mérite pas de vivre après ce qu'il a fait à Katia.

— Mais ils ne peuvent pas faire ça ! je crie.

Si Jordan meurt, je ne saurai jamais ce qu'il s'est réellement passé cette nuit-là. J'ai envie de croire que Katia n'a rien fait de mal, mais je dois en avoir le cœur net. J'ai besoin de preuves.

— Qu'est-ce que tu racontes ? Tu ne veux *pas* que Jordan soit tué ?

J'ouvre la bouche avant de la refermer. Il faut que Jordan reste en vie pour faire éclater la vérité, mais après ça ? Je me fous de ce que les OT feront de lui. Mais ce n'est pas comme si je pouvais aller les voir et leur demander : « Hé, j'ai besoin d'un de vos ennemis pour témoigner au tribunal. Ça vous dérange d'attendre la fin du procès pour l'assassiner ? »

— Je me fiche qu'ils le descendent, mais c'est le seul qui était là cette nuit-là à part ce menteur de flic. C'est sûr qu'il sait quelque chose et on doit le trouver…

Deja lève une main parfaitement manucurée.

— Attends un peu. Comment ça, *on* ? J'suis toujours partante pour cogner de la pétasse, mais jouer avec les OT, c'est jouer avec ta vie. Je me mêle pas de leurs affaires, et toi non plus.

— On se mêle de rien, on pose simplement des questions.

— Mais c'est pas seulement ça que tu veux, insiste Deja. Tu veux que Jordan aille voir la police pour qu'ils arrêtent ce flic, et moi, je te dis que ça va pas se passer comme ça. Tu sais que personne fait chier les flics. Surtout pas Jordan.

— Mais c'est différent ! Je lui demande pas de dénoncer qui que ce soit, à part ce flic. Si on trouve Jordan, je pourrai lui parler. Je pourrai lui faire avouer la vérité.

Deja lève les mains.

— Non, tu peux pas ! Tu penses que tu peux, mais c'est impossible. Si Jordan avait voulu la jouer réglo, il se serait pas enfui ce soir-là. Alors, pourquoi tu penses qu'on pourrait le faire changer d'avis ?

Je brandis l'ours en peluche.

— À cause de ça. C'est probablement pas lui qui l'a laissé ici, mais il vient de Jordan.

— Et alors ?

— Alors, ça veut dire qu'il se sent coupable. Et s'il se sent coupable, il a juste besoin de quelqu'un pour l'inciter à faire la bonne chose. Katia était ma sœur. Tout le monde se sent mal pour moi, peut-être que Jordan aussi, peut-être qu'il me dira ce que j'ai besoin de savoir. Si ça marche pas, peut-être que je pourrais le faire chanter.

Deja écarquille les yeux.

— La *bonne chose* ? Tu veux vraiment passer le reste de ta vie à éviter les OT ? Parce que c'est ce qui se passera si tu interviens dans leurs histoires, prévient-elle.

Au quartier, la règle d'or est de toujours se mêler de ses affaires, quoi qu'il advienne. Mais les règles du quartier n'ont plus aucune importance pour moi.

— Deja, tout le monde pense que Katia essayait de s'introduire dans la maison de ce type. T'as pas remarqué qu'on nous regardait de travers aujourd'hui ? La police doit savoir que Katia n'a rien fait de mal !

— Pourquoi ? Depuis quand la police se soucie de savoir ce qui est vrai ou de qui est innocent ? Ma belle, je sais que t'es bouleversée. Je sais que ça fait mal, vraiment. Mais tu dois laisser tomber cette histoire avec Jordan. Il est hors de question que les prochaines funérailles soient les tiennes. Je ne m'en remettrais pas.

Mais je dois le faire pour Katia. Elle ne mérite pas que les gens se souviennent d'elle comme d'une criminelle alors qu'elle n'a rien fait. Nous avons besoin du témoignage de Jordan, et pour ça, je dois le retrouver. Quoi qu'il en coûte.

— Deja, je peux pas…

— C'est pas une question, Beau, c'est un ordre. Non seulement pour ta propre sécurité, mais aussi pour la mienne, celle de tes parents, de tes tantes et de tes oncles. Si t'es en danger, nous le sommes tous. On peut réfléchir à une autre solution. Promets-moi juste de ne pas parler de lui à qui que ce soit d'autre.

Elle n'a pas conscience qu'elle me demande ni plus ni moins d'abandonner Katia. Ce que je ne ferai jamais. Mais Deja est la personne la plus têtue que je connaisse. Et puis, je commence à en avoir assez de me battre avec elle. Elle n'a pas de sœur, comment pourrait-elle comprendre ce que je ressens ? Alors, j'obtempère :

— D'accord. Je te le promets.

— Dieu soit loué. (Elle m'attire à elle et je pose la tête sur son épaule.) Je sais que c'est difficile, mais tout finira par s'arranger, bébé, je te le jure.

Elle a raison. Tout finira par s'arranger. Parce que je ne renoncerai pas à chercher Jordan.

CHAPITRE 4

Le Frappuccino au thé vert de Starbucks est si sucré que mes dents me font souffrir à chaque gorgée.

— Ils n'ont pas le fil que je veux, grommelle Deja en examinant les étagères pleines à craquer de la boutique.

Deux jours après la cérémonie, nous voilà chez Beauty Supply Queen, un magasin aussi grand que Target, spécialisé dans les produits pour les cheveux et les vêtements bon marché. Un million de paquets de tissage tapissent les murs de quatre mètres de haut : du Yaki, du Remy, du vierge, du brésilien, du chinois, du mongol. Le rez-de-chaussée est divisé en plusieurs parties : perruques et laces frontales, shampoings et après-shampoings, gels, graisses et huiles et enfin, la section dans laquelle nous nous trouvons, celle des accessoires de coiffure.

— Prends n'importe quoi. C'est tous les mêmes, je lance.

— Ils ne fonctionnent pas tous pareil. Il faut vraiment faire la différence entre un tissage digne de Blac Chyna et une wig qui se casse la gueule en direct à la télé.

Je lève les mains en signe de reddition.

— Dans ce cas, prends ton temps, meuf.

Deja est une experte dans le domaine ; c'est la seule personne à qui je confie mes cheveux. Avec tout ce qui se passe en ce moment, mes cheveux sont le dernier de mes soucis, mais j'ai bien conscience que je ne peux pas me présenter à la conférence de presse en ayant l'air négligée.

Je ne suis pas enchantée à l'idée de donner une conférence ou de passer à la télévision, mais tant que nous continuons à parler de Katia, tant qu'il y aura des veillées et des tee-shirts peints à la bombe, alors elle ne sera pas tout à fait partie.

Deja attrape un paquet de mèches jamaïcaines rouge vif et examine l'étiquette au dos. Elle raffole des couleurs vives et de tout ce qui brille ou scintille. Maintenant que les funérailles sont terminées, elle a retrouvé ses tenues excentriques habituelles. Aujourd'hui, elle a opté pour des bottines Timberland jaune vif, un cycliste taille haute assorti et un crop top avec marqué « Barbie » en lettres roses. Ses cheveux sont séparés en deux queues-de-cheval blond miel qui lui couvrent les hanches et se balancent juste au-dessus de ses genoux. Les clients du magasin ne cessent de nous dévisager. Il faut dire que ma meilleure amie est aussi glamour qu'un top model.

— Tu ferais mieux de reposer ces cheveux. Tu sais bien que ma mère ne veut pas que je porte de la couleur, je lance.

Deja soupire et raccroche le paquet.

— Je sais, je me suis juste dit qu'elle serait peut-être un peu moins stricte maintenant.

— Si seulement. Mais c'est plutôt l'inverse. Elle me surveille comme un faucon en chasse. Hier soir, elle a ouvert la porte de ma chambre et elle est restée plantée là pendant dix minutes.

— Comme ça, sans rien dire ?

— Ouais. Elle devait penser que je dormais.

Je ne dis pas à Deja que je n'arrive plus vraiment à dormir. Depuis la mort de Katia, peu importe la position dans laquelle je m'allonge, je ne me sens jamais à l'aise. Alors, je fais face à son lit et je l'imagine en train d'y dormir.

Deja est ma meilleure amie, mais je ne veux pas lui imposer ce fardeau. D'ailleurs, le fait de prendre le soleil aujourd'hui, le toit de la voiture de Deja ouvert, le vent chaud me fouettant le visage, tout cela me donne presque l'impression d'être en vie. Comme si tout était redevenu comme avant.

Une fois que Deja a choisi une aiguille et du fil, nous nous dirigeons vers le rayon vêtements. Nous fouillons parmi les joggings bon marché aux imprimés émoji, les robes fluo dont les côtés ont été découpés et raccommodés à l'aide de boucles en métal, et les ceintures hideuses couvertes de strass roses.

— Tu veux te prendre quelque chose ? Ce short est plutôt mignon, dit Deja.

— Je peux pas. Mon père m'a donné juste ce qu'il fallait pour les cheveux.

— Pff, meuf, personne t'a parlé d'argent, je t'ai demandé ce que tu voulais.

Elle ouvre sa pochette Gucci vert émeraude et en sort une épaisse liasse de billets.

— D, j'ai besoin de rien, je t'assure. Mais merci.

Elle hausse les épaules et range ses billets. Deja ne se qualifierait jamais de sugar baby, mais c'est pourtant ce qu'elle est. C'est comme ça qu'elle et sa mère paient les factures. Je n'ai rencontré qu'un seul de ses clients, un vieux monsieur nommé Casey qui me fait penser à Carl Winslow. Mais il est blindé et veille à ce qu'elle ne manque de rien. Je ne lui demande pas ce qu'elle fait pour lui. Je ne veux pas le savoir.

Nous nous dirigeons vers les caisses avec quatre paquets de 1B quand nous manquons de percuter de plein fouet un type immense.

— Putain, tu vois pas qu'on est là, pauvre teubé ?! s'écrie Deja en lui frappant le bras avec un paquet de cheveux.

— Désolé, c'est ma faute. Hé, salut, grosse tête.

Je connais cette voix chaude et douce. C'est Champion.

— Hé, qu'est-ce que tu deviens ? je lui demande alors que Deja s'éloigne vers les caisses en me lançant un clin d'œil.

La dernière fois que j'ai parlé à Champion, c'était avant les funérailles.

— Pas grand-chose. Je m'entraîne toujours au basket.

— Cool, ouais, cool, je réponds en me balançant de gauche à droite alors qu'il me fixe de ses yeux aux éclats noisette.

Je suis restée sous le choc le jour où il a envoyé un de ses amis me demander si je sortais avec quelqu'un. Mais ensuite, je suis rentrée chez moi, je me suis regardée dans le miroir et j'ai compris ce qu'il était en train de se passer. Je commençais à ressembler à Katia. Je n'irai pas jusqu'à dire que je ressemble à Tyra Banks, mais je ne suis définitivement pas une Clarice.

— Ouais, c'est plutôt tranquille. Ça me soûle un peu de toujours faire les mêmes trucs, mais c'est pas si mal.

Entre Champion et moi, ça ne pourra jamais fonctionner, parce que je suis la fille dont la sœur a été tuée. S'il me demandait de sortir avec lui aujourd'hui, tout le monde penserait que c'est parce qu'il a pitié de moi.

— Tu tiens le coup ? questionne-t-il.

Les gens me posent tous la même question. Mais Champion ne la formule pas comme s'il me parlait météo, comme s'il essayait juste de faire la conversation. Il me pose la question parce qu'il s'en préoccupe sincèrement, et à la façon dont ses sourcils se froncent, je sais qu'il veut entendre la vérité.

— J'en sais rien. Je veux dire, pas vraiment. Pas du tout, j'admets finalement, parce que c'est la meilleure façon de lui expliquer, alors qu'il me regarde fixement et que mes entrailles se liquéfient.

— J'm'en doute bien. Si jamais t'as besoin de parler à quelqu'un, quelqu'un qui n'est ni ta famille ni cette grande gueule là-bas, envoie-moi un texto ou appelle-moi. N'importe quand. Je pourrais venir te chercher pour qu'on traîne ensemble.

— Ouais, ce serait cool.

Nous restons plantés là à nous lancer des sourires gênés, puis nous nous dirigeons vers la sortie du magasin. Deja est dehors, les cheveux rangés dans un sac. Elle accepte de raccompagner

Champion chez lui, et je meurs presque à l'idée de monter en voiture avec lui.

Cela fait à peine quelques minutes que nous roulons quand, soudain, Deja donne un grand coup de volant vers la droite et la voiture grimpe sur le trottoir, manquant de percuter un groupe de jeunes filles.

— Deja, qu'est-ce que tu fous ?! je lui crie en frottant mon genou à l'endroit où il a heurté le tableau de bord.

— C'est cette pouffiasse de Tatyana ! s'écrie-t-elle.

Pendant ce temps, le groupe de filles qu'elle a failli écraser se met à frapper sur le capot de la voiture. Je les ai déjà vues traîner dans le quartier. Nous nous sommes embrouillées peu avant la Saint-Valentin, l'année dernière, parce que le petit ami de Tatyana avait offert un collier à Deja. La bagarre s'est terminée par notre bannissement du centre commercial.

Avant que je puisse l'arrêter, Deja arrache les clés du contact et bondit hors de la voiture tel un tigre se jettant sur sa proie.

— Oh, merde, lance Champion depuis le siège arrière, visiblement plus stupéfait que moi, car ce n'est pas la première fois que je vois Deja provoquer une bagarre pour un rien.

Nous, les filles de Grady Park, sommes animées d'un feu ardent qui brûle au plus profond de nous. Moi y compris. Lorsqu'une fille vous manque de respect, à vous ou à votre famille, la sanction est immédiate, on lui botte le cul à la première occasion, quel que soit l'endroit, l'heure ou la personne avec qui elle se trouve.

— Espèce de crevarde ! crie l'une d'elles.

Deja saute sur une fille aux jumbo twists rouges, et elles tombent toutes les deux sur le trottoir. En entendant les cris, les gens se précipitent hors du salon de coiffure et du restaurant de sandwichs voisins pour former un cercle autour de la scène.

Sans même me retourner vers Champion, je sors de la voiture et me fraye un chemin à travers le cercle de spectateurs.

Quand ma meilleure amie a besoin de moi, je suis là, sans aucune hésitation.

Mais elle n'a pas besoin de mon aide. Deja se met à califourchon sur la pauvre fille et lui assène une volée de coups de poing dans la figure. En dessous d'elle, la fille hurle quelque chose, et des personnes brandissent leur téléphone en criant « WORLDSTAR ! », comme à leur habitude.

Je décide de m'éloigner et de me tenir à l'écart pour laisser Deja se défouler, mais je me souviens alors de ce que l'avocate a dit à mes parents lorsqu'ils l'ont rencontrée pour la première fois. Si nous voulons un procès équitable, nous ne devons donner à quiconque une raison de nous mépriser. La dernière chose que je souhaite en ce moment, c'est d'être arrêtée.

J'essaie alors d'arracher Deja des griffes de cette fille, mais elle n'est plus elle-même lorsqu'elle se bat. C'est une véritable machine à tuer, et c'est à peine si elle me reconnaît.

— Laisse-moi faire, dit Champion derrière moi, et il enjambe l'enchevêtrement de membres et de cheveux bruns avec ses longues jambes.

Il presse les bras de Deja contre ses flancs tandis que celle-ci continue de vociférer et la ramène vers la voiture. S'il la relâche, elle se jettera de nouveau sur sa proie. Enfin libérée, la fille qu'elle passait à tabac se relève, une bande de faux cils sur la joue et des cheveux qui semblent avoir été balayés par une tornade.

— Hahaha ! Bah alors, t'as la haine ?! T'as la haine ?!

Même si elle serait probablement morte si Champion n'était pas intervenu, elle persiste à narguer Deja parce qu'elle sait qu'elle est filmée. Nous le sommes tous. Mon seul objectif est de foutre le camp d'ici avant que les flics ne débarquent.

— J'vais t'buter, sale pute ! J'vais t'trancher ta putain d'tête ! Grosse pute que t'es ! crie Deja alors que Champion tente de la faire monter de force à l'arrière de la voiture.

L'un de ses seins est sorti de son tee-shirt et je le remets en place avant que quelqu'un ne prenne une photo.

Deja est bien trop énervée pour conduire, je prends donc ses clés et accepte de raccompagner Champion qui n'habite pas très loin. Mais la situation n'a rien de romantique, car pendant le trajet, Rocky Balboa s'est lancé dans un monologue à propos de la bagarre depuis la banquette arrière.

— Désolée pour tout ça, dis-je à Champion pendant que Deja s'égosille en arrière-plan.

— C'est pas grave. C'est pas facile ici, je sais bien.

En vérité, il est loin de tout savoir. Mais je ne veux pas qu'il soit au courant de quoi que ce soit.

Dix minutes de silence gênant plus tard, je dépose Champion chez lui à Purple Hills. Il s'agit en réalité d'un manoir protégé par des grilles dorées tout autour de la propriété et d'immenses arbustes en forme d'animaux exotiques. Son père est avocat d'affaires et sa mère reste à la maison pour élever Champion et sa sœur. Je ne les ai jamais rencontrés, mais d'après mes conversations avec Champion, ils passent leurs vacances d'hiver à Aspen et se rendent dans leur résidence secondaire à Hawaï chaque été.

J'attends qu'il referme la porte derrière lui avant de me cogner plusieurs fois la tête contre le volant.

— Hé, fais gaffe à ma bagnole, lance Deja depuis le siège arrière.

J'ai envie de l'étrangler.

— Qu'est-ce qui tourne pas rond chez toi ? je demande en me retournant sur mon siège.

Nous serons diplômées l'année prochaine et elle ne cesse de se retrouver dans les dramas. Je l'aime à en crever, mais je refuse de devoir, à l'aube de mes soixante-dix ans, lui faire lâcher les cheveux d'une pauvre infirmière dans une maison de retraite.

— Y a rien qui cloche chez moi. J'suis juste pas une pauvre pétasse. J'en peux plus des gens qui racontent de la merde tout le temps.

— À quel moment les meufs ne racontent pas de la merde ? Aujourd'hui, c'était ni le lieu ni le moment. T'as peut-être tout fait foirer entre Champion et moi !

— Ça m'étonnerait. Ce mec te mange dans la main, un vrai canard.

— Peu importe, j'ai pas envie qu'il croie que notre quotidien ressemble à ça. J'ai pas envie qu'il pense qu'on est de la racaille.

— Meuf, on est de la racaille. En tout cas, c'est ce qu'on est aux yeux des gens qui ne vivent pas au quartier. Faisons un p'tit test au racaillomètre. Tu vis dans une cité ?

— Ouais.

— Bah voilà, t'es une kaïra, conclut Deja.

— C'est nimp' ! On peut vivre dans une cité sans pour autant être une racaille, je rétorque.

— Comme tu voudras, meuf.

Je n'ai pas envie de débattre avec cette tête de mule, je m'éloigne donc du trottoir et regagne les rues constellées de nids-de-poule de Grady Park.

Katia n'a jamais vraiment aimé Deja. Elle m'avait prévenue que si je continuais à la fréquenter, elle finirait par m'entraîner dans sa chute. À présent, je commence à comprendre ce qu'elle voulait dire par là. Le chaos suit Deja comme son ombre, et il suffit que je sois dans les parages pour être happée avec elle. Si je veux rester amie avec Deja, il lui faudra changer radicalement. Et vite.

CHAPITRE 5

— T'ES SÛRE DE VOULOIR PASSER À LA TÉLÉ AVEC UNE CASQUETTE de baseball ? Prends au moins une de mes fausses queues-de-cheval, histoire de faire croire qu'il y a des cheveux là-dessous, me lance Deja, une barquette de frites à la main, alors que je m'apprête à regagner mon immeuble.

— Mais il y *a* des cheveux là-dessous ! Ils ont juste besoin d'un peu de soin, c'est tout, dis-je en rabattant la casquette rouge et blanche sur mon front. Si t'avais pas déclenché cette bagarre, on aurait peut-être eu le temps de me coiffer, comme t'étais censée le faire.

Deja fronce les sourcils.

— J't'ai dit que j'étais désolée, putain ! Passe me voir demain, je m'en occuperai.

Elle m'ouvre la portière, et je suis déjà à mi-chemin entre l'allée et le trottoir quand je fais volte-face.

— Hé, tu viens ce soir, pas vrai ? À la conférence de presse ?

Je redoute que l'on soit seuls, ma famille, maître Anniston et moi, face à un arsenal de caméras plantées au milieu de la cour de l'immeuble. Les funérailles sont terminées. Peut-être que Katia n'est plus qu'un souvenir pour les autres.

Deja me dévisage comme si j'étais devenue folle.

— Euh, allô, évidemment qu'on vient. Tout Grady Park sera là. Et j'me chargerai personnellement de botter le cul de ceux qui se pointeront pas. T'en fais pas, OK ?

Je soupire.

— Ouais, d'accord. T'as raison. On se capte plus tard, alors.

Nous nous disons au revoir et je regagne mon appartement sans me presser. Le soleil disparaît derrière le toit du bâtiment C. La cour où doit se tenir la conférence de presse est vide, à l'exception de quelques tricycles et de jouets d'enfants. Un vieil homme est occupé à retourner des morceaux de viande sur un minuscule barbecue. Ça sent délicieusement bon, je rêverais de pouvoir en manger. Les dealers sont postés à leur coin, comme à leur habitude, tels des corbeaux noirs qui surveillent la cité. Des bandanas orange et bleus pendent de leurs poches arrière et certains d'entre eux m'observent. Ce sont des membres des Onyx Tigers.

Deja et Sonnet sont les seules personnes à qui j'ai parlé de Jordan. Impossible qu'ils sachent que je suis à sa recherche. Je presse tout de même le pas, me retournant pour m'assurer que personne ne tente de me rattraper.

Je trottine jusqu'à ma porte et, au moment où j'arrive devant, j'ai du mal à retrouver mon souffle. Après le match de catch de Deja aujourd'hui, je suis épuisée. Les poches sous mes yeux semblent être chargées de pierres et je rêve de m'écrouler dans mon lit. *Dormir, j'ai besoin de dormir.* Malheureusement, un regard par la fenêtre de devant me suffit pour comprendre que cela n'arrivera pas pour l'instant.

À l'intérieur, ma famille au complet s'est entassée sur des canapés, des tabourets, des chaises et même des poufs que quelqu'un a dû apporter. Il y a la sœur de ma mère, tante Pepper, ses frères, oncle Kevin et oncle Kolby, leurs épouses, Nisha et Rachel, les frères et sœurs de mon père, tante Alice, tante Amber et tante Andrea ; au moins quatre personnes que je ne reconnais pas et qui doivent sûrement connaître mes parents du travail, et mes dix petits cousins et cousines.

Je suis assez stupide pour essayer de foncer droit vers ma chambre, mais il me faut alors embrasser toutes les personnes présentes dans la pièce au moins cinq fois et leur assurer que je vais bien et que je prie le Seigneur tous les soirs. J'adore mes cousins, mes tantes et mes oncles, mais ils n'ont pas perdu Katia de la même manière que mes parents et moi. Pour eux, les fêtes de famille seront différentes. Pour le reste de ma vie, chaque matin, Katia ne sera pas dans le lit en face de moi. Il n'y a rien qu'ils puissent faire pour apaiser ma douleur. Il n'y a rien que personne puisse faire. J'aimerais juste me cacher quelque part jusqu'à ce que tout ça soit terminé.

— Tiens, chérie, mange un peu, dit tante Nisha.

La table et les comptoirs de la cuisine sont envahis de plateaux d'aluminium remplis de travers de porc, de frites, de salade de pommes de terre, de gésiers, de ribs et de tartes à la patate douce. Pour faire plaisir à tout le monde, je me prépare une énorme assiette de plats délicieux que je suis incapable d'avaler. Ils me fixent tous comme si j'étais une œuvre d'art interactive, tandis que certains reniflent et chuchotent entre eux.

Mes parents sont postés dans un coin de la cuisine et se disputent une fois de plus à voix basse. Ils s'arrêtent pour me sourire lorsqu'ils m'aperçoivent avec mon assiette de nourriture. Mais ils retournent très vite à leur dispute. Je me faufile hors de la cuisine et me dirige rapidement vers ma chambre dans laquelle je sais que je ne trouverais pas de répit.

Les enfants ont tous été entassés dans notre chambre à Katia et moi pour « éviter qu'ils ne se mêlent des affaires des grands ». Les plus petits s'amusent avec les jouets qui jonchent le sol, tandis que les plus grands sont installés sur les lits avec leurs téléphones et leurs iPads.

Ma cousine Elina, âgée de dix ans, est assise à mon bureau, la lampe allumée, mon croquis de Katia posé devant elle.

— Qu'est-ce que tu fais ?! je m'exclame.

J'enjambe les jouets au sol et pose mon assiette sur la coiffeuse.

Elina lève vers moi de grands yeux de biche bruns derrière ses épaisses lunettes noires. Je saisis le portrait devant elle et me sens instantanément coupable. Il n'est ni colorié ni taché, elle était seulement en train de le regarder.

— Désolée, Beau, je cherchais juste du papier pour dessiner, dit-elle. Je n'allais pas y toucher.

— Il y en a dans le tiroir du haut.

Je lui sors quelques feuilles et une pochette de crayons de couleur, ceux que j'utilisais avant de passer au matériel professionnel.

— Merci, répond Elina en me souriant, la bouche pleine de bagues en métal.

Je m'assois sur le bord de mon bureau et la regarde dessiner un zèbre violet et vert. Je lui montre comment rendre l'inclinaison des membres plus réaliste.

Les petites sœurs d'Elina se disputent un livre de coloriage *Docteur La Peluche* et hurlent à pleins poumons jusqu'à ce que leur mère débarque et les foudroie du regard.

— Si seulement j'étais fille unique, me souffle Elina en roulant des yeux.

C'est alors que je me rends compte que je suis *devenue* fille unique. Cette idée me terrifie, car nous avons toujours été deux, Katia et moi. Même sur nos vidéos de famille quand nous étions bébés, chaque fois que Katia apparaît à l'écran, je ne suis jamais très loin. Mon père m'a raconté que j'étais tellement obnubilée par elle quand j'étais toute petite que je la suivais en permanence dans la maison. Maintenant qu'elle est partie, c'est comme si je ne savais plus qui je suis. J'ignore ce que je suis censée faire de moi-même.

Le temps que maître Anniston arrive et finisse son speech sur les choses à faire et à ne pas faire pendant la conférence de presse, nous sommes tous prêts à quitter cet espace minuscule.

Lorsque nous passons le pas de la porte, je pousse un soupir de soulagement. Pas seulement parce que je suis enfin sortie de l'appartement, mais surtout parce qu'une foule dense s'est rassemblée dans la cour de l'immeuble. Tous sont vêtus de différentes nuances de bleu et tiennent des bougies chauffe-plat blanches, dont les flammes dansent dans le vent.

Ils n'ont pas oublié Katia. Ils ne nous ont pas oubliés, ma famille et moi. Peut-être que je peux compter sur certaines personnes, après tout.

Deja me fait signe depuis la foule. Sa mère est là, elle aussi. Tout comme les Robleson, Breon, M. Garland, les vieilles dames du bâtiment 7 qui paient les gamins pour transporter leurs courses depuis leur voiture, notre autre voisine, Tasha (que nous n'aimons pas plus que ça) et ses trois enfants. Il y a même des Blancs en polaire orange « Dave's Pharmacy ». Ce sont les collègues de Katia. Je retiens mon souffle quand j'aperçois Champion, venu lui aussi avec un maillot bleu layette des Tar Heels et des Jordan assorties. À côté de lui se trouve Sonnet, en survêtement bleu foncé, les cheveux coiffés en un énorme chignon.

Maître Anniston nous ouvre la voie vers le premier rang de la foule, qui se sépare pour nous laisser passer. Les gens nous tendent les bras, nous tapotent le dos, éventent certains d'entre nous qui sont déjà en larmes. Une fille s'écrie : « ON T'AIME, KATIA ! » Quelqu'un lui ordonne de se taire.

À l'avant de la cour sont installés de grands projecteurs et au moins sept journalistes accompagnés de leur cameraman.

Toute cette scène me paraît surréaliste. La cour de la cité de Grady Park est l'endroit où les gens se battent et se font arrêter. Elle est généralement jonchée de paquets de chips, de mégots de Black & Mild et de jouets sales, mais aujourd'hui quelqu'un a dû venir la nettoyer.

Ma mère, mon père et moi nous tenons auprès de maître Anniston, et le reste de notre famille est derrière nous. Si un journaliste pose une question sur l'affaire, nous nous en remettons à notre avocate. « En dire trop pourrait nous desservir au tribunal », nous a-t-elle expliqué.

Ma mère raconte une anecdote amusante à propos de Katia : au dernier Thanksgiving, elle a laissé brûler les croissants et a dû retourner en acheter d'autres jusqu'à ce qu'elle réussisse à les cuire correctement. Mon père parle de la fois où il a appris à Katia à conduire à l'âge de quinze ans.

Lorsque vient mon tour de prendre le micro, je me fige l'espace d'une seconde. Les lumières éblouissantes des caméras sont braquées sur mon visage et j'ai du mal à distinguer la foule. Mais mon père me pousse gentiment du coude et je lis ce que j'ai écrit sur ma fiche, la tête baissée, pour que personne ne me voie pleurer. Je raconte que Katia voulait être pharmacienne et gagner suffisamment d'argent pour aider nos parents.

À la fin de la conférence, pas un œil n'est sec dans la cour. Tout le monde discute pendant que les journalistes rassemblent leur matériel à la hâte pour partir le plus vite d'ici. Maître Anniston se tient sur le côté de l'estrade improvisée avec mes parents, un air inquiet sur son visage alors que ses yeux passent de moi à eux et inversement. Mon père paraît calme, mais on dirait que ma mère vient d'apercevoir un fantôme. Elle presse les mains sur sa poitrine. Quand mon père remarque que je les regarde, il se penche près de l'oreille de ma mère, qui cesse soudain de se crisper et se détourne.

Quelque chose de grave vient encore de se passer. J'ignore quoi, mais l'expression sur le visage de ma mère ressemble à celle qu'elle avait lorsque nous sommes entrées dans la morgue cette nuit-là, comme si elle ne savait pas où elle se trouvait ni pourquoi elle était là. Mes parents me font signe de les rejoindre, mais je me détourne. Je ne supporterai pas une autre mauvaise nouvelle.

Je me faufile parmi la foule, remerciant les gens d'être venus, tout en cherchant Champion, quand je l'aperçois. Pas Champion, mais *lui*.

Debout, de l'autre côté de la rue, devant l'abri du bus numéro 5. Il porte un sweat à capuche noir, un short noir et un legging de compression. La lueur orange d'une cigarette éclaire son visage. Ce n'est ni un rêve ni une hallucination.

C'est Jordan.

Je me fraye un chemin dans la foule, ignorant les regards interloqués que l'on me lance. Sonnet me remarque et je n'ai pas besoin de dire un mot avant qu'elle ne s'élance à ma poursuite. Lorsque j'arrive enfin à me détacher de la foule et à rejoindre le trottoir, il y a de la circulation dans les deux sens. J'attends qu'un semi-remorque passe et je fonce.

Je n'ai rien d'autre sur moi que mon téléphone portable, pas même une bombe lacrymogène. Approcher un type en cavale peut s'avérer dangereux. Mais je me fiche pas mal de ce qui pourrait m'arriver à présent.

Toutefois, alors que je traverse la rue pour atteindre l'abribus, il n'y a plus personne. Il ne reste que le bout d'une cigarette qui se consume.

CHAPITRE 6

Deux jours après la conférence de presse, mes parents continuent de se disputer. À cause de choses stupides, comme le fait que mon père a oublié de sortir la poubelle. Ce lundi marque le jour de mon retour au lycée. Alors que je suis allongée dans le lit de Katia, j'entends mes parents recommencer à se disputer dans le salon au sujet d'une facture. Ce qui ne diffère pas vraiment de nos lundis matin habituels.

Mais tout le reste aujourd'hui sera différent, plus difficile. J'entre dans la petite salle de bains que nous partageons, attrape ma brosse à dents et m'arrête à mi-chemin. La brosse à dents bleue de Katia est posée à côté de la mienne dans le gobelet rose à côté du lavabo. Elle ne l'utilisera plus jamais. Je la prends et appuie sur la pédale de notre petite poubelle en métal. Je tiens la brosse à dents au-dessus de la poubelle, puis décide de la jeter sous le lavabo.

Je saute dans la douche et Katia y est aussi. Du moins, son gel douche au jasmin. Celui qu'elle m'a interdit d'utiliser parce qu'elle l'a acheté avec son argent. Je peux m'en servir, à présent. Je peux vider la bouteille et regarder son contenu disparaître dans le siphon sans que personne ne me dise quoi que ce soit. Mais au lieu de ça, j'attrape le savon blanc bon marché que j'utilise habituellement. Après m'être séchée, je fais coulisser les portes de l'armoire et me mets à la recherche de mon legging noir préféré, celui qui n'est pas transparent. Il est caché derrière le sweat à capuche Adidas de Katia, dont le tissu bleu ciel est toujours aussi impeccable que le jour où elle l'a acheté. L'uniforme étant de rigueur chez Dave's Pharmacy, elle ne portait pas souvent ses vêtements avant la fin de la semaine. Mes doigts suivent les rayures blanches qui longent la manche et les poignets légèrement froncés. Ce n'est pas si étrange que ça de porter les vêtements de Katia.

Les sœurs se prêtent tout le temps leurs vêtements, pourquoi devrait-il en être autrement parce que l'une est décédée ?

Je passe le sweat à capuche sur ma tête, en prenant soin de ne pas friser les longues mèches en crochet que Deja m'a posées hier soir. Au moins, je n'aurai plus à me soucier de mes cheveux avant un moment.

— Bonjour, je lance en traversant le salon pour me rendre dans la cuisine.

— Tu veux qu'on t'emmène au lycée, ma chérie ? demande mon père.

Je trouve un sachet de roulés aux fruits dans le placard et l'ouvre. Le sucre devrait m'aider à rester éveillée. J'ai passé la nuit à me tourner et à me retourner dans mon lit.

— Tu m'emmènes jamais au lycée, je réponds.

Mes parents se regardent et je comprends qu'ils ont parlé de moi. Ils sont inquiets.

— Ce n'est pas un jour ordinaire pour nous, commence mon père. Il n'y a plus que nous trois, maintenant. Peut-être qu'on devrait changer un peu nos habitudes et passer plus de temps ensemble. Je sais que tu n'aimes pas prendre le bus. Et c'est dangereux.

— Tout comme Grady Park. Je sais que tu as peur que je craque au lycée, mais je vais bien. Ça va aller, j'assure en esquissant un faible sourire.

Soudain, ma mère éclate en sanglots et s'effondre sur le sol, la tête pressée contre la moquette, en se pelotonnant.

Je regarde mon père, qui s'empresse de la rejoindre.

— Qu'est-ce que j'ai dit ? je demande.

Mon père, qui masse le dos de ma mère en décrivant de petits cercles, secoue la tête à mon intention.

— Tu n'as rien dit de mal, Beau. C'est juste un peu compliqué pour maman et moi, ce matin, répond-il, la voix fêlée.

Si je reste ici une seconde de plus, je vais me mettre à pleurer, moi aussi. Mais c'est ce que je fais sans arrêt depuis deux semaines. Je ne veux plus pleurer. J'en ai assez.

— Je vais au lycée, j'annonce platement tandis que mon père aide lentement ma mère à se hisser sur le canapé.

Il s'assoit à côté d'elle et elle se laisse tomber dans ses bras pour sangloter davantage. J'en profite pour m'enfuir par la porte d'entrée.

Le soleil est aux abonnés absents ce matin, seuls de gros nuages gris attendent de m'arroser. J'aime l'odeur de la pluie, mais aujourd'hui, ça sent la poussière.

Hier soir, maître Anniston nous a appelés pour nous parler de l'abandon des poursuites, comme si rien d'autre n'avait d'importance. Comme si le motif importait.

— Chaque affaire est différente, mais malheureusement, c'est assez courant lorsqu'un policier est impliqué dans une affaire, a-t-elle expliqué.

— Que devons-nous faire à présent ? a demandé mon père.

— Nous allons déposer plainte pour mort injustifiée à l'encontre de la ville. Je me doutais que nous devrions en passer par là, aussi ai-je déjà commencé à tout préparer.

L'avocate nous a expliqué que nous pouvions porter plainte parce que les actes de Peter Johnson ont entraîné la mort de Katia, ce qui signifie qu'il peut être tenu responsable de toutes les choses que nous avons perdues lors de son décès. Comme il travaillait pour la police de Chicago, maître Anniston estime que c'est la ville qui devra payer les factures de l'hôpital, les frais d'obsèques, et rembourser l'argent que Katia aurait gagné à son travail si elle était encore en vie pour s'y rendre. Mes parents se sont suffisamment remis sur pied pour régler certains détails, mais nous savons tous que la question de l'argent ne changera rien. Rien ne pourra changer quoi que ce soit, excepté une condamnation à perpétuité pour Peter Johnson.

Penser à lui et au fait qu'il puisse rentrer chez lui et retrouver sa stupide petite famille me retourne l'estomac. Si notre vie est foutue pour toujours, la sienne devrait l'être aussi.

Dans le bus qui me conduit au lycée, j'enfile mes écouteurs et laisse Katie Got Bandz étouffer tout ce qui m'entoure. C'est mon morceau préféré et c'est la première fois que je l'écoute depuis les funérailles de Katia. Bizarrement, la chanson ne sonne plus comme avant. Ou peut-être que mes tympans ont été endommagés à cause des hurlements de tante Pepper pendant la cérémonie.

Mon cœur tambourine dans ma poitrine lorsque le bus me dépose à mon arrêt. Je dois traverser la rue pour rejoindre Millennium Magnet et j'essaie de me motiver en chemin.

Tu peux le faire, tu peux le faire.

J'ai dit à Sonnet que je revenais aujourd'hui, et elle m'a promis de m'attendre à mon casier pour que je n'aie pas à aller seule en classe. Alors que je me fraye un chemin à travers la cour bondée, où se mêlent les rires, la gaieté et ce qui ressemble à une bagarre quelque part à l'autre bout de la pelouse, mes pensées ne cessent de revenir à Katia. Je me demande si elle est dans un lieu que nous ne pouvons pas voir ou si elle n'est tout simplement nulle part à présent.

Quelques élèves me lancent des regards curieux, mais peut-être est-ce seulement parce que j'ai l'air déprimée aujourd'hui. Il y a au moins trois mille adolescents ici. La plupart d'entre eux me confondent avec n'importe quelle autre fille noire.

Je grimpe au deuxième étage et, en voyant Sonnet adossée à mon casier dans sa combinaison tie-dye violette, son afro tombant sur ses yeux, j'ai presque envie de pleurer. Je lui ai dit qu'elle n'avait pas besoin de m'attendre parce que le bus est toujours en retard, mais je suis heureuse qu'elle ne m'ait pas écoutée.

— Te voilà ! J'avais peur que t'aies changé d'avis.

Elle me serre si fort dans ses bras que je sens son cœur battre contre le mien. J'ai la gorge serrée et je suis sur le point d'éclater en sanglots. Avant que cela ne se produise, je m'extrais de ses bras et me couvre les yeux avec mon avant-bras pour repousser les larmes.

Sonnet me frotte lentement le dos en effectuant de petits cercles.

— Respire. Inspire par le nez et expire par la bouche.

Je sais que les gens me regardent probablement comme si j'étais folle, mais je souffre trop pour m'en soucier.

Une fois mes larmes refoulées, je retire mon bras et fais comme si de rien n'était. Au moins, le plus dur de la journée est derrière moi. J'ai réussi. Je suis ici.

— Tiens, bois ça. (Elle sort une bouteille d'eau violette de son sac à dos et me la tend.) C'était la pleine lune hier soir et ma mère a préparé des litres d'eau de lune rien que pour toi. Je t'apporterai une autre bouteille demain.

— C'est quoi, de l'eau de lune ? je demande, en examinant la bouteille.

— C'est juste de l'eau du robinet qui a été bénie par la lune. On s'en sert pour boire, cuisiner, nettoyer, se laver. Ma mère dit que ça pourrait t'aider.

J'en bois trois longues gorgées.

— Merci. Bon, qu'est-ce que j'ai raté en arts plastiques ? Je sais que j'ai deux semaines de devoirs à rattraper.

— Juste quelques cours sur l'histoire de l'art. Je sais pas pourquoi on nous impose ça. Personne ne choisit le cours d'arts plastiques pour lire des bouquins, on veut juste dessiner ! se plaint Sonnet.

— J'avoue. Faut croire qu'on a pas le droit de s'amuser au lycée.

— Eh bien, la partie amusante commence aujourd'hui. Après le cours de jeudi dernier, Mme Kubler m'a dit qu'on allait peindre une fresque sur le mur du lycée !

Mes oreilles se dressent et, pendant un instant, je ne pense plus à Katia.

— Sérieux ? Ils vont nous laisser peindre ou on va juste regarder Mme Kubler le faire ?

J'ai toujours rêvé de peindre une fresque. Quand j'avais dix ans, j'ai voulu peindre une forêt sur le mur de ma chambre, mais ma mère s'y est opposée. Je prends mes livres dans mon casier et nous nous dirigeons vers les escaliers menant au quatrième étage.

— Ce sera à nous de la peindre ! Il y aura un concours. On doit tous présenter nos idées la semaine prochaine, et la personne avec le plus de votes gagnera. J'ai déjà pensé à mon œuvre, je vais l'appeler *Queue de maïs*.

Je pouffe de rire.

— *Queue de maïs* ? Genre, un vrai pénis ?

— Ouais ! C'est une dénonciation du patriarcat dans le Midwest.

— Ohhh.

C'est exactement pour cette raison que j'aime avoir deux meilleures amies. Deja n'en a que pour les mecs et les dramas. Sonnet me parle de queues de maïs. Ensemble, elles veillent à ce que ma vie garde un équilibre parfait entre culture de rue et art raffiné.

— Ben, si la gagnante du concours de l'année dernière ne trouve pas ça génial, peut-être que je devrais trouver autre chose, dit-elle.

— Oh, arrête avec ça.

Elle adore me rappeler le prix que j'ai remporté l'année précédente, comme si j'étais capable d'oublier ça. C'est la première et unique fois que j'ai gagné quelque chose avec mes dessins. Il s'agissait d'une peinture inspirée d'une vieille photo d'école de ma mère.

Lorsque nous entrons dans la salle baignée de lumière, le reste de la classe est déjà installé autour des tables rondes. Notre salle a été rénovée l'année dernière. Les murs d'un violet éclatant sont ornés de formes géométriques vert pomme et orange. Au-dessus de notre espace de travail, une grande lucarne a été posée pour nous permettre de profiter de la lumière naturelle. Nous disposons également d'une réserve de matériel bien achalandée – crayons pastel, fusains, peinture à l'huile, pinceaux, chevalets, tout ce dont on peut rêver. Sans oublier le matériel de pointe qu'utilisent les artistes professionnels.

Mme Kubler se tient devant la classe et écrit quelque chose au tableau. Elle semble surprise lorsque Sonnet et moi nous asseyons à notre place habituelle, à la table du fond, près de la fenêtre.

— Mademoiselle Willet, c'est un plaisir de vous revoir, dit-elle dans un sourire.

— Merci, madame Kubler, je réponds en glissant mon sac à dos sous la table alors que je grimpe sur mon tabouret.

Mme Kubler est l'une de mes profs préférées, non seulement parce qu'elle enseigne l'art, mais aussi parce qu'elle est adorable et qu'elle tolère que certains élèves rendent leur travail avec un ou deux jours de retard. C'est une jeune femme noire au look de septuagénaire avec ses mocassins et ses pulls à la Bill Cosby. Elle doit probablement penser que personne ne la prend au sérieux à cause de son âge, mais ce n'est pas le cas. Nous la respecterions même si elle ne s'habillait pas comme une grand-mère.

— Revenons-en au projet final. Il s'agit d'une *seule et unique* fresque qui sera approuvée par moi-même et choisie par vos soins. Vous pouvez décider de travailler individuellement ou en binôme, mais les groupes de deux ou plus auront tous la même note, alors choisissez judicieusement. Je veux que vos propositions soient déposées sur mon bureau lundi prochain. Vous devrez fournir un exposé détaillé de votre idée ainsi qu'un essai d'une page expliquant pourquoi nous devrions l'exposer dans notre établissement.

— Oooh ! (Un joueur de lacrosse du nom de Chris lève la main.) On a qu'à faire une fresque de *The Walking Dead* ! Avec des zombies qui éventrent quelqu'un !

— Quels sont vos arguments ? demande Mme Kubler.

— C'est cool ?

La professeur hausse un sourcil.

— Il va falloir trouver mieux que ça, Chris. Cette fresque figurera définitivement sur le mur de Millennium Magnet. Il faut que ce soit quelque chose qui interpelle encore les gens dans cinquante ans.

— Pourquoi ne pas rendre hommage aux chanteurs et artistes noirs ? Comme Nina Chanel Abney et Lauryn Hill, lance une certaine Krina.

— Vos arguments ?

— Eh bien, c'est une école dédiée aux arts, donc on devrait honorer la mémoire de nos prédécesseurs.

— J'aime ce raisonnement. Il semblerait que vous ayez déjà de très bonnes idées. Quand vous rentrerez chez vous, je veux que vous preniez le temps d'y réfléchir. Bien, en attendant, le cours d'aujourd'hui portera à nouveau sur le pointillisme.

À la fin du cours, je n'ai toujours pas trouvé d'idées pour la fresque. Mon carnet de croquis est rempli de dessins de Grady Park, de Deja, de Sonnet. Je les trouve sympas, mais ce n'est probablement pas quelque chose qui intéressera les gens dans cinquante ans. Les gens se foutent déjà de nous à l'heure actuelle.

Alors que les élèves se dirigent vers le prochain cours, Mme Kubler demande à me parler une minute. Je dis à Sonnet de ne pas m'attendre.

— J'ai appris la nouvelle pour votre sœur, déclare ma professeure une fois que la salle s'est vidée. Si je peux faire quoi que ce soit pour vous, Beau, n'hésitez pas à me le faire savoir. Je sais que ce n'est pas facile de perdre une sœur.

Elle s'assoit sur le bord de son bureau tandis que je m'appuie sur l'une des tables.

— Je me sens comme une mer… Je veux dire, je me sens mal en permanence, je lui avoue. Je veux juste que tout ça se termine.

— Je comprends. Quand mon père est décédé, nous savions depuis un certain temps que cela arriverait. Nous avons eu le temps de lui dire au revoir, mais cela a tout de même été douloureux. Malheureusement, le chagrin n'est pas une chose que l'on peut éviter ou dont on peut se débarrasser en claquant des doigts.

Je hausse les épaules.

— Donc, vous êtes en train de dire que je vais souffrir pour le reste de ma vie ? Si je dois me sentir comme ça pour toujours, je ne sais pas comment je vais tenir.

— Vous ne vous sentirez pas comme ça pour toujours, je vous le promets. Mais c'est important de vous laisser ressentir tout ce que vous ressentez. Si vous refoulez tout, vous devrez tôt ou tard y faire face.

La porte de la salle s'ouvre et les élèves du cours suivant commencent à entrer. Je remercie Mme Kubler et me faufile dans le couloir.

Alors que je me dirige vers le premier étage, je réalise que Mme Kubler est probablement la seule prof qui me parlera de Katia. Les autres ne sont pas au courant, ou s'en moquent royalement. Ce qui me convient parfaitement. De toute manière, je n'ai pas besoin de leur compassion hypocrite. Je suis mes cours comme tous les autres jours, comme je le faisais avant d'avoir une sœur morte.

Sonnet m'invite chez elle après le lycée. Je sais que je devrais rentrer chez moi pour retrouver mes parents, mais je n'ai pas envie de subir leurs disputes et leurs pleurs.

Une fois descendues du bus, nous empruntons un chemin menant à une immense parcelle de forêt au bout d'une impasse. Un chemin en pierres, éclairé par des bougies et bordé de sculptures de fleurs peintes en violet et bleu vif, remonte en pente raide jusqu'au sommet d'une colline. L'arrière de mes chevilles me fait souffrir à mesure que nous grimpons. Apparemment, je ne suis pas habituée à cette ascension, malgré le nombre de fois où je suis venue ici.

Au sommet de la colline se trouve un immense chalet en bois dont l'intérieur est illuminé par des lanternes jaunes et orange. La maison de Sonnet semble tout droit sortie du film *Le Secret de Terabithia*.

Lorsque j'atteins enfin le porche, je suis presque à bout de souffle.

— Bonjour, Beau, lance une voix de femme depuis l'intérieur.

La mère de Sonnet est assise en position de lotus au milieu du salon. Je la distingue à peine tant la fumée de l'encens et de la sauge est épaisse.

— Bonjour, madame Bluefall. Comment allez-vous aujourd'hui ?

— Très bien, ma chérie. Sonnet t'a donné l'eau de lune que j'ai préparée pour toi, ce matin ?

— Oui. Merci.

Sonnet et moi posons nos sacs près de la porte et Mme Bluefall éteint l'encens, car elle sait que la fumée me fait éternuer.

— Je comprends ce qu'une telle perte peut causer, dit-elle. Tu n'as pas l'air en forme. Si je te prépare des falafels épicés, en mangeras-tu demain au déjeuner ?

Je souris.

— Bien sûr, madame Bluefall.

La mère de Sonnet me considère comme sa fille depuis le jour où je l'ai rencontrée, au début de ma deuxième année de lycée. Elle m'avait confié que je lui rappelais sa famille, ce que je comprends parfaitement puisque nous avons, elle et moi, le même grand sourire, le même cou et les mêmes bras fins. Ma propre mère ne se préoccupe pas autant de moi que le fait Mme Bluefall. Parfois, je me comporte comme Sonnet, je hausse les épaules et je râle lorsqu'elle me materne, mais au fond, j'adore quand elle le fait. Grâce à elle, je ne me sens pas invisible.

— Comment ça va, à la maison ? demande-t-elle en se levant de son coussin de méditation telle une fleur fraîchement éclose.

Son afro est deux fois plus volumineux que celui de Sonnet et lui arrive aux épaules. Elle porte une salopette en toile rouge et se promène sans chaussures.

— Ça va, je mens sans hésiter.

Mme Bluefall pose une main sur mon épaule et m'attire doucement dans ses bras. Elle sent le patchouli, le soleil et les feuilles mouillées. J'accueille son étreinte avec enthousiasme.

— Tu sais que tu peux rester ici, n'est-ce pas ? Nous pouvons te préparer la chambre d'amis, propose-t-elle.

Je sais que Mme Bluefall veut seulement m'aider, mais Grady Park est mon chez-moi. Et puis, mes parents n'accepteront jamais de me laisser rester ici. Ils pensent que Sonnet et sa mère sont folles de vivre ainsi.

— Merci, mais ça va aller. Je vous assure.

— Maman, on monte faire nos devoirs, dit Sonnet.

— D'accord. Je vous appellerai quand le dîner sera prêt.

Sonnet m'entraîne dans l'escalier en colimaçon jusqu'à sa chambre et claque la porte avant de la verrouiller.

— Désolée. Je dirai à ma mère de te laisser respirer, fait-elle en s'installant à son bureau et en sortant son MacBook.

Je me laisse tomber sur son immense lit et passe mes mains sur les coutures impeccables de son édredon mauve, sans doute confectionné par Mme Bluefall.

— C'est pas la peine. Tu sais que j'adore ta mère, je réponds.

— Et elle t'adore aussi. T'es sûre que tu ne veux pas rester avec nous quelque temps ? Ce serait cool.

— Ouais, mais je peux pas. Si je surveille pas mes parents, ils risquent de s'étrangler mutuellement.

— Ça va si mal que ça entre eux ? demande-t-elle.

— Ouais. Mais j'ai pas vraiment envie d'en parler.

Mes parents avaient déjà des problèmes avant la mort de Katia, mais je pensais qu'ils se remettraient ensemble une fois que mon père aurait trouvé un travail et que ma mère se serait calmée. Mais à présent ? J'ignore ce qu'il se passera entre eux. Je n'ose même pas y penser pour l'instant.

— D'accord. Mais si jamais t'en as envie…

— Je te le dirai. Enfin bref, tu voulais me montrer quelque chose ?

— C'est vrai ! J'ai écouté ce podcast hier soir sur le meurtre non résolu de Linda Ann O'Keefe. Linda avait onze ans quand elle a été tuée en 1973. Puis, en 2018, un inspecteur spécialisé dans les affaires classées a créé un compte Twitter pour elle, où il a ajouté toutes les infos sur le jour de sa mort. La vidéo est devenue virale et ils ont fini par arrêter le meurtrier. Je me disais qu'on pourrait peut-être utiliser Twitter pour trouver Jordan.

Mes yeux s'écarquillent et je me redresse.

— Sonnet…

Elle hausse les épaules et referme son ordinateur portable.

— T'as raison, c'est stupide. Peut-être que si on prenait plus de temps pour faire des recherches, on pourrait…

— Non ! C'est une excellente idée !

Je me lève d'un bond, m'installe à côté d'elle dans le fauteuil et rouvre l'ordinateur.

— Sonnet, c'est parfait ! Personne ne saura qu'on est derrière tout ça.

J'ouvre un nouvel onglet Twitter et commence à saisir les informations nécessaires pour créer un compte.

— Tu penses vraiment que ça intéressera les gens ? demande-t-elle, perplexe.

— Bien sûr. T'es loin d'être la seule à aimer les meurtres non résolus. Les gens du monde entier pourront nous lire. Ceux qui ne connaissent pas Jordan ou qui ne vivent pas à Grady Park se fichent pas mal de donner des infos. Ils pourront nous les envoyer par MP. Sonnet, tu es un génie !

Je dépose un baiser sur sa joue et elle sourit, fière d'elle.

— Je t'avais dit que regarder *Pretty Little Liars* et écouter des podcasts sur les crimes servirait à quelque chose un jour !

Nous passons l'heure suivante à choisir la photo de profil et la bannière parfaites pour notre compte. Je suis presque vexée de ne pas avoir eu l'idée moi-même. Je fais promettre à Sonnet de ne parler à personne du compte Twitter, sous peine de rendre toute l'opération inutile. Nous voulons que les gens voient ce compte comme un appel à l'aide de la part de Katia elle-même. Pas de flics, pas d'avocats, pas de famille, juste ma sœur.

À vingt heures neuf, je publie notre premier tweet à l'attention du monde entier : « Je m'appelle Katia Willet. J'ai été tuée le 8 janvier 2018. »

CHAPITRE 7

DEUX JOURS APRÈS MON RETOUR AU LYCÉE, les choses commencent à revenir à la normale. Je n'ai eu droit qu'à quelques regards aujourd'hui et Sonnet ne s'intéresse à moi que lorsqu'elle s'aperçoit que je n'ai pas touché à mon déjeuner.

À la fin du dernier cours, je suis épuisée. Je me trouve devant mon casier, occupée à préparer mon sac pour rentrer chez moi, quand quelqu'un vient taper sur mon épaule. Je m'attends à voir Champion, mais alors que je me retourne, je découvre le visage de Madison Garber.

— Salut, Beau ! T'as une minute pour discuter ?

— Euh… ouais. Qu'est-ce qu'il y a ?

Madison et moi suivons les mêmes cours d'arts plastiques et de littérature anglaise depuis deux ans, mais nous ne nous sommes pratiquement jamais adressé la parole. Physiquement, elle a tout de la fille branchée digne d'un film pour ados : des cheveux bruns courts et bouclés qu'elle ne peigne jamais mais qui tombent pourtant à merveille et une salopette couverte de peinture qui lui arrive à peine aux chevilles. Et c'est aussi la seule fille du lycée à pouvoir porter des Crocs sans avoir l'air d'une idiote.

— Je sais qu'on s'est à peine parlé cette année, mais je voulais te dire que j'étais désolée pour ta sœur, dit-elle.

— Merci, je réponds en me retournant vers mon casier.

J'en ai assez que tout le monde ait pitié de moi.

— Je sais que c'est peut-être pas le meilleur moment, mais je voulais aussi te dire que je trouve que t'es une artiste talentueuse. Tu te souviens de la peinture que tu as faite l'automne dernier avec ces petites filles qui jouaient dehors ? C'est l'une des plus belles que j'aie jamais vues.

— Vraiment ?

Je ferme mon casier et me tourne vers elle.

— Carrément, répond Madison, les yeux rayonnant de joie. Ne le répète à personne, mais j'ai toujours pensé que tu avais un niveau beaucoup trop élevé pour le lycée. Je parle pas seulement de ta technique, mais aussi des sujets que tu dessines et que tu peins. C'est puissant, et peu de gens peuvent dire ça de leur travail.

Mes joues commencent à chauffer. Je sais que je suis douée pour les arts, mais cela a encore plus de valeur venant de Madison, quelqu'un qui s'y connaît dans ce domaine et qui, plus d'une fois, a corrigé Mme Kubler pendant ses cours d'histoire de l'art.

— Merci, Madison. Toi aussi, tu es douée. J'étais persuadée que tu allais gagner le concours de l'expo avec ton œuvre.

Elle hausse les épaules.

— La tienne était bien meilleure. En vrai, je pense qu'on pourrait apprendre beaucoup l'une de l'autre.

— Sûrement. Mais je dois aller prendre mon bus, je réponds en glissant mon sac à dos sur mon épaule.

— Attends ! Avant que tu partes, je voulais te demander si tu voulais travailler avec moi sur le projet de fresque ? Je pense que toi et moi, on pourrait créer quelque chose de vraiment bien.

Je hausse un sourcil.

— Tu veux dire, qu'on propose quelque chose toutes les deux ? J'en sais rien.

Je ne suis pas vraiment ce qu'on appelle une fille populaire au lycée, alors quand les gens s'intéressent soudainement à moi, je suis plutôt du genre à me méfier.

Elle fait la grimace.

— Ah, je comprends. Je sais que je ne suis pas aussi douée que toi, mais j'espérais…

— Non, tu es géniale. C'est juste que… Sonnet est ma meilleure amie.

— Oh. Je savais pas que tu avais déjà un binôme.

Je jette un coup d'œil aux portes d'entrée et aux élèves qui s'y pressent pour rejoindre les bus à l'extérieur. Si je rate celui de trois heures vingt, je devrais attendre une heure pour prendre le suivant ou rentrer chez moi à pied.

— On ne travaille pas ensemble, mais c'est ma meilleure amie. Si je dois me mettre avec quelqu'un, je pense que ce sera avec elle, j'explique.

Madison me sourit poliment et pose une main sur mon épaule.

— Beau, il faut que t'apprennes à séparer le travail de l'amitié. Julie est ma meilleure amie, mais elle ne sait même pas faire la différence entre un Van Gogh et un Monet. Si tu veux devenir une artiste digne de ce nom, tu ne dois pas avoir peur de passer au niveau supérieur.

— Eh bien, contrairement à Julie, Sonnet *sait* faire la différence entre un Van Gogh et un Monet, je réponds.

— Oh, je comprends parfaitement ! Elle a beaucoup de talent et ses fringues sont incroyables. Mais je l'ai entendue parler de son idée de queue de maïs. Je suis sûre que tu peux travailler avec elle là-dessus, mais je me suis dit que t'aurais peut-être envie de gagner ce concours…

J'ai envie de gagner, c'est vrai. Et si ça arrivait, peut-être que ça rappellerait à mes parents qu'il leur reste un enfant. Je ne suis pas Katia, mais je peux encore les rendre fiers.

— Qu'est-ce qui te fait croire qu'on gagnerait si on travaillait ensemble ? je demande.

— Je suis sûre qu'on gagnerait parce qu'on est les seules à prendre les cours d'art autant au sérieux. Et qu'on est chacune de grandes artistes. Comment *ne pas* créer quelque chose d'extraordinaire en travaillant ensemble ?

Je vois bien qu'elle essaie de m'amadouer. Je ne suis pas stupide ; de toute évidence, elle pense qu'elle a plus de chances de gagner le concours en se mettant avec moi. J'avais prévu de commencer à réfléchir à ma propre proposition, mais Madison est ma concurrente la plus redoutable de ce cours. Je l'ai battue une fois, pourtant je n'ai aucune idée de ce que je compte peindre sur le mur du lycée. Et puis, avec tout ce qui se passe avec Katia et les disputes de mes parents, j'ai à peine eu le temps d'y penser.

— J'en sais rien…, j'admets.

Je ne veux pas jouer les divas, mais lorsque je m'imagine gagner le concours, c'est mon nom que je signe au bas de la fresque. Juste le mien.

— Je peux être totalement honnête avec toi ?

Madison jette un coup d'œil autour d'elle pour s'assurer que personne ne nous écoute.

— Mme Kubler choisira probablement toi ou moi comme gagnante. C'est tout ce qu'on peut savoir. Avant ce matin, j'avais prévu de m'enfermer dans mon studio à la maison pendant le week-end jusqu'à ce que je trouve une idée à présenter. Mais au lieu de flipper toutes les deux et de se battre l'une contre l'autre, pourquoi ne pas simplement proposer quelque chose ensemble ? Ça réduira la charge de travail de moitié, et on n'aura plus à se mettre autant la pression pour gagner. T'es pas obligée d'accepter. Mais je me disais que ce serait plus sympa de gagner ensemble.

Impossible de lutter contre la logique de cette fille. Si elle a peur de perdre contre moi autant que j'ai peur de perdre contre elle, c'est à qui fera la meilleure proposition. Mais quitte à procéder ainsi, le travail et le mérite devront être partagés à parts égales.

— Et si on est pas d'accord sur certains points ? Comme le thème de la fresque ? je demande.

— On trouvera un compromis.

— Et si l'une n'aime pas l'idée de l'autre ?

— Alors, je choisirais la tienne. Réfléchis deux secondes, c'est un bon plan.

Je hausse les épaules. Le mérite ne me reviendra pas à moi seule, mais ça en vaut la peine si on est assurées de gagner.

— OK. Ça marche, faisons comme ça, j'accepte.

Madison sourit et sautille sur place.

— Génial ! On va gagner ce concours, c'est sûr ! On se retrouve demain après les cours. Passe chez moi.

Nous échangeons nos numéros, et pour la première fois depuis longtemps, j'ai l'impression de faire quelque chose qui finira bien. Si on gagne, on rédigera probablement un article à notre sujet sur le site web du lycée. Je m'imagine déjà l'inauguration d'une grande fresque avec tout le monde, mon père, ma mère et le reste de la famille, filmant tout en détail, me félicitant. Nous devons faire quelque chose de bien, et c'est moi qui m'en chargerai.

Je me précipite dans le couloir des sciences dans un état second, en songeant au temps qu'il nous faudra, à Madison et à moi, pour réaliser une esquisse, quand je me heurte à un mur de briques.

— Déso, ça va ? demande Champion en m'agrippant le bras pour me retenir.

Le mur de briques est en fait son bras. Son bras sexy et musclé qui me touche en ce moment même, envoyant des courants électriques directement à mon cerveau.

— Ça va. C'est ma faute, j'aurais dû faire gaffe, je réponds.

Je passe mes boucles par-dessus mon épaule, heureuse que Deja m'ait donné un coup de main avec mes cheveux l'autre jour. J'ai l'impression d'être une nouvelle personne quand je suis coiffée.

— Hé, t'as vu la vidéo de nous sur WorldStar ? Mes notifications ont explosé toute la semaine, dit-il, stupéfait.

Contrairement à moi, il semble penser que finir sur WorldStar est synonyme d'accomplissement. Ça ne me surprend pas. Les gosses de riches veulent toujours se retrouver au milieu de querelles de quartier. Difficile de le lui reprocher, étant donné à quel point Purple Hills est ennuyeux à mourir. Si nous étions devenus célèbres pour quelque chose de bien, comme une danse virale, j'aurais été plus enthousiaste.

— T'as pas eu d'ennuis ?

— Nan, fait-il en se baissant pour ramasser mon sac à dos tombé par terre lors de notre collision.

Je tends la main pour le reprendre, mais il le balance par-dessus son épaule et nous commençons à marcher ensemble.

— Mes parents travaillent énormément, ils n'ont pas le temps de suivre les bagarres de quartier.

— Oh.

Champion me tient la porte d'entrée et nous sortons dans l'air froid de l'hiver. Il a dû pleuvoir plus tôt, parce que le sol est mouillé et l'odeur de la pluie emplit l'air. Quelques filles de dernière année stationnées au bas de l'escalier en pierre me lancent des regards noirs, et je leur rends la pareille.

— Eh bah, ta copine, Deja, c'est un sacré numéro, dit Champion, choisissant soigneusement ses mots.

Je savais que ce moment allait arriver. *Ta pote est complètement folle, pourquoi tu m'as embarqué dans cette bagarre ? Pourquoi tu traînes avec quelqu'un comme ça ? T'es une cinglée des cités, toi aussi ?*

— Deja est une idiote, je lâche.

C'est cruel, mais c'est vrai.

Il se contente de rire alors que nous nous asseyons devant la fontaine. Au centre trône une ballerine en bronze sur ses pointes. L'eau s'écoule de ses hanches et retombe en une cascade qui l'entoure, tel un tutu.

— Nan, je comprends. Mon cousin Benny est pareil. On est allés à une soirée il y a quelques week-ends à Grady Park, et un gars est arrivé. Benny m'a dit : « Hé, tu connais ce type ? », je lui ai répondu : « Non, pourquoi ? », alors lui et trois autres gars se sont rués vers l'autre comme pour le passer à tabac.

— Il faut pas le prendre personnellement. D'habitude, les rares inconnus qui viennent à Grady Park cherchent à se battre ou à voler quelqu'un.

— Je suppose que ça a du sens, répondit-il en se frottant le menton.

— Euh… t'as pas un entraînement de basket ?

Je trouve un prétexte pour éloigner la conversation de Grady Park et de ses bagarres. Je veux qu'il sache que, même si je viens de là-bas, je ne suis pas comme tous les autres. Même si, parfois, je me comporte comme eux.

— Pas aujourd'hui, l'entraîneur nous accorde enfin une pause. J'allais justement me chercher un McDo. Tu veux venir ?

— Vraiment ? Je veux dire, ouais, carrément !

Je n'arrive pas à croire qu'il m'apprécie encore après qu'on a été affichés sur WorldStar. J'étais sûre qu'il me snoberait après ça.

— Cool, fait-il. Promets-moi juste qu'il n'y aura pas de bagarre.

— Oh, tu te moques de moi, maintenant ?

Il se lève et me tend la main, et je sens que tous les regards sont tournés vers nous alors que nous traversons la cour. Champion ne lâche ma main que lorsque nous atteignons sa BMW M3 noir mat.

Je monte à l'avant et me penche pour ouvrir la portière à Champion.

— Tu sais, j'étais surpris de te voir aujourd'hui, dit-il alors que nous quittons le parking du lycée.

— Pourquoi ça ?

— Eh bah, tu sais, à cause de ta sœur. Je pensais que tu prendrais plus de temps pour toi.

C'est ça, le truc avec le deuil. Il vous surprend à tout moment. Tout d'un coup, mes yeux commencent à me brûler, et je sens mon estomac se nouer.

— Oh non, ça va ? Je suis désolé, je n'aurais pas dû dire ça, s'inquiète Champion, son regard alternant entre la route et moi.

Je secoue la tête et essuie mes larmes.

— Non, c'est pas toi, c'est moi. J'avais juste oublié, un moment, c'est tout.

— Je peux faire quelque chose ?

Je secoue la tête encore une fois. J'aimerais qu'il puisse m'embrasser et ramener à la vie cette partie morte en moi, comme dans *La Belle au bois dormant*, mais je sais que je ne peux pas être réparée si facilement. C'est une douleur profonde, enracinée si loin dans mon âme que je ne pourrais pas l'atteindre même si je le voulais.

— Oublie le McDo. J'ai une meilleure idée, lance Champion.

Il me prend la main alors que la voiture file à toute allure à travers la ville.

— Ne me lâche pas.

— Promis.

Je laisse Champion me guider sur la piste de danse, mes mains agrippant les siennes comme si ma vie en dépendait.

— Tu y es presque, tiens-toi juste un peu plus droite, m'encourage-t-il.

Un couple de dernière année passe en trombe près de nous, tournoyant en cercle sans même trébucher une seule fois. Je me sens encore plus ridicule.

Champion nous a conduits au Skate-o-Rama, l'une des rares pistes de patins à roulettes encore ouvertes dans l'État, bien qu'elle risque probablement de fermer prochainement. À part nous et le couple de dernière année, il doit y avoir tout au plus six autres personnes. La piste est illuminée par des lumières rouges et vertes, et une énorme étoile composée d'ampoules clignotantes orange et bleues est suspendue au plafond.

Comme il n'y a principalement que des couples, le DJ diffuse des morceaux romantiques. Il passe à présent une de mes chansons préférées, une ballade RnB douce de Meek Mill et Nicki Minaj.

— Qu'est-ce qui t'a donné envie de venir ici ? je demande alors que nous prenons de la vitesse.

Champion patine à reculons sans même regarder, je devine donc qu'il est déjà venu ici plusieurs fois.

— Je savais que ce serait vide. Je voulais juste m'éloigner de tout. Plus personne ne fait de patin de nos jours.

— Tu viens souvent ici tout seul ? je demande encore, tentant de discuter avec lui tout en essayant de ne pas tomber et me ridiculiser.

Champion secoue la tête et nous guide vers le mur.

— Je venais quand j'étais petit, mais quand j'ai commencé sérieusement les entraînements de basket, mon père a dit que je ne pouvais pas prendre le risque de me blesser.

— Ça craint.

— C'est le prix à payer pour être le meilleur joueur du lycée. On est allés à Aspen pour les vacances de Noël l'année dernière, et il ne m'a même pas laissé skier. J'ai dû rester à l'hôtel et regarder la télé toute la journée.

Je m'empêche de lever les yeux au ciel. Ce n'est pas de sa faute s'il est riche.

— Tu risques pas de te blesser en patinant avec moi, aujourd'hui ? je l'interroge.

— T'en vaux la peine, répond-il dans un sourire éclatant.

À ces mots, mon corps tout entier s'enflamme.

— Et ton futur contrat à la NBA ? Une petite chute et c'est fini, non ? Si tu te casses la cheville ou quoi que ce soit ici, je veux pas être responsable de la perte d'un contrat à des milliards de dollars, je plaisante.

— Je pense que ça ira. Et puis, il y a des choses plus importantes que le basket.

— Comme quoi ? je lance alors qu'un père et sa fille passent près de nous, patinant comme de vrais professionnels.

— Comme s'amuser. Être avec ses amis. Être avec toi.

Il s'arrête brusquement sur la pointe des pieds, et je m'écrase contre son torse. Il m'enlace et me tient contre lui. Je sens son cœur battre contre le mien et lève les yeux vers lui. Même si c'est la nuit et que nous sommes à l'intérieur, je vois le soleil briller dans ses yeux.

Quand il se penche pour m'embrasser, je voudrais pouvoir dire que le monde s'arrête de tourner, que mon souffle se coupe et que j'oublie où je suis.

Mais ce n'est pas le cas.

Son souffle est mentholé et sa bouche est chaude et douce. Tout ce à quoi je pense, c'est que je ne pourrai jamais raconter mon premier baiser à Katia. Chaque pas que je fais avec Champion m'éloigne un peu plus de la version de moi-même que Katia connaissait. J'ai l'impression de la trahir, d'une certaine façon. Je ne suis pas prête à changer.

Lorsque nos lèvres se séparent, le couple de dernière année nous sourit en passant près de nous. Le père nous jette un regard noir, comme si nous allions donner à sa fille des idées qui ne sont pas de son âge.

— C'était… euh, agréable, dis-je.

— Désolé, j'en avais juste envie depuis un moment, répond-il.

— Moi aussi.

Champion nous guide jusqu'à la cafèt, et nous commandons des frites au fromage et un soda framboise extra-large à partager.

— Est-ce que je peux te dire quelque chose ? je demande.

— Tu peux tout me dire.

Je prends une profonde inspiration.

— Ne le répète à personne, mais parfois, même si je sais que ce qui est arrivé à Katia est injuste, qu'elle ne méritait pas de mourir, j'aimerais aussi ne pas m'en soucier autant. Je déteste ne pas pouvoir changer les choses.

Dire ces mots à haute voix me libère et m'emprisonne en même temps.

— Je comprends. Personne ne veut avoir à vivre ça, la perte d'un membre de sa famille.

— Ce n'est pas que ça, je poursuis. Personne ne se soucie plus de Katia. Peut-être que les gens voient quelque chose que je n'ai jamais vu. Peut-être que ce n'était pas une si bonne personne que ça, tu vois ? Mais je suis sa sœur, c'est comme si j'avais cette obligation *biologique* de penser qu'elle l'était.

Champion tend la main à travers la table pour saisir la mienne.

— Les gens pensent à elle.

— Je sais, mais pas de la même manière qu'ils se sont préoccupés de ce type en Géorgie qui a été tué par la police l'été dernier. Il s'appelait Mason Greg. Je me souviens qu'on faisait des interviews avec sa famille tous les jours. Les gens criaient son nom dans les rues partout dans le pays, ils bloquaient les autoroutes et se faisaient même arrêter. Peu importe que ce flic soit condamné ou non, personne n'oubliera jamais le nom de Mason.

Champion avale une autre frite au fromage et regarde les patineurs tournoyer autour de la piste.

— Oui, je vois ce que tu veux dire. Mais je ne pense pas que leur oubli soit intentionnel. Il y a beaucoup de femmes noires à qui on a dédié des marches, pour qui les autoroutes ont été bloquées. Comme cette femme, Denisia Morrow.

— J'imagine. Ou peut-être que Katia n'était juste pas la fille noire idéale, je réponds.

L'année dernière, un garçon et une fille noirs ont lancé tout un mouvement Black Lives Matter dans leur ville après qu'un de leurs amis a été tué. Ils fréquentaient une école privée super chic avec une bande de gosses de riches blancs. J'ai entendu dire qu'un donateur anonyme avait proposé de payer leurs études universitaires dans une école de la Ivy League, qui leur offrait déjà des bourses complètes à tous les deux. Peut-être que si j'étais plus intelligente, ou si ma famille avait plus d'argent, ou si j'étais une sorte de prodige, je m'en serais mieux sortie dans cette histoire de justice sociale.

— Qu'est-ce que tu veux dire ? questionne Champion.

— Rien. Je suis juste… Parfois, je suis vraiment nulle.

Je ne veux pas passer notre rendez-vous à parler de Katia, parce qu'alors, je finirai par pleurer.

— T'es loin d'être nulle. Je t'ai toujours trouvée super cool. La façon dont tu gères tout ça, t'es coriace, et je t'admire.

— Si tu le dis.

Coriace, c'est pour le bœuf séché et les camions Tonka, et pour Deja. Ce n'est pas du tout un mot adapté pour moi.

Une nouvelle fois, Champion me prend la main à travers la table.

— Est-ce que je peux te dire quelque chose ?

— Bien sûr.

Je prie intérieurement pour qu'il ne se lance pas dans un sermon sur la force des femmes noires.

— Je suis content que tu m'aies laissé t'emmener aujourd'hui.

— Oh… je suis contente que tu m'aies invitée. Je passe un bon moment avec toi, dis-je, essayant de dissimuler ma déception.

Je suis vraiment idiote ! Évidemment qu'il ne comptait pas me demander d'être sa petite amie après cette bagarre sur WorldStar.

— Enfin, bref, dit-il en se levant. Prête à retourner sur la piste ?

Il me lance un sourire éclatant, dévoilant ses incisives nettes, brillantes et parfaites.

— C'est parti, dis-je en me levant et en prenant sa main.

Nous patinons encore le temps de deux chansons, et même si j'ai mille autres choses en tête, pour l'instant, je ne suis pas la sœur de la fille qu'on a tuée. Je suis juste une fille normale en rendez-vous avec un garçon normal. Pendant dix minutes entières, je fais semblant d'être quelqu'un d'autre.

Mais quand la musique s'arrête, je redeviens la personne que je suis vraiment.

CHAPITRE 8

AVANT

J'AI ATTENDU QUE MON HORLOGE ONE DIRECTION accrochée au mur indique neuf heures du matin pour me précipiter sous la douche, me brosser les dents et enfiler la tenue la plus cool de ma garde-robe : un jean bleu clair, des UGG marron et un tee-shirt Southpole rose vif scintillant.

Mes cheveux étaient un vrai champ de bataille, mais je savais qu'il valait mieux les laisser tels quels. Plus je les manipulais, plus ils prenaient du volume et se déchaînaient. Je n'ai pas non plus fait de queue-de-cheval, pour ne pas créer de marque sur mes cheveux au moment de retirer l'élastique.

Ce jour-là, j'allais pouvoir passer du temps avec Katia.

— Beau, fais-moi des œufs, a-t-elle dit en émergeant enfin de son lit, son débardeur et son short froissés par son sommeil agité.

— D'accord !

Je me suis précipitée dans la cuisine. Deja et Breon devaient être de la partie, ce qui nous promettait une bonne journée.

Katia ne nous laissait pas l'accompagner par plaisir. Mes parents disaient que j'étais trop jeune pour rester seule, alors, si Katia voulait aller quelque part pendant qu'ils étaient au travail, elle était obligée de m'emmener.

J'ai fait frire quatre œufs et coupé une tranche de cheddar pour la déposer au-dessus. Quand j'ai apporté nos assiettes dans la chambre, Katia était installée à sa coiffeuse blanche en train de se maquiller.

Elle n'en avait même pas besoin. Nombreuses sont les filles qui doivent redoubler d'efforts pour avoir l'air mignonnes, mais Katia était naturellement éblouissante. De généreuses lèvres brunes, une peau foncée comme la nuit, des cils recourbés et un visage sculpté à la perfection, digne des plus grands mannequins. Tante Pepper l'appelait toujours « Naomi ».

— N'oublie pas tes sous, a soudain lancé Katia, sans quitter des yeux le miroir, tandis qu'elle lissait ses baby hair à l'aide d'une brosse à dents.

Elle arborait toujours la même coiffure, une raie au milieu et des cheveux lisses de type 1B qui lui descendaient jusqu'aux épaules.

Je me suis assise par terre et ai sorti notre boîte à chaussures secrète de sous mon lit. Elle contenait toutes nos économies, que nous conservions dans deux enveloppes séparées (la mienne était pleine, tandis que celle de Katia restait vide), mon pendentif avec ma pierre de naissance, le bracelet à breloques en argent que mamie Willet avait offert à Katia, un tas de petits cailloux violets que j'avais trouvés l'été dernier et le double de nos clés de maison.

J'ai mis un peu d'argent dans ma poche avant de glisser la boîte sous le lit.

— Quand on sera là-bas, comporte-toi correctement et ne touche à rien si tu n'as pas l'intention de l'acheter.

— Tu peux parler. Je sais que c'est pas Monica qui t'a *donné* ce soutif bleu Victoria's Secret, j'ai rétorqué en levant les yeux au ciel.

— C'est pourtant bien elle, et la façon dont elle l'a eu ne regarde personne d'autre qu'elle. Allez, filons prendre le bus, a ajouté Katia en clippant ses créoles dénichées au marché.

Comme toujours, une fois dehors, trois types différents l'ont accostée.

— Aïe aïe aïe, miss Thang, a lancé Mark, le voisin, en reluquant les fesses de ma sœur.

Sa femme travaillait dans la même maison de retraite que ma mère.

Un type chauve vêtu d'un tee-shirt noir et d'un pantalon Girbaud s'est approché de nous en bombant le torse, mais Katia n'a même pas pris la peine de le regarder.

Lorsque nous sommes arrivées à l'arrêt de bus au bout du pâté de maisons, Deja et Breon nous attendaient sur le banc rouillé, se disputant comme à leur habitude.

Katia a fait claquer sa langue.

— Salut, les filles, j'ai dit en me glissant entre elles tandis que Katia restait à quelques mètres, feignant de ne pas nous connaître.

— Salut, Beau, a répondu Deja en rejetant une de ses longues queues-de-cheval blond miel derrière son épaule.

Elle portait un dos nu vert pomme et un jean noir moulant. À côté d'elle, je me sentais toujours terriblement quelconque.

— Tu peux expliquer à Breon que c'est pas parce qu'un mec m'offre quelque chose et que je le prends que ça fait de moi une michto ?

— Quel mec ? T'es plus avec Jeff ?

Breon a secoué la tête.

— Nan. Elle l'a largué. Par message.

— Parce que Jeff est fauché. Mais j'ai rencontré ce nouveau type, Kareem, au Wing Joint hier soir. J'attendais au comptoir, belle gosse, comme d'hab, pour payer les gésiers que ma mère et moi on avait commandés. Puis ce beau mec aux longues locks s'approche et tend l'argent à la caissière pour payer ma commande. C'est pas trop gentil ?

— Il a quel âge ? ai-je demandé.

— Il est en deuxième année au lycée de Grady Park. Et il a une caisse, autant vous dire que l'été promet d'être sympa. Fini les trajets dans ce tas de ferraille.

Le bus 408 s'est immobilisé devant nous dans un grondement, laissant échapper un épais nuage de fumée noire à l'arrière. Katia est montée la première pour payer nos billets, tandis que Deja prenait le sien et celui de Breon. Nous nous sommes entassées sur la banquette derrière ma sœur. Nous commencions à être un peu trop grandes pour ça, car l'une de mes fesses se retrouvait dans le vide, mais nous nous asseyions toujours ensemble dans le bus, pour qu'aucune d'entre nous n'ait à s'asseoir à côté d'un inconnu.

— Hé, t'as écouté la nouvelle chanson de Nicki Minaj ? a demandé Deja en me tendant un de ses écouteurs.

Nicki Minaj était comme une déesse pour nous, même si ma mère se plaignait toujours qu'elle disait trop de gros mots. Mais j'aimais le fait qu'elle ait trimé pour en arriver là, qu'elle ait commencé en bas de l'échelle et qu'elle ait atteint le sommet sans l'aide de personne.

Breon a ouvert son sac à dos et en a sorti un épais manuel.

— Pendant que vous écoutez vos trucs, je vais réviser pour tout déchirer au contrôle de maths de lundi.

— Tu réussirais ce test en dormant, Bre. On est en week-end, on est censées s'éclater !

J'ai pris le livre sur ses genoux, mais elle l'a récupéré et m'a donné une tape.

— Je ne prends aucun risque. Chaque note compte si je veux battre Kenyatta pour le titre de major de promo.

— Meuf, t'es cinglée, a lancé Deja.

Avoir des A et tout connaître sur le monde a toujours été la spécialité de Breon. Personne ne s'attendait à ce que des filles comme nous soient intelligentes, c'est pourquoi je savais qu'elle prenait un malin plaisir à prouver aux gens qu'ils avaient tort. Mais elle ne ressemblait pas à l'intello qu'elle était intérieurement. Elle avait toujours une nouvelle paire d'Air Force 1 ou de Nike Dunk aux pieds. Si le bout se déformait, ne serait-ce qu'un peu, elles étaient immédiatement jetées à la poubelle. Elle était en revanche moins regardante sur ses vêtements : elle portait des joggings amples et des tee-shirts imprimés de chez Hot Topic ou Foot Locker. Aujourd'hui, son tee-shirt noir oversive affichait le mot « Korn » en lettres blanches.

Lorsque nous sommes arrivées au centre commercial de Purple Hills, les amies de Katia, Monica et Clarice, étaient occupées à discuter avec deux types blancs qu'elles venaient de rencontrer dans l'aire de restauration. Katia est allée s'asseoir avec eux pendant que nous commandions des parts de pizza et des Coca chez Sbarro. Nous nous sommes installées suffisamment près pour que ma sœur puisse garder un œil sur nous, mais assez loin pour ne pas l'embarrasser.

Le garçon qui parlait à Clarice a rapidement changé de cible en apercevant Katia. Soudain, il a engagé la conversation avec elle, tandis que Clarice est devenue la cinquième roue du carrosse. Elle avait l'air furieuse.

— Bah putain, a commenté Deja. Ta sœur est un vrai aimant à mecs ! Si elle était moins garce, elle pourrait nous montrer comment font les pros.

Je lui ai donné une tape sur le bras.

— Arrête de traiter ma sœur de garce !

— Pourquoi ? C'est toi qui l'as dit dans notre conversation de groupe hier soir. Breon, qu'est-ce qu'elle a dit exactement ?

Breon a levé les yeux de son manuel.

— Quelque chose du genre : « Cette garce a mangé le dernier Pop-Tart à la fraise. »

— Ah, ouais ! C'était aux fruits rouges. Eh puis, c'est ma sœur, donc j'ai le droit de la traiter de garce. *Pas vous*, j'ai expliqué.

— OK, comme tu voudras, bitch, a répondu Deja en soupirant.

Comme elle était fille unique, je pensais parfois qu'elle était jalouse que j'aie une sœur.

Deja et moi observions Katia et ses amis avec attention pendant que Breon révisait. Au bout d'un moment, les types blancs sont partis en laissant leur numéro de téléphone aux filles, en ignorant Clarice. Je me sentais toujours mal pour elle.

— Alors, qui vous emmène au bal de promo ? a demandé Monica en balançant son long tissage d'avant en arrière et en faisant claquer son chewing-gum.

— Il reste encore deux mois, a répondu Clarice.

Elle n'avait probablement pas de cavalier.

— Vous savez déjà que j'y vais avec mon mec, a dit Katia en souriant.

— En parlant de lui, j'ai entendu dire qu'il s'inscrivait à Princeton. C'est bien le seul mec de Grady High à avoir les couilles de le faire.

— C'est plutôt le seul mec qui a le cerveau pour y entrer. Vous courez toujours après ces clochards qui savent même pas additionner deux et deux, vous feriez mieux de vous trouver un gars comme le mien.

Monica a éclaté de rire.

— Euhhh, nan, plutôt mourir que sortir avec un type qui s'appelle Medgar.

— C'est un hommage à Medgar Evers, que tu connaîtrais si tu ouvrais un livre aussi souvent que t'ouvres tes cuisses, s'est énervée Katia.

Elle et ses amies se charriaient toujours les unes et les autres, sans jamais se fâcher pour autant.

— Meuf, OK, tu veux qu'on parle de tes cuisses à toi, peut-être ? Qu'est-ce que Medgar penserait du fait que t'as pris le numéro de ce type ? a demandé Clarice.

— Oh ça ? (Katia a sorti le bout de papier, l'a roulé en boule et l'a jeté sur la table.) C'était juste pour rigoler.

Clarice a semblé vouloir le récupérer, mais elle s'est ravisée. Elle aurait eu l'air trop désespérée.

— Tu vois, mon mec et moi, c'est du sérieux. La fin de l'année de terminale promet d'être chanmé. Ensuite, j'irai à la FAMU, Medgar sera à Princeton, et on se retrouvera pendant les vacances. Puis, après l'université, on se mariera, on achètera une maison, on aura des enfants et peut-être même un chien.

— On dirait que t'as tout prévu, a commenté Monica.

— Ouais… exact. Et si vous vous tenez à carreau, je vous laisserai *peut-être* venir au mariage, a répliqué Katia.

Clarice lui a jeté une serviette roulée en boule, et tout le monde a éclaté de rire. J'avais envie de rire, moi aussi, mais l'angoisse m'envahissait chaque fois que je pensais à Katia quittant la maison. Elle me laisserait toute seule. Certes, mes parents seraient toujours là, mais ce n'était pas comme si je pouvais leur parler de choses sérieuses, comme des garçons ou de comment coiffer mes cheveux crépus avec des extensions lisses et soyeuses.

— Bon, j'en peux plus d'entendre ces hyènes glousser toute la sainte journée. Va là-bas et dis à ta sœur qu'on va chez Icing pour checker les boucles d'oreilles, lança Deja en se levant de notre table et en ajustant son haut.

— Oooh, on peut aller chez Foot Locker aussi ? a fait Breon. Je veux essayer les nouvelles LeBron.

Plus tard, en nous arrêtant chez Auntie Anne's, Deja et Breon se sont disputées à propos du parfum du bretzel que nous allions nous partager. La caissière levait les yeux au ciel, mais j'aurais pu les écouter toute la journée.

— Beau ! m'a crié Deja, dis à Breon qu'on prend un bretzel à la cannelle.

— Tu sais très bien que j'aime pas la cannelle. Pourquoi on peut pas en prendre un au pepperoni ? a interrogé Breon.

— Pourquoi vous réglez pas ça à pierre, papier, ciseaux ? ai-je lancé.

— Oh que nan, pas question de laisser ça au hasard. Ce sera cannelle, ou je reprends mon dollar cinquante, a rétorqué Deja.

— Et voilà, c'est reparti, a grogné Breon alors qu'elles recommençaient à se disputer.

Plus tard, alors que le bus nous ramenait à Grady Park, le soleil disparaissait tout juste à l'horizon et le ciel s'était teinté d'un bleu pourpre brumeux. J'ai pris Deja et Breon dans mes bras pour leur dire au revoir. Katia a attendu avec moi le temps de s'assurer qu'elles rejoignaient leurs appartements respectifs. Breon habitait dans le bâtiment A, Deja vivait à côté, dans le bâtiment B, tandis que je logeais dans le bâtiment C.

— Vous allez vivre dans le coin ? Quand Medgar et toi vous serez mariés ? ai-je demandé à Katia alors que nous passions devant un couple qui se disputait sur le balcon du deuxième étage de l'immeuble de Deja.

Katia m'a regardée comme si j'avais perdu la tête.

— Bien sûr que non, on vivra dans un quartier chic. Avec des palmiers et des Walmart où on vérifie pas ton ticket de caisse à la sortie du magasin.

— Mais, et moi dans tout ça ?

Elle a léché le glaçage sur son ongle bleu ciel.

— Tu pourras venir nous rendre visite, Bozo.

— M'appelle pas Bozo, ai-je grogné.

— Bozo.

Je lui ai lancé un regard noir.

— Oh, alleeez, a-t-elle dit en enroulant son bras autour de moi tandis que nous traversions la cour jonchée de détritus.

— Tu pourras venir nous voir quand tu voudras. C'est pas comme si j'allais mourir.

— Mais ce sera pas pareil, ai-je gémi.

— Je sais. C'est exactement pour ça que je pars.

En arrivant devant notre immeuble, nous avons trouvé la porte d'entrée sortie de ses gonds, avec un énorme trou près de la poignée, là où elle avait été enfoncée. Katia s'est précipitée dans le couloir.

— Bordel de merde !

À l'intérieur, notre appartement avait été saccagé. La télévision avait disparu et les coussins du canapé étaient éparpillés sur le sol entre les morceaux de verre de nos cadres cassés. Même la porte du réfrigérateur était restée ouverte, comme si les voleurs s'étaient préparé un sandwich.

— Papa et maman vont péter un câble quand ils verront ça ! a crié Katia en se passant sans cesse les mains dans les cheveux et en faisant les cent pas.

Nous n'appelions jamais les flics, mon père disait qu'ils ne protégeaient pas les Noirs. À Grady Park, il fallait être son propre flic. C'était la troisième fois qu'on se faisait cambrioler en un an. Chaque fois que ça arrivait, mon père disait que celui qui avait fait ça ne reviendrait probablement pas. Mais ils revenaient toujours.

Soudain, Katia a levé des yeux écarquillés vers moi. Puis j'ai compris.

— La boîte ! avons-nous crié en même temps.

Je me suis précipitée dans la chambre à sa suite, mais nous savions déjà que nos affaires n'étaient plus là. Évidemment, ces enfoirés avaient laissé la boîte vide, comme si nous comptions la réutiliser.

Katia s'est assise par terre, se balançant d'avant en arrière, le visage dans ses mains, la boîte vide sur ses genoux.

— Ça va aller, ai-je dit en posant une main sur son épaule. Il y aura d'autres anniversaires. Je recevrai encore de l'argent.

Mais elle a secoué la tête, les larmes roulant le long de ses joues.

— C'est pas l'argent, Beau, mon bracelet à breloques était dedans. Celui que m'a donné mamie Willet avant sa mort ! Fait chier !

Elle a déchiré la boîte à chaussures avant de s'asseoir sur son lit, le corps tremblant.

Je ne comprenais pas pourquoi elle était si énervée. À Grady Park, on se faisait voler tellement souvent que *ne pas* se faire cambrioler était considéré comme un jour de fête. Nous détestions cela, mais ce n'était pas comme si nous pouvions y faire quoi que ce soit.

— Tu vois ? C'est pour ça que je dois partir, Beau. C'est à cause de ce genre de merde que je me tire d'ici dès que j'aurai mon diplôme. On peut rien avoir à Grady Park. On peut même pas passer une bonne journée sans que quelqu'un essaye de la foutre en l'air !

J'ai pris place à côté d'elle, tandis qu'elle pressait un oreiller contre sa poitrine en pleurant.

— Regarde. Quand maman et papa vont rentrer, ils vont m'engueuler parce que j'étais pas là. Je vais me retrouver dans la merde parce qu'un connard a encore décidé de cambrioler notre maison.

— Je leur dirai que je voulais aller au centre commercial, moi aussi. Peut-être qu'ils comprendront, ai-je proposé.

— Peu importe. On devrait pouvoir aller au centre commercial sans avoir à se soucier de ce genre de conneries. Tu sais qu'il y a des endroits où tout le monde laisse sa porte d'entrée ouverte la nuit parce que personne ne vole ? Tout le monde travaille pour se payer ses trucs, donc personne n'a le temps de voler ceux des autres. Personne ne se fait arrêter, pas de fusillades, pas de dealers.

— Où est-ce qu'on vit comme ça ? ai-je demandé.

— J'en sais rien, quelque part en campagne, je crois. En tout cas, moi, je me casse définitivement d'ici, a affirmé Katia.

Je n'avais que douze ans à l'époque. Je ne comprenais pas pourquoi elle détestait autant Grady Park. Notre vie n'était pas si terrible que ça. J'avais ma chambre, mon carnet de croquis, mes amies, mes parents et ma grande sœur. Malgré tout, j'aimais l'idée de cet autre endroit, où on laissait sa porte d'entrée déverrouillée. Je me demandais ce que ça faisait, de vivre ainsi.

— Je peux venir avec toi ? ai-je fait.

Katia a réfléchi un instant.

— Il faut d'abord que tu termines l'école, je veux pas vivre avec une andouille. Mais après ? Ouais, je t'emmènerai.

J'ai placé ma main sur la sienne, tandis qu'elle posait son autre main sur la mienne. C'était une promesse.

CHAPITRE 9

J'ai visité des musées qui n'étaient pas aussi beaux que la maison de Madison. Déjà, elle est immense. Les plafonds sont assez hauts pour qu'une famille de géants puisse se déplacer sur des échasses. Les couloirs sont assez larges pour pouvoir y marcher les bras écartés, et il y aurait encore assez de place pour que d'autres personnes passent à côté.

Et puis, il y a l'art. L'art est omniprésent. Les tableaux de son père sont partout. Des éclats de bleu, de vert, de magenta. Certains sont des natures mortes d'objets de tous les jours, comme une bouteille d'eau ou une poubelle. D'autres représentent des personnes : lui-même, sa famille. Un énorme portrait en aquarelle de Madison est accroché dans le hall d'entrée. Elle a même un couloir entier dédié à son propre art. À part les tableaux, tout est clair, blanc et neuf. Les sols, les tables, les canapés, les lampes.

C'est la famille dans laquelle j'aurais dû naître si l'univers était juste.

— T'as déjà des idées pour la fresque ? demande Madison alors que nous sommes installées dans son atelier.

Elle a son propre foutu atelier avec plus de fournitures que tout notre lycée et une grande table blanche carrée pour travailler.

— J'en avais, mais elles sont nulles, je réponds.

Ce que j'ai trouvé de mieux, c'est de peindre le nom de l'école avec des lettres en forme de bulles avec plein de fleurs derrière. Pas du tout assez créatif pour gagner le concours.

— Et toi ? T'as quelque chose en tête ?

Elle replace une mèche de cheveux derrière son oreille.

— Oui. Bon, tu peux dire non si ça te met mal à l'aise, mais je pense que c'est quelque chose de vraiment important, qui aura du sens pour l'école, même après notre départ.

— D'accord. Qu'est-ce que c'est ?

Madison mordille sa lèvre et baisse les yeux vers ses mains.

— Je pensais qu'on pourrait proposer de peindre une fresque en hommage à ta sœur ?

Mon sourire s'efface.

— Ma sœur ?

— Eh bien, oui. La brutalité policière à Chicago doit être dénoncée. Ce qui est arrivé à ta sœur est arrivé à trop de gens. Une fresque de Katia que tout le monde dans la ville pourrait voir est une façon d'attirer l'attention sur le problème.

Je n'ai pas dessiné grand-chose depuis que j'ai conçu les sweats pour l'enterrement de Katia. Et même ça, c'était épuisant pour moi, devoir regarder sa photo pendant des heures, son regard marron et chaleureux me transperçant le cœur. Je pense déjà à elle en permanence ; le cours d'art est censé être mon moment à moi, où je peux faire semblant, juste un moment, que tout va bien, même si ce n'est pas le cas.

— Je ne sais pas si je pourrais faire ça. Voir son visage en permanence… Je suis encore en train d'essayer de m'en remettre, tu comprends ?

— Je comprends. Peut-être que t'as juste besoin de te libérer émotionnellement. Mon père dit que les artistes doivent de temps en temps vider leur esprit. On absorbe tellement du monde, et si on ne laisse pas tout ça sortir, ça finit par nous envahir complètement. Si tu laisses sortir ce que tu ressens pour ta sœur sur le papier, ça pourrait t'aider à aller mieux.

— Comment faire pour vider mon esprit ? je demande.

Madison se lève et se dirige vers ses étagères de matériels. Elle étale devant moi une énorme feuille blanche et un fusain.

— Dessine tout ce qui est dans ta tête en ce moment. Mets-le sur le papier. Tu te sentiras mieux, crois-moi.

J'hésite un instant, mais je prends le crayon entre mes doigts. Son contact m'est d'abord étranger. Je trace une ligne qui n'est même pas droite. Ensuite, je ferme les yeux et j'imagine ce que je ressens au fond de moi. Je commence à dessiner ce que je vois.

Au début, je suis pleinement consciente que Madison est de l'autre côté de la table, m'observant probablement et me jugeant avec ses goûts et connaissances artistiques raffinés. Mais au bout de quelques instants, elle et la pièce disparaissent autour de moi. Il n'y a plus que cet espace blanc et moi, avec un crayon noir pour le remplir et lui donner du sens.

Je dessine pendant ce qui semble être une éternité. Je laisse tout sortir de mon cœur et de mon esprit. Quand j'ai fini, je presse mes mains contre mes yeux pour empêcher les larmes de couler. Je ne veux pas que Madison me voie pleurer.

Celle-ci contourne la table pour observer ce que j'ai dessiné, et je l'entends pousser un petit cri d'admiration.

— C'est ça, Beau, dit-elle. Tu l'as fait.

— Ouais. Je suppose que oui. Mais tu penses que c'est suffisant pour gagner ?

— Suffisant ? C'est incroyable, Beau ! On va gagner, et quand la fresque sera terminée, toute la ville saura qui était Katia.

Je visualise Katia sur le mur du lycée, plus grande que nature. Des journalistes viendraient, des photographes aussi. Il y aurait des interviews, des apparitions à la télévision, tout le tralala. Si on réussit, peut-être qu'on n'aura même plus besoin du témoignage de Jordan.

La première semaine après avoir créé le compte Twitter de Katia, nous ne recevons rien dans notre boîte de réception à part quelques liens louches de robots et environ un million de messages « Merci pour le follow <3 ». Je commence à penser que ce n'était pas une si bonne idée, jusqu'à ce qu'on reçoive un message privé d'un utilisateur nommé MurderSleuth99.

MURDERSLEUTH99
Parker Samson

Je ne sais pas ce qu'il attend de moi avec juste un nom. Mais Parker Samson doit être un parent de Jordan. Il est onze heures du soir, je suis allongée sur le dos dans mon lit, tenant mon téléphone au-dessus de ma tête.

MOI
T'es qui et qui est Parker Samson ?

Je reçois une réponse presque instantanément.

MURDERSLEUTH99
C'est le demi-frère
de Jordan Samson, 17 ans.

Je commence à penser que c'est juste un troll. Jordan n'a pas de frères et sœurs. Du moins, je ne crois pas.

MOI
Jordan a un frère ?
Depuis quand ?

Le message suivant est une image. Je clique dessus et me redresse d'un coup dans mon lit. C'est une photo d'un gars en tenue de basket, avec la même tête carrée que Jordan et le même sourire malicieux.

MURDERSLEUTH99

Ils sont demi-frères du côté de leur père.
Ils ont probablement grandi séparément.
Mais il vit à Chicago aussi.

MOI

Où ça ? Comment tu sais ?

MURDERSLEUTH99

Il est en dernière année
à Brookstone High.
Commence là-bas.

MOI

Qu'est-ce que tu veux dire par
« commence là-bas » ? T'es qui ?

MOI

T'es toujours là ?

Après trente minutes sans réponse, j'abandonne et branche mon téléphone pour le charger. Qui que soit ce MurderSleuth, il est probablement juste en train de me mener en bateau. Si Jordan avait un frère, je l'aurais su. Mais je ne lui ai jamais posé la question, à vrai dire. Pourtant, ce type sur la photo ressemble tellement à Jordan… même si ses traits sont un peu plus doux. S'ils ne sont pas frères, ils sont forcément liés d'une manière ou d'une autre. Et il n'y a qu'un seul moyen de le savoir.

— Et s'il refuse de nous parler ? Il essaiera sûrement de protéger son frère, dit Sonnet.

Nous nous tenons devant mon casier après la sonnerie du huitième cours et les couloirs sont vides, à part quelques élèves qui s'activent pour se rendre à leur dernier cours de la journée.

— Peut-être qu'ils ne sont pas si proches. Ou c'est peut-être son cousin. T'as vu la photo, il ressemble vraiment à Jordan.

Sonnet fait éclater une bulle de chewing-gum violet et la remet dans sa bouche avant de la percer.

— Ouais, mais si ce type, MurderSleuth, se moque juste de toi ? Il y a plein de gens bizarres sur Internet qui s'amusent à tourmenter les familles qui ont perdu quelqu'un.

Elle n'a pas tort. Mais c'est le premier message qu'on reçoit qui ne dit pas « CLIQUE ICI POUR GAGNER UN IPHONE GRATUIT ! ». Même si c'est une fausse piste, je brûle d'envie d'aller là-bas et de commencer à chercher Jordan. C'est mieux que de rester assise à attendre un autre tuyau qui pourrait ne jamais arriver.

— C'est pour ça qu'on va aller à Brookstone High pour vérifier. S'il est là, on lui demandera des infos sur Jordan. S'il n'y est pas, on saura que MurderSleuth se moque de nous, et on bloquera ce con, j'explique.

Sonnet soupire.

— D'accord. Mais qu'est-ce qu'on fait pour le dernier cours ? Ils vont appeler nos parents si on se pointe pas. Ma mère est cool mais pas à ce point.

Je n'y avais pas vraiment réfléchi. Sachant que mes parents ne s'en soucieront pas, je n'ai pas pris la peine de penser à la réaction de Mme Bluefall. Mais je réplique aussitôt :

— D'ici à ce que le lycée appelle, les cours seront terminés. Tu seras rentrée chez toi peut-être trente minutes après ça. Dis à ta mère que c'était une erreur, ou invente une excuse. Elle te croira, j'assure.

Sonnet mord sa lèvre et regarde ses baskets à paillettes turquoise. La culpabilité se lit sur son visage. Si je ne dis rien, elle se désistera. Je ne peux pas faire ça toute seule.

Je ferme mon casier et verrouille le cadenas.

— Sonnet, tu as dit que tu voulais m'aider. Combien de fois t'as vu les Pretty Little Liars demander la permission avant de sortir traquer A ?

Je passe un bras protecteur autour de ses épaules et nous nous dirigeons vers les portes. Sonnet semble encore hésitante.

— Mais ma mère ne me ment jamais, murmure-t-elle. Je ne veux pas commencer à lui mentir, moi.

— Bon, je te propose un truc : une fois qu'on aura trouvé Jordan et qu'on l'aura livré à la police, on dira la vérité à ta mère. Elle comprendra pourquoi on a dû le faire, non ?

Je suis vraiment douée.

Les épaules de Sonnet se détendent sous mon bras, et elle hoche la tête.

— Ouais, j'imagine. Elle était carrément énervée que ce flic s'en sorte. Et elle a manifesté à son université il y a des années, quand ils ont essayé d'imposer un code vestimentaire. J'ai vu les photos et tout.

— Parce que ta mère est une battante ! Et nous aussi. On ne peut pas changer les choses sans enfreindre au moins quelques règles, pas vrai ?

Nous sommes presque arrivées à la porte quand une voix crie derrière nous :

— Hé ! Vous allez où ?

Pendant un instant, je pense qu'il s'agit d'un professeur, mais en nous retournant, nous apercevons Champion, qui fait tournoyer son badge du lycée à son cordon en se dirigeant vers nous.

— Où vous allez ? demande-t-il, son regard passant de moi à Sonnet.

— On sort juste un peu plus tôt pour aller… tu sais… se détendre et tout, au parc, je réponds en fixant un point au-dessus de sa tête.

— Ouais ! ajoute Sonnet, on a besoin de passer du temps ensemble, entre meilleures potes.

Elle me serre contre elle et nous sourions toutes les deux comme des idiotes.

Champion sourit à son tour, un éclat malicieux illuminant ses yeux marron foncé.

— Laissez-moi venir avec vous. J'ai ma voiture.

Sonnet me regarde et j'hésite. Il ne peut pas savoir ce qu'on fait, même si un trajet en voiture jusqu'à Brookstone nous ferait gagner du temps. Non, ça n'en vaut pas la peine.

— T'as entraînement, après les cours. Ce serait bête de sécher si tu dois revenir juste après.

Il détourne le regard et je crains de l'avoir vexé. Bien joué, Beau ! C'est exactement pour ça que tu n'auras jamais de petit ami. Tu ne sais absolument pas comment t'y prendre !

— Mais on peut se retrouver après ton entraînement de basket. On pourrait aller voir un film ? j'ajoute.

Il nous sourit encore, dévoilant ses dents parfaitement blanches, et les papillons dans mon ventre recommencent leur danse.

— OK, je t'enverrai un message plus tard, alors.

Une fois qu'il est parti, nous sortons par la porte vitrée sur le côté et nous nous retrouvons dehors dans le froid.

Quand nous arrivons enfin à Brookstone High, je suis en sueur et mon tee-shirt colle à mon dos.

— C'était vraiment une chouette marche ! Je me sens… (Sonnet prend une grande inspiration et souffle) rajeunie et revigorée. On devrait faire ça plus souvent !

J'essuie la sueur de mon visage avec le bas de mon tee-shirt.

— Meuf, fais tes marches si tu veux mais moi, je te ferai coucou depuis le bus.

La façade du lycée me rappelle celle de Millennium. Il y a des fenêtres en verre du sol au plafond, et le nom de l'établissement est inscrit en lettres vertes sur le côté du bâtiment. Je n'y suis jamais entrée, mais je crois que Deja sortait avec un mec qui y allait.

— Blagues à part, comment on est censées le trouver exactement ? On attend juste qu'il sorte ? demande Sonnet.

Je marque une pause, puis je fais glisser mon sac à dos de mon épaule et en tire un stylo et un morceau de papier.

— Attends, tourne-toi une seconde, je dis.

J'appuie la feuille contre son dos et écris le nom de Parker dessus.

— Qu'est-ce que tu fais ? s'étonne-t-elle.

— Ça.

Je lui montre la feuille.

— Et qu'est-ce que tu comptes en faire, exactement ?

— On va le brandir pour qu'il nous voie quand il sortira.

— D'accord, mais il va pas trouver ça un peu bizarre ?

— C'est bizarre. C'est le but, il faut attirer l'attention. Tout le monde va nous regarder, y compris Parker ou quelqu'un qui le connaît. Ils nous demanderont ce qu'on fait là et, avec un peu de chance, ils nous diront où le trouver.

Je consulte son compte Instagram sur mon téléphone et nous regardons toutes les deux sa photo pour mémoriser son visage. Je sais que je ne le manquerai pas. Il ressemble trait pour trait à Jordan, sauf qu'il n'a pas de barbe et qu'il porte un piercing au nez.

Vers trois heures et quart, l'entrée du lycée commence à se remplir de parents et d'élèves qui discutent et plaisantent. Quelques personnes nous jettent des regards curieux, surtout à Sonnet qui tient la pancarte et porte un pantalon jaune vif avec des fleurs vertes et bleues imprimées dessus. Le mot « incognito » ne fait pas partie de son vocabulaire.

J'observe la marée d'élèves qui sort du bâtiment, mais il y a beaucoup plus de monde que je ne l'imaginais. Les klaxons commencent à retentir, et je m'inquiète de l'avoir manqué. Ou alors, il est encore à l'intérieur, dans un club après les cours ou quelque chose du genre.

Sonnet et moi tendons le cou pour essayer de voir au-dessus de la foule quand une fille petite avec des cheveux tressés en deux gros chignons s'arrête devant nous.

— Qu'est-ce que vous voulez à Parker ? lance-t-elle en plissant les yeux.

Je prends le bras de Sonnet pour qu'elle baisse la pancarte.

— On a juste besoin de lui poser quelques questions importantes. Tu le connais ? je demande.

Elle nous détaille de haut en bas.

— Ouais, c'est mon copain. Vous êtes qui ?

— On est des amies de son frère aîné, je réponds. Il a disparu depuis quelques semaines et on voulait juste savoir si Parker l'avait vu récemment.

La fille me regarde comme si je parlais une langue étrangère.

— De quoi tu parles ? Parker n'a pas de frère. Juste des sœurs. Comment tu connais son nom ?

Il n'a pas de frère ? Si elle est sa copine, elle le saurait probablement. Peut-être que Sonnet avait raison et que MurderSleuth mentait.

Mais Parker ressemble tellement à Jordan sur cette photo… Et ils ont le même nom de famille. Ça ne peut pas être une coïncidence.

Je me tripote les mains, répétant : « Eh bien, euh… » encore et encore pour me laisser le temps de trouver une réponse. Puis une paire de bras entoure la taille de la fille et un garçon avec un dégradé enfouit son visage dans son cou.

— Parker ? interroge Sonnet.

Le garçon lève les yeux vers nous.

— C'est qui, celle-là ? demande-t-il à sa copine.

Elle se retourne vers lui.

— J'aimerais bien le savoir ! Elle essaie de me faire croire que t'as un frère. Je suis pas bête. Tu la connais d'où ?

Il me dévisage en plissant les yeux à son tour.

— Nan mais, j'ai jamais vu cette fille de ma vie. Steuplé, commence pas avec ça, Kya.

— Il dit la vérité, dis-je. On ne s'est jamais rencontrés, mais je connais son frère, Jordan.

À la mention du nom de Jordan, ses yeux s'écarquillent le temps d'un instant.

— Tout ce dans quoi il s'est fourré n'a rien à voir avec moi. Donc laissez-nous, ma copine et moi, en dehors de ça, lance-t-il.

— Attends, t'as un frère ?! s'écrie Kya.

— S'il te plaît, on veut juste te poser quelques questions. Tu sais où il pourrait être ? Où il traîne d'habitude ? je demande.

— J'en sais rien du tout, alors laissez-nous tranquilles !

Il attrape la main de Kya et essaie de l'entraîner avec lui, mais elle la retire brusquement.

— T'as un frère ? Et tu me l'as jamais dit ?

Parker lève les bras.

— Ouais, parce que ça n'a absolument aucune importance ! On se parle même plus.

— Mais t'as quand même menti !

Sonnet et moi restons silencieuses, attendant le moment opportun pour reprendre la conversation.

— Bon ! J'ai menti ! On peut y aller, maintenant ?

Kya secoue la tête.

— Ça fait presque deux mois qu'on est ensemble, et tu passes ton temps à mentir. D'abord ton ex, ensuite Tina, et maintenant des membres de ta famille ? J'en ai ras le bol, Parker. C'est terminé.

Elle tourne les talons et disparaît dans la foule d'élèves postés devant le lycée.

Je m'attends à ce que Parker la poursuive, mais il se contente de la regarder partir, la mâchoire crispée.

Ce n'est pas du tout ce que j'avais prévu. On devait juste sécher les cours et lui poser quelques questions, pas provoquer une rupture.

— On est vraiment désolées si on a…

Avant que je puisse terminer ma phrase, il nous dépasse et s'éloigne.

Sonnet et moi le suivons. Maintenant que nous savons que Parker Samson existe, pas question de repartir sans lui avoir parlé.

— Parker, attends ! Tu peux pas discuter juste une minute ? On te laissera tranquille après ça, je te jure, je supplie.

Mais il ne prend même pas la peine de se retourner, il continue de marcher comme s'il ne nous entendait pas.

— Beau, ça ne marche pas, dit Sonnet.

— Je sais, je sais. C'est parce qu'il se fout de Jordan. Il est probablement content qu'il ait disparu, je réponds.

Il y a un million de raisons de détester un gars minable comme Jordan, mais si sa propre famille le déteste aussi, nous sommes foutues.

— Alors ? demande Sonnet en le suivant de l'autre côté de la rue. Il pourrait quand même savoir quelque chose.

— Je pense qu'on devrait lui dire pourquoi on cherche Jordan. La vraie raison. Peut-être qu'il voudra nous aider s'il sait qu'on veut livrer Jordan aux flics.

Sonnet se tourne vers moi.

— Ça vaut le coup d'essayer.

En vérité, il vaut mieux que les gens ne sachent pas qui nous sommes ou ce que nous voulons à Jordan, si nous voulons vraiment le retrouver. Mais nous pouvons peut-être faire une exception pour Parker.

— Jordan a laissé ma sœur mourir seule ! je crie à Parker, dans son dos. *Ton* frère a laissé ma sœur mourir seule !

Quelques personnes dans la rue nous regardent, mais ça m'est égal. J'ai besoin de réponses. Maintenant.

Soudain, Parker s'arrête et se retourne pour nous faire face.

— La fille qui s'est fait tuer par le flic ? C'est ta sœur ?

Je n'aime pas qu'on parle de Katia comme « la fille qui s'est fait tuer ». Comme si la seule chose que les gens savaient d'elle, c'était qu'elle était morte.

— Elle s'appelle Katia, dis-je en réduisant lentement la distance entre nous. Je veux juste savoir ce qui s'est passé cette nuit-là. On a besoin du témoignage de Jordan pour prouver qu'elle n'a rien fait de mal. Mais personne ne l'a vu depuis.

Le visage de Parker s'adoucit et il semble être pris de pitié.

— Je suis désolé pour ta sœur. J'en ai entendu parler aux infos. Mais je ne sais vraiment pas où est Jordan.

— Mais c'est ton frère, intervient Sonnet. Il ne t'a pas appelé ni envoyé de message ?

Parker secoue la tête.

— On ne se parle plus du tout.

— Qu'est-ce qui s'est passé ? je demande.

— Ça a de l'importance ?

— Je demande juste.

Il prend une grande inspiration.

— Il voulait me recruter pour les OT. Mais il voulait… En gros, il fallait que je fasse des trucs que j'avais pas envie de faire, tu vois ce que je veux dire ? Alors je lui ai répondu que ça m'intéressait pas. J'ai jamais vraiment été dans ce genre de truc, de toute façon. Le lendemain, alors que je rentrais du boulot, une bande de mecs m'a coincé dans une ruelle et m'a tabassé.

Sonnet a l'air horrifiée par ce qu'elle entend, mais ça ne me fait ni chaud ni froid. Les OT ont fait bien pire que tabasser un gamin.

— Jordan leur a dit où t'étais ? je devine.

Il hoche la tête.

— C'est là que j'ai arrêté de parler à cet abruti. Pour moi, c'est juste un ennemi de plus dans la rue. Les liens du sang ne signifient rien pour lui.

Merde, si Jordan a balancé son propre frère, ça explique pourquoi il a abandonné Katia quand elle avait besoin de lui. Il ne se soucie de personne à part de lui-même.

— Ça s'est passé quand, tout ça ? veut savoir Sonnet.

— L'année dernière. C'est du passé, maintenant. J'ai tourné la page. C'est pour ça que je sais pas où il est. J'en ai aucune idée, et honnêtement, je m'en fous.

— Tu connais un de ses amis ? Les endroits où il aime traîner ?

Parker lève les yeux au ciel en réfléchissant.

— Il traînait toujours avec le gang. Ils m'ont pas recruté assez longtemps pour que je sache vraiment quelque chose. Mais la meuf qu'il a mis en cloque, Cierra, le sait peut-être. Vous lui avez parlé ?

Ma mâchoire se décroche.

— Jordan a un enfant ?

— La fille était enceinte la dernière fois que je l'ai vue, avant qu'on arrête de se parler. Elle a dit que c'était lui, le père.

Sonnet sort un carnet de son sac à dos et commence à prendre des notes. Je n'arrive pas à croire que ce type allait être père et qu'il n'en a jamais parlé à Katia ! Non, Katia ne serait jamais sortie avec Jordan s'il avait mis une fille enceinte… Elle l'aurait largué, c'est sûr.

— Un bébé ? Le bébé de Jordan ? T'es sûr ?

C'est impossible. Katia le traquait quand ils se disputaient, elle sillonnait la ville pour le retrouver dans ses coins habituels. Elle aurait forcément découvert ce bébé si c'était vrai, non ?

— Tu savais pas ? T'aurais dû lui parler avant moi ; elle était toujours collée à ses basques. À l'époque, en tout cas.

— T'as dit qu'elle s'appelait Cierra ?

— Ouais. Elle et sa mère vivent à la Terror Tower.

Mon cœur commence à s'emballer dans ma poitrine.

— Terror Tower ?

Terror Tower est l'un des immeubles les plus dangereux de la ville. Je n'y ai jamais mis les pieds, mais Deja m'a dit que quelqu'un s'y faisait tirer dessus presque tous les week-ends.

— Ouais, parfois on allait là-bas pour fumer, parce que sa mère s'en fichait, répond Parker.

— Terror Tower, vraiment ? T'es sûr ?

Il hoche la tête.

— Quoi ? T'as peur d'y aller ?

— Nous ? Peur ? Bien sûr que non ! affirme Sonnet.

C'est parce qu'elle ignore tout de la Terror Tower.

— C'est juste qu'on n'y est jamais allées, je réponds.

— Tiens, dit Parker en me tendant son iPhone. Donne-moi ton numéro. Je t'enverrai un texto pour que t'aies le mien.

— Pourquoi ? je demande en levant un sourcil.

— Quand vous irez là-bas, faites-moi signe, je vous accompagnerai. Ils me connaissent dans ce bâtiment, je ne crains rien.

On pourrait sûrement avoir besoin de renfort pour explorer cette piste. Mais Parker reste tout de même le frère de Jordan. On ne peut évidemment pas lui faire confiance, mais on pourrait l'utiliser à notre avantage, avant de le congédier.

J'entre mon numéro dans son téléphone et le lui rends.

— Cool, cool. Faites-moi signe quand vous avez besoin de moi, dit-il avant de s'éloigner dans la rue.

— Ouah, il est père. Comment il a fait pour cacher ça à Katia ? s'étonne Sonnet alors que nous nous dirigeons vers l'arrêt de bus.

— Il a probablement menti sur toute la ligne, je réponds.

— Eh bien, au moins, on sait une chose avec certitude, dit Sonnet.

— Quoi ?

— On peut faire confiance à ce MurderSleuth.

Elle a raison. Il ne m'a toujours pas répondu, mais je suis bloquée sur le fait que Jordan a réussi à cacher un frère et un bébé à Katia. Comment a-t-elle pu être aussi naïve ? Et comment Jordan a-t-il pu lui faire ça ?

— C'est n'imp', dis-je en m'affalant sur le banc à l'arrêt de bus.

— Quoi ? fait Sonnet.

— Que Katia soit morte à cause de Jordan, et qu'elle savait rien de lui !

Si elle l'avait su, elle l'aurait quitté, et tout ça ne serait jamais arrivé.

— Peut-être qu'elle le savait et qu'elle a décidé de lui pardonner ?

Je me tourne vers Sonnet.

— Impossible. Elle n'aurait jamais fait ça.

— Peut-être qu'elle l'aurait fait si elle pensait qu'elle l'aimait. En tout cas, ce qui est arrivé à Katia n'était pas sa faute.

— Je sais, mais quand même. J'aurais juste voulu qu'elle fasse les choses différemment.

J'ouvre Twitter sur mon téléphone pendant que nous attendons le bus. Toujours pas de réponse de MurderSleuth. Mais j'ai reçu un nouveau message d'un utilisateur nommé ArithMyTick. C'est probablement encore un spam, mais je clique sur le message.

ARITHMYTICK

Faites attention.
Ils vous surveillent.

CHAPITRE 10

AVANT

Ma mère a brandi la robe sur son cintre sous les yeux de Katia, la longue mousseline de soie bleu layette flottant dans le vent de notre climatiseur qui grondait et claquait chaque fois que nous le mettions en marche.

— Katia, tu as travaillé si dur pour te payer cette robe, et tu es en train de me dire que tu ne vas pas y aller ? Tout ça parce qu'un gamin ne veut pas de toi ? a-t-elle sifflé.

Si c'était elle qui avait acheté la robe, j'aurais mis ma main à couper qu'elle l'aurait fait porter à Katia. Mais puisque ce n'était pas le cas, Katia était allongée sur le canapé sous une couverture, les cheveux attachés, les yeux rougis et gonflés par les larmes.

— C'est pas un gamin, maman. Même *toi*, tu as dit que tu l'aimais bien, a répondu Katia depuis le canapé d'un ton monotone.

Ça faisait des semaines qu'elle était dans cet état.

J'étais installée à la table de la cuisine, le lisseur branché et un pot de gel Let's Jam ouvert, prêts pour une rapide mise en beauté. Le bal ne devait pas commencer avant une heure. Katia avait encore le temps de se préparer si elle le voulait.

— C'était avant que ce petit con ne te fasse du mal. Ce n'est pas parce que monsieur va à Harvard qu'il vaut mieux que toi. Il a probablement juste envie de s'amuser avec les filles de là-bas. Mais ça ne signifie pas que tu dois manquer ce bal, Katia !

— Princeton, m'man. Il va à Princeton, pas à Harvard, a répondu Katia à voix basse.

Ma mère a jeté la robe sur le canapé, par-dessus elle, et a levé les mains.

— Je me fous complètement s'il file vers Jupiter avec son cerveau de piaf ! Tu as travaillé dur au lycée. Cette nuit est à toi, mon bébé.

Ma mère s'est penchée et a essuyé une larme sur le visage de Katia.

— Maman, qu'est-ce qu'il y a à fêter ? On devait se *marier* un jour. C'est parce que je n'ai pas été acceptée à la FAMU. J'ai gâché tous nos plans.

Lorsque la lettre de refus était arrivée la semaine dernière, elle était toute petite et fine, alors que les bonnes lettres étaient larges et épaisses. Une semaine plus tard, Medgar l'avait larguée. Je l'avais entendue au téléphone lui demander « pourquoi » un million de fois. Puis elle l'avait imploré : « je t'en supplie, je t'en supplie, je t'en supplie, je t'en supplie ». J'imagine qu'il lui avait raccroché au nez, parce qu'elle n'arrêtait pas de dire « allô allô allô » et qu'elle l'avait rappelé encore et encore pendant le reste de la nuit.

— Vous marier ? Ma fille, tu connais à peine ce garçon. Crois-moi, ce n'est pas parce que tu n'as pas été acceptée à la FAMU qu'il t'a quittée. Il l'a fait parce que c'est ce que font les garçons de son âge. Ils sortent avec tout le monde. Ils cherchent à savoir ce qu'ils aiment. C'est ce que tu devrais faire, toi aussi, lui a dit notre mère.

— Il m'a larguée parce que je suis une merde, maman ! Qui de Princeton fréquente une fille des cités ? Et maintenant, je suis coincée ici.

— C'est pour ça que tu pleures ? Parce que ce garçon n'a pas pu te sauver ? Nous n'avons peut-être pas grand-chose, mais tu auras toujours de quoi manger et un endroit où dormir, tête de mule. Si tu ne veux pas rester ici, va dans une autre école, décroche ton diplôme et fous le camp d'ici *toute seule*. Mais ne t'avise pas de placer tous tes espoirs dans un homme.

Katia a reniflé.

— C'est ce que *tu* as fait, pourtant.

Ma mère est restée silencieuse un instant, puis elle a hoché brièvement la tête.

— Tu as raison.

Elle a écarté les bras et a tourné sur elle-même comme Maria von Trapp.

— Regarde ce que ça m'a apporté. Mon propre palais dans la cité. Crois-moi, tu n'as pas envie de suivre la même voie que celle que j'ai empruntée avec ton père.

Je me suis soudain réjouie que mon père soit parti nous chercher de quoi dîner chez Billy's Ribs. Entendre ma mère parler ainsi l'aurait profondément blessé.

— Qu'est-ce que tu veux que je fasse, maman ? a demandé Katia.

— Je veux que tu mettes cette robe et que tu ailles à ton bal ! Je veux que tu lèves tes fesses de mon canapé et que tu vives ta vie ! a crié notre mère.

Elle aussi était sur le point de fondre en larmes. Mais rien de ce que nous pouvions dire ne changeait quoi que ce soit. J'avais même proposé à Katia de lui donner l'argent de mon anniversaire pour les dix prochaines années si elle y allait, mais elle refusait de se lever. Toutes les autres filles de dernière année de notre immeuble étaient dehors avec leur famille pour prendre des photos dans leur robe étincelante et poser avec leur cavalier sur un tapis rouge déroulé dans la cour. Nous aussi, nous rêvions de pouvoir faire honneur à Katia.

Le soir venu, ma mère a enfilé sa blouse et est partie travailler à la maison de retraite. Mon père a apporté à Katia une petite assiette de gésiers et l'a posée devant elle sur le canapé, car elle refusait de bouger pour la prendre. Il ne s'est pas fâché. Au lieu de cela, il a embrassé ma sœur sur le front. Je pense qu'il devait être satisfait, car il ne voulait pas que nous sortions avec qui que ce soit au départ. C'est comme ça que les choses se passaient habituellement avec mon père. Il était parfois là quand on avait besoin de lui, mais il ne savait jamais quoi dire, si bien qu'il ne se donnait pas la peine d'essayer.

Puis, il n'est plus resté que moi et ma sœur le soir de son bal de fin d'année. J'imaginais Monica et Clarice dans cet hôtel chic avec son étang bleu étincelant, dansant avec leur cavalier dans des robes bien moins élégantes que celle en mousseline de soie, et se demandant : « Où est Katia ? »

Peut-être que Medgar s'y trouvait aussi, à danser avec une fille qui avait été acceptée à Princeton, dont les parents avaient de l'argent pour lui acheter toutes les robes qu'elle voulait et qui n'avait pas eu à retourner des steaks tout l'été, comme l'avait fait Katia. Peut-être que, pendant tout ce temps où elle rêvait de sa maison avec enfants et chien, Medgar se disait qu'elle n'était pas assez bien pour lui. Je le détestais pour elle. Et si c'était arrivé à Katia, alors cela pourrait m'arriver à moi aussi, un jour.

Je me suis assise par terre devant le canapé avec un bol de pop-corn. Ma mère avait suspendu la robe devant la fenêtre, sans doute pour que Katia se sente coupable de rester ici à se morfondre.

— J'aurais dû me douter qu'un type comme lui ne serait jamais sérieux avec moi. Autant se mettre avec un de ces abrutis d'ici, a-t-elle marmonné, furieuse.

Ne sachant quoi répondre, je suis demeurée silencieuse pendant un long moment.

— Elle est *vraiment* jolie, ta robe, ai-je fini par dire en la regardant.

— Tu pourras la mettre pour ton bal de fin d'année, a-t-elle marmonné, les yeux fermés.

— Nan. Je compte pas y aller.

Ses yeux se sont écarquillés.

— Pourquoi ? Parce que j'y suis pas allée ce soir ?

J'acquiesçai. Pour moi, avoir quelque chose que Katia n'avait pas revenait à la voler.

— Bien sûr que tu peux aller à ton bal, Beau. Du moment que tu choisis la bonne personne pour t'accompagner. N'y va pas avec un mec comme Medgar.

— T'as dit que je devais pas parler aux gars d'ici. Et maintenant, tu me dis que je dois pas traîner avec des mecs comme Medgar. Avec qui je suis censée y aller, alors ?

Katia a soupiré.

— Un garçon qui est gentil avec toi. Mais pas parce qu'il attend quelque chose de toi en retour. Il doit être gentil avec toi juste parce qu'il veut l'être.

J'ai froncé les sourcils.

— Aucun des gars de ma classe n'est gentil avec moi. Ils se moquent tout le temps de moi.

— Tu n'as que douze ans. Ça changera au collège, quand tu prendras des seins et des fesses.

— Et si ça n'arrive pas ?

Katia a haussé les épaules et a poussé un profond soupir.

— J'en sais rien, t'auras qu'à aller au bal avec un chien ! Bon sang, t'en poses des questions.

Rien de plus facile que d'agacer Katia quand elle n'était pas d'humeur. Mais je connaissais une chose qui lui remonterait le moral.

— Je peux te poser une question ? Juste une de plus ?

— Si elle est débile, je te frappe.

J'ai souri.

— Tu veux qu'on regarde *Les Cheetah Girls* ?

Katia m'a fixée encore un instant, puis a secoué la tête.

— D'accord, va chercher le DVD.

Ce soir-là, nous avons regardé *Les Cheetah Girls* en mangeant des gésiers froids. Après les premières minutes, Katia s'est redressée. Au bout de trente minutes, je me suis assise sur le canapé à côté d'elle.

De temps en temps, elle jetait un coup d'œil à sa robe et semblait triste, mais il se passait alors quelque chose de passionnant à la télévision et elle était de nouveau aspirée par l'histoire.

Après le film, nous avons remis la robe dans sa housse et l'avons rangée au fond de notre armoire.

— T'auras probablement envie d'avoir ta propre robe quand tu iras au bal de fin d'année, a dit ma sœur. Mais celle-ci est là. Au cas où tu la voudrais.

Nous avons lancé un autre film et nous nous sommes endormies sur le canapé, sous le vieil édredon de notre mère.

À l'époque, je voyais un avenir pour Katia, même si elle ne le voyait pas. Un avenir sans Medgar, sans mariage, sans FAMU. Un avenir avec une grande maison entourée d'une clôture blanche, quelque part, avec des palmiers et des magasins Walmart où l'on ne vous fouille pas à la sortie.

Katia serait avocate, médecin, chercheuse ou qu'importe ce qu'elle voudrait être, et je serais avec elle.

CHAPITRE 11

Une semaine après notre rencart au Skate-O-Rama, Champion m'a proposé de dîner avec sa famille. J'ai d'abord accepté, mais à présent que le jour du dîner est arrivé, j'ai envie de tout annuler.

Je suis stressée comme jamais et je pense toujours à ce message flippant que j'ai reçu il y a quelques jours. Sonnet dit que c'est un troll, mais c'est aussi ce que nous pensions de MurderSleuth et nous avions tort sur toute la ligne. C'est comme si ArithMyTick savait exactement à qui il s'adressait. Mais je n'ai pas encore trouvé qui pourrait bien nous surveiller. Les Onyx Tigers ? La police ? Je n'ai pas remarqué que quelqu'un me suivait, mais je reste sur mes gardes.

— Ses parents me détestent probablement déjà, je lance. Je n'ai vraiment pas la tête à ça, mais si je veux que ça marche avec Champion, je ne pourrai pas éviter sa famille éternellement.

— T'es ridicule. Ils ne t'ont même pas encore rencontrée, dit Sonnet.

— Nan, mais je parie qu'il leur a dit que je venais de Grady Park, donc ils savent que je suis pauvre. Il suffit que les riches sachent ça pour qu'ils nous détestent.

— Tu fais exactement ce dont tu les accuses.

— Comment ça ?

— Tu te bases sur des stéréotypes. Tous les riches ne sont pas forcément des connards. Ils ont élevé Champion et il est loin d'en être un.

— Même s'ils sont sympas, je suis sûre qu'ils ne veulent pas qu'il sorte avec une fille de la cité. Ils veulent probablement le voir avec quelqu'un à sa hauteur, quelqu'un de riche et qui vient d'un quartier tranquille, comme le leur. Comme Madison, je conclus, mon humeur empirant progressivement.

— C'est pas parce que t'es pas riche que tu n'es pas à sa hauteur. Tu es belle, intelligente et tu as beaucoup de talent.

— Tu dis ça parce que je suis ta meilleure amie.

— Non, je le dis parce que c'est vrai. Ce n'est pas toi qui as de la chance de sortir avec Champion. C'est *lui* qui a de la chance de sortir avec toi. Tâche de t'en souvenir ce soir, au dîner.

Mais même les encouragements de Sonnet ne suffisent pas à m'empêcher de paniquer pendant le trajet en bus jusqu'à Purple Hills. J'ouvre la vidéo du combat sur mon téléphone, elle dépasse déjà les quarante mille vues. Au milieu de tout ce chaos, et en raison des mouvements du téléphone de la personne qui filme, il est impossible de percevoir que j'essaie de mettre fin au combat. On dirait que je me bats aux côtés de Deja. Nous ne nous sommes pas beaucoup parlé depuis que la vidéo est devenue virale, mais j'ai besoin d'elle en ce moment.

MOI

Hé, t'es occupée ?

DEJA

Hum, ouais un peu.
Pourquoi, qu'est-ce qu'y a ?

MOI

Je rencontre la famille de
Champion ce soir et je flippe.

DEJA

Pourquoi ?

MOI

Et s'ils m'aiment pas ? Ou que ça le met mal à l'aise parce que je viens de Grady Park ?

DEJA

Bah, si ça les met mal à l'aise, largue-le et trouve-toi quelqu'un de mieux.

MOI

Mais j'aime bien Champion. Je veux juste que sa famille m'aime aussi. Notre vidéo est encore en train de tourner, et s'ils la voient ?

DEJA

Meuf, je sais, j'ai vu ça !
T'as vu que j'ai pris cinq mille nouveaux followers sur Insta ?
On est CÉLÈBRES !

Je ne réponds pas à son dernier message. J'aurais dû me douter qu'elle ne saisirait pas, elle qui ne vit que pour ce genre de gloire des bas quartiers. Ils la nommeraient probablement élève du mois au lycée de Grady Park pour ses exploits.

De toute façon, Deja me tape sur le système en ce moment. J'envie son attitude désinvolte, elle se contrefout de ce que les autres peuvent penser d'elle. Peut-être agirais-je de la même manière, si je ne rêvais pas de quitter Grady Park. C'est pourquoi je dois laisser toutes ces conneries derrière moi.

Lorsque le bus me dépose aux abords de Purple Hills, je fais le reste du chemin jusque chez Champion à pied, en tentant de lisser mes cheveux et de retirer les peluches de mon jean noir. Sonnet m'a convaincue de porter cette blouse paysanne orange foncé avec des manches bouffantes qui tombent sur mes doigts. Mais hors de question de renoncer à ma paire de Chuck noires montantes. Ça m'est égal si elles ne me grandissent pas, je n'aime pas les talons.

Lorsque j'arrive dans la rue de Champion, j'ai l'impression d'être le personnage d'un film.

J'ai attrapé le méchant et je suis de retour à la maison sous un ciel pourpre et orange en attendant de retrouver ma famille dans l'un de ces manoirs aux fenêtres éclairées. J'aime Purple Hills. Au lieu de la musique trap qui résonne en arrière-plan, on entend le gazouillis des oiseaux et le chant des grillons. Il n'y a pas d'Impala ou de Corolla stationnée dans ces allées, seulement des Range Rover, des Tesla et toutes sortes de voitures de luxe qui coûtent plus cher qu'une maison. Il n'y a pas de sachets de chips, de bouteilles de bière ou de mégots de cigarettes qui jonchent le sol, seulement des pelouses verdoyantes parfaitement taillées et ces boîtes aux lettres chics peintes à la main qui trônent au bord du trottoir. C'est le genre de quartier dans lequel j'aimerais vivre un jour.

Bon sang, je parie que les Woods ont prévu du canard sauté et du caviar pour le dîner. Je me souviens alors de la raison de mon inquiétude. Je n'ai pas ma place ici et ils s'en rendront compte à l'instant même où j'ouvrirai la bouche.

Je remonte l'allée le plus lentement possible, admirant la magnifique et imposante demeure de Champion. Elle est différente des autres maisons, plus futuriste. Elle forme un ensemble de carrés superposés et les fenêtres courent du sol au plafond. Je me demande s'ils ferment leurs stores la nuit comme me le demande ma mère, ou s'ils les laissent grand ouverts pour que tout le quartier puisse les regarder vivre.

Mon doigt n'a pas le temps d'atteindre la sonnette que la lourde porte en chêne s'ouvre et que Champion m'invite à entrer.

— Waouh ! s'exclame-t-il en prenant mon pull et en l'accrochant sur un portemanteau derrière la porte. Tu es splendide.

— Merci. Je suis tellement stressée.

— Tu n'as aucune raison de l'être, Beau.

— T'es sûr qu'ils n'ont pas vu la vidéo ? je chuchote.

L'immense vestibule, avec ses plafonds de quatre mètres de hauteur, fait résonner nos voix.

— Oui, j'en suis sûr. Même s'ils l'ont vue, tu as essayé de les séparer. Relax, OK ?

— Ouais… D'accord. Mais… me laisse pas toute seule, OK ?

Je ne supporte pas quand les gens font ça. Quand ils vous invitent dans un endroit où vous n'êtes jamais allé avec des personnes que vous n'avez jamais rencontrées et qu'ils disparaissent ensuite pendant des heures. J'espère que ça n'arrivera pas ce soir, je ne sais même pas quoi dire à ses parents.

Champion sourit et me prend la main. Nous traversons deux salons et une salle de jeux avant d'atteindre la salle à manger. Une petite fille, dont les box braids rose vif descendent jusqu'aux épaules, est occupée à disposer l'argenterie sur une longue table de marbre blanc.

Lorsqu'elle nous aperçoit, ses yeux s'illuminent, elle s'élance vers moi et enroule ses bras autour de ma taille.

— Beau, je te présente ma petite sœur, Queenie, dit Champion.

Queenie me regarde avec le plus grand sourire, révélant un trou béant à la place de ses deux incisives.

— J'adore tes cheveux !

— Merci. Les tiens sont très jolis aussi.

— Et ta blouse ! Et ton pantalon ! Je savais que tu serais belle.

Je ris et l'étreins à mon tour. Voilà le type d'encouragement que j'attendais de Deja.

— Allez, petite chipie, laisse-la respirer un peu. Où est maman ?

Au moment où Queenie me relâche, une petite femme à la peau brune vêtue d'une longue robe noire entre par la porte menant à la cuisine. Elle pose un grand plateau de poisson-chat frit au centre de la table.

— Maman, voici Beau, dit Champion.

C'est le moment que je redoutais le plus. Tout le monde sait qu'on ne fait pas long feu avec un garçon si sa mère ne nous aime pas. Je m'attendais à ce qu'elle se montre distante, voire un peu froide, mais elle se dirige vers moi avec un grand sourire, les bras tendus pour me serrer contre elle.

— Eh bien, tu es mignonne comme tout, dit-elle en me regardant de haut en bas.

Elle ne fait même pas la grimace en apercevant mes baskets.

— Viens donc t'asseoir ici. Je vais vite chercher les accompagnements. Queenie chérie, viens aider maman.

Queenie suit sa mère en traînant les pieds pendant que Champion me tire une chaise.

— Où est ton père ? je lui demande alors qu'il prend place sur la chaise à côté de la mienne et qu'il pose sa main sur mon genou.

— Il arrive. Il a dû faire des heures supplémentaires au boulot. Toujours stressée ?

— Pas autant qu'avant.

— Bien, nous avons des haricots, des légumes verts, des pommes de terre et des tomates, chante la mère de Champion alors qu'elle et Queenie déposent les plats sur la table, à côté du poisson-chat. Ne sois pas timide, Beau, sers-toi, je t'en prie.

Tout le monde s'assoit et se met à remplir son assiette de nourriture.

Champion me sert, mais je ne prends que de petites portions de chaque plat, mon estomac étant toujours agité par le stress éprouvé plus tôt.

— Alors, commence sa mère entre deux bouchées de poisson, chère Beau, d'où nous venez-vous ?

Et merde. Ma réponse va faire foirer toute la soirée, je le sais.

— Euh... Je suis de Chicago.

— Ça, je m'en doute bien. Mais de quel quartier exactement ?

— Oh, c'est... euh, à l'est de la ville.

Si je continue à être aussi vague que possible, peut-être qu'elle lâchera l'affaire. Mais Champion se tourne alors vers moi en me lançant un regard suppliant. Il veut que je lui dise la vérité. Soit.

— À vrai dire, je viens de Grady Park.

Je regarde mes mains, attendant que sa mère attrape un balai et me chasse de la maison comme un vulgaire rongeur. Mais elle ne fait rien de ça.

— Oh, d'accord, ma baby-sitter préférée quand j'étais petite habitait à Grady Park. Elle s'appelait Lynn, mais on l'appelait NiNi.

Je crois que je connais la femme dont elle parle. Elle habite de l'autre côté de la cour, à deux portes de celle de Breon. Elle distribue toujours des paquets de chips et de bonbons aux petits lorsqu'ils viennent frapper à sa porte.

Je saisis ma fourchette et l'utilise pour repousser les haricots à l'œil noir dans mon assiette.

— Est-ce qu'elle vivait dans la cité de Grady Park ?

La mère de Champion avale une bouchée avant de hocher la tête.

— Oui, exactement ! Est-ce qu'elle vit toujours là-bas ?

— Oui, toujours.

J'en ai assez de tourner autour du pot. Je décide donc de lâcher la bombe moi-même.

— Moi aussi, j'y vis. Je suis dans un autre bâtiment, mais Mlle Lynn habite de l'autre côté de la cour.

Champion me presse la cuisse, mais c'est la seule réaction que j'obtiens. Queenie et sa mère continuent de manger comme si je n'avais rien dit d'inhabituel.

— Le monde est petit ! Comment s'appelle ta maman ? Je la connais peut-être aussi. Quand j'avais ton âge, mes amis et moi traînions partout dans la ville. Je ne peux plus faire ça à présent, mais ces années font partie des plus belles de ma vie.

— Ma mère s'appelle Basil. Elle travaille dans une maison de retraite.

— Basil… Hmm, ça ne me dit rien. Et ton papa ?

Plus je parle de moi à Mme Woods, plus je me détends. Lorsque le père de Champion nous rejoint à la moitié de mon récit sur la façon dont mon père a failli devenir membre de la NFL[1], je ne sourcille même pas. Il faut croire que Sonnet avait raison en disant que j'enfermais les riches dans des stéréotypes. Si j'avais rencontré sa famille ailleurs, je n'aurais jamais pu deviner qu'ils vivaient dans un manoir.

— Champion nous a dit que tu étais une artiste. Quel est ton artiste préféré ? demande son père, qui noie pratiquement son poisson-chat dans la sauce piquante Louisiana, exactement comme mon père aime manger le sien.

— Eh bien, je suis un groupe d'artistes sur Instagram depuis des années, le collectif Dark Muse. J'aime toutes leurs œuvres, mais je pense que Bexley O est mon artiste préférée. Elle est aussi de Chicago.

— Son nom me dit quelque chose. Est-ce qu'elle a fait la une des journaux pour une fresque qu'elle a peinte des Obama ?

— Oui, c'est elle !

---

1. La NFL (*National Football League*) est la ligue professionnelle de football américain aux États-Unis au sein de laquelle s'affrontent trente-deux équipes. Il s'agit de la compétition la plus importante de ce sport, connue notamment pour sa finale, le Super Bowl. *(Toutes les notes sont de la traductrice.)*

Je suis si heureuse que quelqu'un connaisse la personne dont je parle. Et il est évident que le père de Champion est quelqu'un de très intelligent. Je parie qu'il gagne la plupart de ses procès.

— Est-ce que tu envisages d'aller dans une école d'art quand tu seras diplômée de Millennium ? demande-t-il.

— Absolument. Enfin, si on m'accepte quelque part.

— Moi aussi, je veux être artiste, papa ! s'exclame Queenie.

— Je pensais que tu voulais jouer au basket, comme moi ? lance Champion en se tenant le cœur et en faisant mine d'être blessé.

— J'en ai toujours envie ! Mais quand je ne jouerai pas au basket, je pourrai faire de l'art, répond Queenie du tac au tac.

— Maman, qu'est-ce qu'il y a au dessert ?

Mon téléphone vibre dans ma poche. Je tourne le dos à la table et le sors discrètement.

SONNET

Surtout t'énerve pas, mais après le dîner, quand t'auras un moment, tu pourras m'appeler ? On a reçu un autre MP d'ArithMyTick. Il a donné ton nom.

J'ai soudain l'impression de vivre une expérience de sortie du corps. Je suis prise de vertiges tandis que mon esprit cherche à analyser la situation. Si quelqu'un sait que c'est moi qui suis derrière ce compte, s'il sait ce que nous avons fait, nous sommes foutues. Et s'il s'agit d'un OT ? Et s'ils attendaient devant chez moi en ce moment même que je rentre pour me casser la gueule ou bien… me tuer.

Je suis saisie de sueurs froides, ici même, à table, et je me sers d'une serviette pour m'éponger le front.

— Qu'est-ce qui ne va pas ? s'inquiète Champion.

— Est-ce que tu as trop chaud, chérie ? demande Mme Woods. Thomas, tu veux bien allumer la clim ?

— Bien sûr, répond M. Woods en se reculant de la table.

Mais je repousse ma chaise et me lève avant qu'il n'ait le temps de le faire.

— À vrai dire, je dois y aller. Je viens de recevoir un message de… ma mère. C'est important. Elle dit qu'elle a besoin de moi à la maison. Tout de suite.

Queenie fait la moue.

— Mais je voulais te montrer ma tortue après !

Mme Woods pose une main sur son épaule.

— Queenie, ça suffit. Beau, on comprend. Champion va te ramener.

Champion se lève, mais je le force à se rasseoir.

— Non ! Non, s'il vous plaît, ce n'est pas nécessaire. Je prendrai le bus…

— À cette heure ? C'est ridicule, on va te reconduire chez toi. J'insiste, répond M. Woods.

Je me dirige vers l'entrée de la maison, mais Champion m'attrape la main.

— Qu'est-ce qui se passe ? C'est bon, tu peux me le dire, me murmure-t-il, nos visages si proches que nos fronts se touchent presque.

J'aimerais pouvoir lui dire qu'il y a de fortes chances que je me fasse botter le cul et/ou tirer dessus avant la fin de la soirée. Mais je connais Champion. C'est un bon garçon, il cherchera à m'aider et aggravera probablement la situation. Je ne peux pas l'entraîner dans ce bordel.

— Je suis désolée. Il faut que j'y aille.

Je lui tourne le dos et rebrousse chemin en courant, me glisse par la porte d'entrée et presse le pas jusqu'à l'arrêt de bus le plus proche.

CHAPITRE 12

— Je t'avais dit que ça pouvait attendre après le dîner ! Je n'aurais même pas dû t'envoyer de message alors que t'étais avec la famille de Champion. Tu leur as au moins dit où tu allais ? demande Sonnet.

Après avoir pris deux bus pour la rejoindre, je suis assise à son bureau, relisant chaque ligne du message privé.

ARITHMYTICK

Ils savent que c'est toi, Beau Willet.
Supprime le compte MAINTENANT.

Je clique sur son profil, mais il n'y a pas un seul tweet. C'est un compte fake, créé il y a seulement deux jours, sans photo de profil.

— Comment il sait que c'est moi ? Je comprends pas. T'en as parlé à quelqu'un ? je demande à Sonnet.

— Bien sûr que non ! Et toi ?

— Non. Ils ont peut-être tracé l'adresse IP de ton ordi ? Parfois, j'utilise mon téléphone pour me connecter ; peut-être qu'ils nous ont retrouvées comme ça.

Je commence à faire les cent pas dans la chambre de Sonnet, mordillant la peau au bout de mon index. Utiliser Twitter était censé nous protéger, nous garder anonymes tout en nous permettant d'obtenir des informations sur Jordan.

— C'est possible. Quoi qu'il en soit, notre couverture est grillée. On doit supprimer le compte.

— Attends ! Quoi ? On peut pas leur donner ce qu'ils veulent ! je m'exclame.

— On peut pas non plus se faire tuer pour ça ! Et si cette personne essayait de nous arrêter ? Genre, nous traquer et nous tirer dessus.

— Si ce message est là, c'est qu'on est sur la bonne piste pour trouver Jordan. Si c'était pas le cas, cette personne n'essaierait pas de nous faire peur.

Sonnet soupire.

— T'as sûrement raison. Mais si tu te trompes ?

Je m'assois à côté de mon amie et pose une main sur son épaule.

— Qui que ce soit, si c'était vraiment si important, il nous révélerait son identité.

À moins que ce ne soient les Onyx Tigers. Mais c'est une théorie que je garde pour moi pour l'instant. Si parler à Parker nous a mis sur la bonne voie pour retrouver Jordan, alors je sais exactement ce que nous devons faire ensuite.

Je sors mon téléphone et rédige un nouveau message.

— À qui tu écris ? interroge Sonnet en regardant l'écran par-dessus mon épaule.

— Va demander à ta mère si tu peux dormir chez moi ce soir.

— D'accord. Mais pourquoi ?

— Parce qu'on sort.

Avant même d'arriver devant l'immeuble de cette fille, j'ai l'impression de trahir Champion rien qu'en montant en voiture avec un autre garçon. J'ignore pourquoi, ce n'est pas comme si je faisais quelque chose de mal. Mais si les rôles étaient inversés, je serais furieuse que Champion agisse comme ça.

Sonnet est à l'arrière, son téléphone à la main, prenant des photos chaque fois que nous nous arrêtons à un coin de rue, parce qu'elle n'a jamais vu les fresques peintes sur certains des immeubles en briques par ici. Parker est au volant, le siège incliné si bas qu'on dirait qu'il conduit depuis la banquette arrière. Il tient le volant d'une main, ce qui me rend nerveuse, car nous sommes dans une Ford Taurus qui a l'air de rouler depuis la nuit des temps. D'autant plus qu'il utilise deux roues de secours.

Parker se tourne et me surprend en train de l'observer, mais je détourne les yeux et fais mine d'ajuster mon siège. Je suis passée d'un bon moment avec la famille de Champion à ici, dans une épave avec *lui*.

— Pourquoi t'es nerveuse comme ça ? Détends-toi, dit-il.

— Désolée, je veux juste être prête au cas où tu roulerais sur un nid-de-poule et qu'un de ces pneus s'envolerait.

Il rit.

— T'as de l'humour, hein ? Et ta voiture, elle ressemble à quoi ? Ah, c'est vrai, t'en as pas !

Je le fusille du regard, mais je ne bronche pas, car c'est moi qui ai commencé. Je ne veux pas avoir l'air de flirter avec lui.

— T'inquiète pas pour moi, emmène-nous juste à cette « tour de la terreur ». Tu lui as bien dit qu'on serait avec toi, pas vrai ?

Il baisse la vitre et crache dehors.

— Ouais, je lui ai dit que je venais avec des potes. Mais faites profil bas, OK ? Surtout toi, là derrière, Sza, dit-il en regardant Sonnet dans le rétroviseur.

— Quoi ? Je fais rien de mal, réplique-t-elle, les pinces papillon dorées dans son afro scintillant sous la lumière du réverbère qui inonde l'habitacle.

— Tu lui as parlé de Jordan ? je demande.

Il secoue la tête.

— Je cherche pas Jordan, c'est vous qui le cherchez. Moi, je suis là pour jouer au garde du corps si vous avez besoin de moi.

— OK, je vois.

— Je suis sérieux. Écoutez, je peux pas le supporter non plus, mais je peux pas trop m'impliquer dans cette histoire. Vous êtes des filles, vous courez pas de risque.

Je lui réponds une fois de plus que j'ai compris et nous continuons le trajet en silence. Je ne saurais dire pourquoi, mais il y a quelque chose chez Parker qui me met mal à l'aise. Pourquoi nous aide-t-il s'il ne veut pas s'impliquer ? Vu les textos qu'il m'a envoyés toute la semaine à propos du fait que Kya ne lui parlait plus, je pense que ce qu'il veut n'a rien à voir avec Jordan. Je n'ai pas beaucoup d'expérience avec les garçons en dehors de Champion, mais j'ai l'impression que Parker m'apprécie. Qu'il m'apprécie vraiment. Ce qui me donne envie de lui dire clairement qu'il ne se passera jamais rien entre nous. Mais je n'en suis pas certaine, peut-être est-il juste sympa.

Nous arrivons devant un immeuble rouge de trois étages. Le petit carré d'herbe devant est envahi par la végétation et la clôture en métal blanc qui l'entoure est rouillée par endroits. De l'autre côté de la rue, un groupe de personnes écoute de la musique sur un autoradio, installé sur le capot et le coffre d'une voiture. Ils se tournent tous vers nous quand nous sortons, mais personne ne nous adresse la parole.

— Par ici, indique Parker en ouvrant la grille rouillée pour nous.

Sonnet se tient à côté de moi sur le perron, elle arbore un sourire radieux en regardant autour d'elle toutes les maisons colorées qui bordent les deux côtés de l'immeuble. Je baisse ma casquette des Bulls sur ma tête pour cacher mes yeux. Sonnet et moi ne serions probablement pas des cibles ici, tout simplement parce que nous sommes des filles, mais Parker pourrait être considéré comme un membre de gang. Il reste toujours un risque que quelqu'un nous voie avec lui et pense que nous sommes des ennemis par simple association. C'est surtout ça qui m'inquiète ici, me faire tirer dessus simplement pour avoir fréquenté les mauvaises personnes au mauvais moment.

Mais je ravale ma peur et l'enfouis au fond de mon cœur. Je la remplace par une image de Katia. Je vais faire ce que je suis venue faire. Point.

Parker appuie sur un bouton et la porte bourdonne pour nous laisser entrer. À présent, je comprends pourquoi on l'appelle la Terror Tower. L'odeur âcre d'urine me brûle le nez et des cafards morts jonchent le sol en béton sous l'escalier qui mène aux deuxième et troisième étages.

La porte de l'appartement du premier, tout au bout du couloir, pend à ses gonds, ne laissant apparaître que l'obscurité à l'intérieur. La seule lumière, couverte de poussière, clignote, alors Parker allume la lampe de poche de son téléphone avant de nous guider dans l'escalier en béton. J'ai l'impression d'être dans un manège terrifiant à Six Flags.

— Allons-y, elle habite au dernier étage, dit Parker, tendant la main derrière lui pour attraper… ma main ? celle de Sonnet ?

Il n'aura ni l'une ni l'autre.

Quand nous atteignons le palier du deuxième étage, la porte de l'appartement s'ouvre brusquement, et une odeur de viande grillée et d'oignons frits nous envahit. Mon estomac gargouille.

Un petit garçon d'environ neuf ou dix ans referme la porte derrière lui, tenant dans ses bras un chiot Yorkshire qui aboie. Il nous regarde d'un air inquiet et sourit avant de se faufiler dans l'escalier.

Je détends enfin mes épaules et cesse de retenir mon souffle.

Quand nous atteignons le troisième étage, Parker ne prend même pas la peine de frapper, il ouvre la porte et nous fait rentrer.

— Salut, bro !

Une fille à peu près de notre âge se lève du canapé et saute littéralement dans les bras de Parker. C'est donc elle, Cierra, je songe en la jaugeant du regard.

Elle doit faire moins d'un mètre soixante, et sa longue queue-de-cheval rouge et lisse arrive presque jusqu'au sol, flottant derrière elle. Elle porte une robe noire moulante avec de la dentelle bleue à l'ourlet et des fleurs arc-en-ciel imprimées partout.

J'ai l'impression de trahir Katia en regardant son visage, parce qu'elle est magnifique. Elle arbore de longs cils de biche et un highlighter couleur poussière de lune sur ses pommettes, mais je sais qu'elle est tout aussi jolie sans.

— Eh bien, entrez, ne restez pas là tout timides, venez vous asseoir, lance-t-elle à Sonnet et à moi.

Une fois à l'intérieur, c'est comme si nous avions quitté Terror Tower pour entrer dans une forêt tropicale du Wakanda. Il y a des plantes partout. De grandes plantes en pot avec des feuilles de la taille de ma tête, des fleurs délicates, violettes et bleues tombant d'une vigne suspendue au plafond. Des succulentes et des plantes d'aloès sur chaque petite surface disponible. C'est un studio minuscule, mais il semble spacieux, et l'air est plus pur qu'il ne l'était quelques minutes auparavant.

— Cet endroit est si joli ! s'exclame Sonnet, émerveillée par les œuvres d'art colorées accrochées aux murs.

— Ma mère adore la déco. Elle va bientôt lancer son propre business.

Cierra se dirige vers la table basse et nous tend des cartes de visite avec le nom, le numéro de téléphone et la photo de sa mère dessus.

— Elle fait aussi des événements. Mariages, quinceañeras, baby showers.

Elle s'assied sur le canapé, croisant les jambes pour que sa robe remonte encore plus, dévoilant davantage ses cuisses. Je m'assois à côté d'elle pendant que Sonnet continue de s'extasier, et que Parker se sert une bière dans le frigo.

Je me pousse sur le canapé pour que Sonnet puisse s'asseoir à côté de moi. Parker sort un sac d'herbe. Je ne veux même pas penser à ce qui aurait pu arriver si nous nous étions fait arrêter, surtout que nous sommes tous les trois mineurs. Il est aussi stupide que Jordan.

— Vous allez aussi à Brookstone ? interroge Cierra.

Elle sort un énorme bang de l'autre côté du canapé et le pose délicatement sur la table en verre. C'est une fumeuse de haut niveau.

— Tu veux prendre la première taffe ? demande-t-elle en me faisant un signe de tête vers le bang.

— Non merci, en fait, on ne…

— Oh mon Dieu, ce truc est gigantesque ! Et regarde ce système de filtration, un vrai bijou, s'exclame Sonnet en tournant le tube en verre dans tous les sens.

Je hausse les épaules. Je ne peux pas lui interdire de fumer devant Cierra. Autrement, elle risquerait de se demander ce qu'on fait vraiment ici. Mais se défoncer à Terror Tower n'était pas dans mes plans pour ce soir. Rien de tout ça n'était dans mes plans pour ce soir. Je voulais simplement passer le dîner avec la famille de Champion sans prononcer quoi que ce soit de stupide.

Alors que Parker commence à remplir le bang et que Sonnet se penche au-dessus de la table, à deux doigts de baver, mon téléphone vibre dans ma poche. Quand je regarde l'écran, une photo de Champion souriant et levant la main pour m'empêcher de prendre la photo apparaît en arrière-plan. Il essaie de m'appeler en FaceTime. La mort dans l'âme, j'appuie sur ignorer.

La session de fumette commence, et l'appartement est rempli de fumée en dix minutes. Chaque fois que c'est mon tour de tirer une bouffée, je fais semblant, tourne la tête pour donner l'impression d'être polie et de ne pas vouloir leur souffler la fumée au visage. Heureusement, personne ne me prête trop attention.

— Comment va le bébé ? demande Parker, allongé sur le tapis en poils noirs de l'autre côté de la table basse.

— Tu veux dire ton neveu ? Il va bien. Ma mère s'assure qu'il ne manque de rien. Surtout que ton vaurien de frère n'a même pas encore vu son propre fils.

Parker lève les mains.

— Eh, je t'avais prévenue que Jordan était une merde.

Elle hoche la tête et pose son menton sur ses coudes.

— Ouais, tu me l'avais dit. Mais c'est comme ça.

C'est le bon moment pour intervenir. Elle pourrait savoir quelque chose sur Jordan qui nous aiderait à le retrouver.

— Vous étiez ensemble depuis longtemps ? Toi et le père du bébé, je veux dire.

— On est restés ensemble presque un an quand j'ai découvert que j'étais enceinte. Pour finalement apprendre qu'il avait une copine tout ce temps !

Elle doit parler de Katia.

— Mais je l'ai croisée un jour, continue Cierra, ma pote Britt a dû m'empêcher de finir en prison, parce que cette petite Blanche cherchait vraiment la merde.

Donc ce n'était pas Katia. Je ne suis pas surprise d'apprendre qu'il trompait ma sœur avec au moins deux autres filles, mais ça me met en colère qu'il ait pensé qu'il pouvait traiter ma sœur comme une de ces nanas.

Elle me tend le bang et je prends une petite bouffée. Je peux me permettre de me défoncer un peu tant que je ne dépasse pas les limites. Et tant que mon cerveau ne s'est pas transformé en flaque d'eau. Ça ne servirait à rien de poser des questions si je ne me souviens plus des réponses.

— De toute façon, continue Cierra, je suis juste contente que ce soit fini. Je n'ai pas le temps pour ces conneries.

— J'avoue, dit Parker.

— C'était comment de sortir avec un membre de gang ? T'as dû être initiée ? interroge Sonnet, ses yeux virant au rose vif.

Mais qu'est-ce qui lui prend de poser cette question ? Si j'avais su qu'il y aurait de l'herbe, je ne l'aurais jamais amenée.

— Nan, je faisais pas partie du gang. Les autres filles étaient sympas avec moi parce qu'elles connaissaient Jordan, mais elles ne font rien d'intéressant. Elles ne le savent pas, mais elles sont là juste pour encaisser à la place des mecs. Ou pour attirer les gars dans des ruelles et les faire voler ou tuer.

Même mes yeux s'écarquillent à cette révélation. Elle le dit avec une telle désinvolture, comme si rien de tout ça n'était grave. Je me demande alors si Katia savait tout ça à propos de Jordan. Elle était forcément au courant. Alors pourquoi ne l'a-t-elle pas quitté ?

— Jordan t'a déjà demandé de faire quelque chose comme ça ?

Elle se lèche la lèvre supérieure et appuie sa tête contre le dossier du canapé.

— Il a essayé. Mais la première fois qu'il m'a demandé de garder de l'argent pour lui, je lui ai dit tout de suite que j'étais pas dans ce délire. Il m'a plus jamais demandé après ça. Mais après, on sortait plus vraiment non plus. Il venait juste ici.

L'herbe me monte à la tête, je sens à peine mes jambes, et soudain, le canapé de Cierra devient le siège le plus confortable que j'aie jamais occupé. Je ne veux plus jamais partir.

Je me mords la lèvre pour me ramener à la réalité. *Reste concentrée, reste concentrée !*

Je sens un poids sur mon épaule et je me retourne pour découvrir Sonnet endormie. Ses boucles me bloquent la vue, mais je les écarte pour mieux voir.

Sonnet et Parker discutent en riant, mais je n'ai pas entendu ce qu'elle a dit. Tout à coup, les pleurs d'un bébé retentissent dans l'appartement. Cierra hausse les épaules et se lève.

— Je reviens, dit-elle en disparaissant dans une chambre et en fermant la porte derrière elle.

Je me tourne vers Parker.

— Je croyais que t'avais dit qu'elle savait où était Jordan.

Parker lève les yeux vers moi, des yeux embrumés.

— J'ai dit qu'elle pourrait savoir quelque chose, mais que j'en étais pas sûr.

— Eh bien, je veux en avoir le cœur net. Je vais aller lui parler. Viens, Sonnet.

Je la tire du canapé et elle me suit en titubant jusqu'au fond de l'appartement. Je frappe à la porte de la chambre.

— Cierra, on peut entrer ? C'est Beau et Sonnet.

Le silence règne derrière la porte pendant un moment, puis j'entends le clic de la serrure.

Je pousse la porte et entre, la refermant derrière nous. La chambre de Cierra est aussi cool que le reste de l'appartement. Les murs sont peints d'un vert forêt foncé, avec des plantes en plastique suspendues à chaque coin du plafond. Il y a un lit simple caché derrière un rideau de lianes artificielles, et à côté, un petit berceau blanc et une table à langer pleine de paquets ouverts de couches et de lingettes. Elle tient le bébé dans ses bras.

Cierra est assise en tailleur sur le lit, des larmes coulant sur son visage.

— Ça va ? je demande en m'asseyant à côté d'elle.

Sonnet s'affale au bout du lit et ferme les yeux.

Cierra hoche la tête et essuie ses joues de ses mains.

— Oui, ça va. C'est juste que… je sais pas, parfois quand il pleure, j'ai l'impression que je dois pleurer aussi. Et chaque fois que je le regarde, je vois Jordan.

— Tu sais où il est ? je demande.

— Tu poses beaucoup de questions sur Jordan. Comment tu le connais, déjà ?

Je me frotte les yeux, essayant de chasser le brouillard.

— Par Parker. Enfin, un peu. J'essaie juste de retrouver Jordan parce qu'il… il m'a pris quelque chose. Quelque chose d'important. Et je dois le retrouver si je veux le récupérer.

— Qu'est-ce qu'il t'a pris ?

Je pense une seconde à lui dire la vérité. Mais elle pourrait péter un câble si elle découvre qu'elle et la petite Blanche n'étaient pas les seules que fréquentait Jordan.

— Une bague. De mon frère aîné. Je sais pas comment il l'a eue, mais mon frère a été tué il y a quelques mois, et je veux juste récupérer la bague. Pour me souvenir de lui.

Ce n'est pas la vérité, mais c'est proche.

— C'est horrible. Mais je crois pas l'avoir vu avec une bague. Juste ces faux clous en zircon qu'il essaie de faire passer pour des diamants.

— Même s'il l'a vendue, je veux juste savoir ce qu'elle est devenue. J'ai cherché partout dans la ville pour le retrouver. Parker a dit que tu saurais peut-être où il est.

— Je sais pas pourquoi il t'a dit ça. Si je savais où il était, je serais pas en train d'élever ce bébé toute seule.

Mais ses yeux ne croisent pas les miens quand elle dit ça. Elle sait forcément quelque chose.

Cierra remarque que je regarde le bébé et me demande si je veux le tenir. Elle me le tend, et pendant un instant, j'hésite. Katia ne savait pas que Jordan avait eu un enfant dans son dos. C'est la pire trahison. Mais j'ai quand même envie de voir à quoi il ressemble. Peut-être que ce n'est même pas le fils de Jordan.

Je prends le paquet de couvertures des mains de Cierra, soutenant la tête du bébé dans le creux de mon bras. Je repousse les couvertures pour voir son visage, prête à détester ce bébé pour Katia.

Mais il est magnifique. De petits cheveux noirs et fins couvrent sa tête, qui a exactement la même forme que celle de Jordan. Ses joues brunes sont rougies et il me regarde avec de minuscules yeux sombres. Il ne sait encore rien de ce monde, il ne sait pas que je viens de mentir à sa mère, ni que son père est un salaud qui ne se soucie pas de lui. Tout ce qu'il sait, c'est ce qui se passe ici et maintenant : moi qui le tiens dans une chambre aux couleurs de la jungle et sa mère qui le regarde.

Je déteste vraiment Jordan. C'est une chose de ruiner la vie de Katia ou de Cierra, mais comment peut-il tourner le dos à son propre sang ? Comment se fait-il que je tienne son fils avant lui ?

— J'aimerais t'aider à retrouver la bague de ton frère, mais je te jure que je sais rien à ce sujet, reprend Cierra en caressant doucement la tête du bébé du bout des doigts.

— C'est pas grave. Tu sais où il traîne habituellement ? Ou qui pourrait le savoir ?

— Eh bien… Lui dis pas que je te l'ai dit, d'accord ?

— Je dirai rien à personne, je promets.

— OK. Jordan m'a appelée la semaine dernière avec un numéro masqué.

Jackpot. Le monde me semble encore brumeux et étranger à cause de l'herbe, mais j'essaie de lutter contre cette impression et de me concentrer.

— Il a dit qu'il avait besoin d'un endroit où rester pour un petit moment. Mais je lui ai dit non parce qu'il ne m'a toujours pas envoyé un centime pour Jordan Junior. Mon bébé a presque huit semaines (elle se met à frapper sa paume avec son poing pour souligner ses propos) et il n'a jamais rencontré son père.

— Qu'est-ce qu'il a répondu ?

— Il s'est énervé. Il a commencé à m'insulter de tous les noms. Puis j'ai entendu quelqu'un dire que cet imbécile était passé aux infos il y a un moment. Un flic a tiré sur des gens, et Jordan s'est enfui. Donc maintenant, ils le cherchent, j'imagine.

— Où penses-tu qu'il se cache ? Il a d'autres amis ou de la famille dans le coin ?

— Il a un harem de meufs dans toute la ville. Il doit être planqué chez l'une d'elles.

Je pourrais continuer à la questionner, mais je ne suis pas sûre qu'elle en sache plus que Parker sur sa cachette.

Cierra reprend le bébé et le dépose dans son berceau. J'ouvre la porte de la chambre, et nous retournons dans le nuage de fumée.

Parker est sur le canapé, occupé à faire défiler l'écran d'un téléphone.

Mon téléphone.

— Rends-moi mon téléphone ! je crie, me précipitant pour le lui arracher des mains.

Je le retourne et vois une série de selfies de lui, sûrement pris pendant que nous étions dans la chambre.

Cierra se place entre nous, confuse.

— Qu'est-ce qui se passe ?

Parker reste assis là avec cet air suffisant sur le visage, comme si c'était une blague.

— Rien, Beau pensait juste que j'étais au téléphone avec son mec, c'est tout.

Puis il éclate de rire.

La chaleur envahit mes joues, envahit mes bras, mes mains, se loge jusque dans mes poings. S'il a eu le temps de prendre toutes ces photos, qu'a-t-il vu d'autre sur mon téléphone ? A-t-il ouvert Twitter ? Si c'est le cas, alors il en sait beaucoup plus qu'il ne le devrait.

Je me force à prendre de grandes respirations et à me calmer. Nous sommes toujours à la Terror Tower, et Parker est notre seul moyen de rentrer. J'avale ma colère, fais mine de plaisanter avec lui, et m'assieds entre lui et Sonnet.

Cierra a toujours l'air confuse, mais elle s'assoit et rallume le bang.

Lorsque Parker est suffisamment sobre pour conduire, il est presque une heure du matin. Je m'assure d'échanger nos numéros avec Cierra, au cas où elle entendrait à nouveau parler de Jordan, puis Sonnet et moi montons dans la Ford Taurus.

Je garde les bras fermement croisés sur ma poitrine pendant tout le trajet. Nous avons à peine parcouru la moitié du chemin jusqu'à Grady Park quand Parker trouve enfin le courage de me parler.

— Pourquoi tu fais la tête ? J'ai même pas fouillé dans ton téléphone. Je prenais juste des photos.

Je ne prends même pas la peine de le regarder.

— Fais plus ça.

Il jette un coup d'œil dans le rétroviseur. Sonnet dort profondément sur la banquette arrière.

— J'ai pas dit à ton mec ce que tu faisais. C'est pour ça que tu es énervée ? Tu veux pas qu'il sache que t'es avec moi ?

Je pince l'arête de mon nez.

— Je suis pas *avec toi*. On se trouve juste dans la même voiture.

— Tu sais, si c'est vraiment ton mec, c'est lui qui devrait t'aider. Pas moi. Il y a une raison pour laquelle t'as pas peur de me dire ce que tu fais, mais tu peux pas le lui dire à lui.

Je me tourne vers lui, la haine brûlant dans mes yeux.

— Tu veux bien la fermer et conduire ?

— Ne sois pas en colère contre moi pour avoir dit la vérité. T'avais tout ce qu'il te fallait pour venir ici sans moi, mais tu l'as pas fait. C'est *moi* que t'as appelé, ma belle, pas l'inverse.

— Pour la dernière fois, espèce de taré, j'ai eu peur !

— Peur de la Terror Tower ou peur que ton petit copain basketteur voie qui tu es vraiment ?

Je plante mes ongles dans ma cuisse.

— Mon copain sait qui je suis. Toi, non.

— Je sais qu'on est tous les deux du ghetto. Et pas M. Champion Plein aux As. Même si tu lui demandais, tu sais qu'il traînerait jamais son petit cul de flipette ici pour chercher un type.

— T'en sais rien, je murmure, parce qu'il a raison.

— Fais semblant si tu veux, mais tu sais que j'ai raison.

— Parker, t'es vraiment la dernière personne qui devrait donner des conseils sur les relations à quelqu'un. Tu te souviens de Kya ?

— Oublie-la, cette fille était conne. C'est pour ça que je l'ai laissée tomber. J'en avais marre d'elle. Puis tu te pointes dans mon lycée pour me voir… avec ce look que t'as… Et t'as une sacrée personnalité en plus.

S'il pense pouvoir me faire marcher, il est encore plus bête que je ne le croyais.

— Bref, tu devrais me laisser t'emmener quelque part le week-end prochain. Resto, ciné, musée…

— Mec, si tu retires pas ta main dégueulasse de ma cuisse !

Je lui donne un coup sur la main pour qu'il l'enlève de ma jambe et je m'écarte aussi loin que possible de lui sur mon siège.

Il retire sa main et la pose sur le volant.

— Pourquoi ? Ta pote dort, elle s'en fout.

— Est-ce que j'ai l'air de plaisanter ? Je. Ne. Te. Veux. Pas. Point ! Contente-toi de conduire cette vieille bagnole et ramène-nous à la maison. S'IL. TE. PLAÎT.

Peut-être que le « s'il te plaît » fait effet, car il ne me touche plus et ne dit plus un mot, sauf pour demander le chemin jusqu'à Grady Park. J'ai envie de lui dire qu'après cette nuit, je ne veux plus rien avoir à faire avec lui. Mais je ne peux pas m'empêcher de penser qu'il sait quelque chose.

Je lui demande de nous déposer à un pâté de maisons de chez moi. Je secoue Sonnet pour la réveiller à l'arrière, puis je la laisse s'appuyer sur mon épaule pour l'aider à sortir de la voiture et à se mettre debout.

— J'ai pas envie de me réveiller, je suis encore fatiguée, bredouille-t-elle d'une voix endormie.

— Je sais, on rentre à la maison.

Je la guide à travers la rue et entends Parker m'appeler.

— Quoi ? je demande en me retournant.

— Réfléchis à ce que je t'ai dit, OK ? T'as pas besoin de te cacher avec moi.

Je lui adresse un doigt d'honneur et me retourne vers Sonnet. Nous n'avons même pas atteint le trottoir que la vieille Ford Taurus a déjà filé.

CHAPITRE 13

Le vendredi matin, je suis toujours aussi épuisée de notre expédition à Terror Tower. Et pour une raison que j'ignore, je n'arrive pas à me sortir de la tête la frimousse du petit JJ. Ce n'est pas tant que j'aime les bébés, mais c'est tout de suite différent lorsqu'on en tient un dans ses bras.

Comme elle n'a pas préparé de sac pour la nuit, je prête des vêtements à Sonnet.

— C'était une sacrée nuit, dit-elle en somnolant dans le bus.

— Grave. On pourrait peut-être sécher le premier cours de la journée et aller se reposer quelque part, dis-je en posant ma tête contre son épaule.

— Pas question ! On doit voter pour les propositions de fresque aujourd'hui. Je pense que Madison et toi allez être choisies.

J'avais presque oublié la fresque. Voilà au moins quelque chose dont je peux me réjouir. Nous n'avons pas obtenu les infos que j'attendais de Cierra, mais si je gagne le concours pour la fresque et que Katia est peinte sur le bâtiment du lycée, plus grande que nature, je parie que les tuyaux inonderont nos MP. Du moins je l'espère.

Pour le cours d'arts plastiques, Mme Kubler a placé chaque proposition sur un chevalet dans la salle. La plupart des élèves ont travaillé en binôme, si bien qu'il y a huit fresques en compétition, sans oublier la queue de maïs de Sonnet, qui a été exposée à l'écart.

Notre professeure nous fait faire le tour de la salle deux par deux, nous laissant une bonne minute pour étudier chaque projet. La concurrence est rude, en particulier l'hommage à Lauryn Hill que Krina a réalisé.

— Très bien, maintenant que vous avez eu l'occasion de découvrir le travail de vos camarades de classe, votez sur une feuille de papier, pliez-la et déposez-la sur mon bureau, annonce Mme Kubler.

Je parie que la majorité des élèves voteront pour eux-mêmes. Je l'aurais fait aussi, mais je sais que ça briserait le cœur de Sonnet si le seul vote qu'elle obtenait pour sa queue de maïs était le sien. Je décide donc de voter pour elle.

Comme si ce suspens ne suffisait pas, Mme Kubler insiste pour attendre la fin du cours avant d'annoncer les résultats.

— J'ai ouvert vos bulletins et le résultat des votes est sans appel : la fresque que nous réaliserons sera *Les Papillons de Katia* de Beau Willet et Madison Garber !

— Oh mon Dieu, yes ! s'exclame Sonnet en me serrant fort dans ses bras.

Je lui rends son étreinte et me mets à sauter sur place. Nous avons réussi !

Personne ne pourra plus oublier Katia une fois son visage peint sur le mur du lycée.

Toute la classe nous applaudit, à l'exception de quelques élèves déçus que leur proposition n'ait pas été retenue. Après le cours, Madison s'approche de moi alors que je range mes crayons dans mon sac.

— Tu vois ? Je t'avais dit qu'on gagnerait haut la main grâce à ton talent ! s'exclame-t-elle.

— On a travaillé dessus toutes les deux. Mon travail était correct, mais je pense que les touches que tu as ajoutées l'ont fait passer à un niveau supérieur, je réponds.

— On doit ABSOLUMENT sortir fêter ça après les cours. Et si on allait à Sugar Factory ? Vers quatre heures ? Invite Champion et tes amies, j'inviterai Josh et quelques-uns des miens. Ça va être cool !

— Ça serait sympa, mais je…

— On sera là ! répond Sonnet à ma place.

— Génial ! Je t'envoie un texto plus tard, OK ?

J'attends que Madison s'éloigne pour me tourner vers Sonnet.

— On n'a pas le temps de sortir, on a un Jordan à trouver, tu te souviens ? je lui murmure.

Nous quittons la salle d'art et nous nous faufilons dans la cohue des élèves migrant à travers les couloirs vers leur deuxième cours de la journée.

Sonnet pose une main sur mon épaule.

— Beau, je pense qu'on devrait faire une pause cet aprèm. On va peindre Katia sur le mur du Millennium Magnet. Pour toujours. Si c'est pas le moment de fêter ça, je ne sais pas quand ça le sera.

— Je pense que t'as raison. Mais t'as vu les prix de cet endroit ?

Un jour, j'ai demandé à mon père si l'on pouvait y dîner pour mon anniversaire, mais il m'a répondu que nous n'avions pas les moyens d'acheter du Kool-Aid avec des sucettes et des oursons en gélatine enfilés sur des brochettes dans un verre alors que nous pouvions obtenir la même chose pour moins cher à l'épicerie du coin.

— T'inquiète, c'est moi qui invite.

— Sonnet, tu n'as pas à le faire.

— Je sais, mais j'en ai envie.

J'esquisse un léger sourire. Ça me gêne de voir d'autres personnes payer pour moi, mais je sais que Sonnet veut juste que je passe un bon moment.

— OK, merci, meuf. Je suis triste que ta queue de maïs n'ait pas gagné. Est-ce que ça va ?

— Carrément. J'accepte que la population de Millennium Magnet ne soit pas prête à assumer les répercussions des normes patriarcales de notre société, répond-elle.

— Oh. Du moment que tu le prends bien.

Pendant le déjeuner, je propose par message à Champion de venir au Sugar Factory, et celui-ci invite la totalité de l'équipe de basket, qui elle-même invite toute l'équipe de cheerleaders. Une fois les cours terminés, Sonnet et moi accompagnons Champion au restaurant. Lorsque nous arrivons, nous sommes si nombreux qu'il nous faut réserver quatre banquettes. Mais puisque le père de Madison est connu comme le loup blanc, il lui suffit de donner son nom pour que nous passions devant les autres.

— T'étais vraiment obligé d'inviter tous les gens que t'as croisés dans ta vie ? je chuchote à Champion alors que nous nous glissons sur une banquette.

— J'ai juste invité Dre et Josiah ! Mais tu sais comment c'est, si l'un d'entre nous sort, tout le monde suit.

— Si tu le dis…, je réponds en croisant les bras sur ma poitrine.

Partout où je pose le regard, ce sont des confiseries, des couleurs éclatantes et des écrans. Cet endroit est digne d'un rêve d'un gamin de cinq ans. Mais la foule est nombreuse et cela me rend nerveuse.

Champion dépose un baiser sur ma joue.

— T'occupe pas d'eux, on est là pour fêter ta fresque. Est-ce que t'as une photo ?

Soudain, une tête blonde coiffée d'un énorme nœud bleu se penche sur la banquette à côté de nous. C'est une cheerleader.

— Oui, montre-nous ! s'exclame-t-elle d'un ton enjoué.

J'ai bel et bien une photo, mais je préférerais ne pas la montrer à l'ensemble des gens populaires de Millennium Magnet. Parce que si je le fais, ils me demanderont qui est la fille recouverte de papillons et je devrai alors leur expliquer ce qui lui est arrivé. Les amis de Champion ont l'air sympas, mais ils ne connaissaient pas Katia et se fichent pas mal de tout ça. Et puis, je ne veux pas me mettre à pleurer devant des gens que je viens de rencontrer.

— J'en ai pas, désolée. Il faudra attendre qu'on ait fini de la peindre, je réponds.

La cheeleader fait la moue et s'enfonce dans son siège. De l'autre côté de la table, Dre, l'ami braillard de Champion, interpelle une serveuse.

— Excusez-moi, m'dame, vous pouvez mettre le journal sur une de vos télés ? Ils nous ont filmés en train de marquer des paniers dans le gymnase.

La serveuse semble sur le point de refuser, mais Madison s'exclame :

— Oh ouais, j'aimerais bien voir ça !

— Bien sûr, un instant, répond la serveuse, dont l'attitude change du tout au tout.

Si Dre remarque à quel point cette différence de traitement est raciste, il ne dit rien pour autant et se remet à tirer sur la queue-de-cheval d'une autre cheerleader aux grands yeux assise à côté de lui.

À côté de moi, Sonnet me passe un menu.

— Tiens, Beau. Prends ce qui te fait plaisir.

Savoir que c'est elle qui paie me pousse à commander ce qu'il y a de moins cher sur le menu. Je ne choisirais jamais un soda à vingt dollars rempli de bonbons gélifiés si je devais le payer moi-même.

La serveuse allume le téléviseur le plus proche pour diffuser le journal local avant de prendre nos commandes.

— Pour moi, des frites et un verre d'eau, dis-je en lui tendant le menu.

Sonnet me lance un regard noir.

— Non, pas question. Elle va prendre les super bâtonnets de poulet frit à l'ail de l'enfer et le sundae Godzilla triplement méchant.

— Sonnet, j'arriverai jamais à manger tout ça, je lance.

— Je sais, je vais t'aider, réplique-t-elle dans un sourire en rendant le menu à la serveuse.

Le sundae s'avère être plus grand que ce que nous imaginions. Il est tellement énorme que nous décidons de le partager avec toute la table.

— C'est trop bon ! s'extasie Madison en enfournant une cuillerée dans sa bouche.

Son petit ami attrape l'une des cerises confites au marasquin et la fait pendre juste au-dessus de son nez tandis qu'elle la repousse d'un coup de main.

Cet énorme bol de glace contenant tous les parfums possibles est effectivement délicieux, il est recouvert de sauce au chocolat, de vermicelles, de bonbons pétillants, de morceaux de sucre et de sucettes arc-en-ciel en spirale. Je prends une autre bouchée et ferme les yeux pour savourer sa douceur.

— Hé, t'as un peu de chocolat, juste ici, dit Champion.

Il me frotte le menton et se lèche le doigt.

Au bout d'un moment, je finis par me détendre et m'amuser. Le fait d'accompagner Champion signifie que c'est aussi ma bande, à présent. Certes, aucun de ces gens ne m'a jamais dit bonjour avant aujourd'hui, mais s'ils sont prêts à faire abstraction de ça, je le suis aussi.

— Hé, Beau ! Viens par là, on va faire une nouvelle choré sur TikTok, me lance une cheerleader aux cheveux noirs et bouclés.

Champion se pousse pour me laisser sortir de la banquette et j'attrape la main de Sonnet. Elle apprend très vite les mouvements de la danse, et Josiah nous filme.

La musique se lance, et les autres filles et moi nous mettons en rang avant de nous entrecroiser à la manière d'un serpent. Pour la deuxième partie, nous posons nos mains sur nos genoux et faisons rebondir nos fesses trois fois de suite. La serveuse et les clients doivent nous trouver ridicules, mais ça fait si longtemps que je ne me suis pas amusée que je me fiche éperdument de ce qu'ils pensent. Après avoir dansé jusqu'à ce que nos bras et nos jambes n'en puissent plus, je me rassois à côté de Champion et pose ma tête contre son épaule. J'ai toujours rêvé de ça. M'intégrer ailleurs, loin de Grady Park. Je me sens parfaitement à ma place ici.

— Hé, checkez ça, tout le monde, c'est l'heure des infos ! hurle Dre en augmentant le volume de la télévision suspendue à l'arrière de notre banquette.

Le logo de la chaîne d'information apparaît alors, un bandeau d'alerte rouge en bas de l'écran.

Une journaliste blanche beaucoup trop maquillée apparaît à l'écran. « Bonjour à tous, ici Carol Dawson, vous regardez l'édition de dix-sept heures de CNTV News. La police de Chicago vient de communiquer de nouvelles informations concernant la mort de Katia Willet, une jeune femme de vingt-deux ans décédée d'une balle dans la tête tirée par un policier en civil en janvier dernier. Nous rejoignons maintenant notre correspondant Tim Ashton en direct devant le commissariat de police du centre-ville de Chicago. »

Sonnet et Madison se tournent vers moi, mais mes yeux restent rivés sur l'écran. C'est trop beau pour être vrai. Les procureurs ont finalement décidé d'engager des poursuites contre Peter Johnson ! Je savais qu'ils finiraient par se rendre compte que cette ordure avait menti et qu'ils l'arrêteraient ! S'ils le font, nous n'avons plus besoin de trouver Jordan.

Les images montrent un jeune homme blanc qui se tient seul devant le poste de police. « Merci, Carol. Je me trouve actuellement devant les locaux de la police de Chicago où, il y a quelques instants, le chef de la police, Roger Jem, a fait une déclaration concernant l'enquête sur la mort de Katia Willet, tuée par Peter Johnson, un policier de Chicago qui n'était pas en service. Voici ce qu'il a déclaré plus tôt aujourd'hui au sujet de leurs conclusions. »

La télévision montre à nouveau le chef de la police, un homme noir d'un certain âge, à la moustache épaisse et aux yeux sombres et froids.

« Après une enquête menée en interne, nous avons conclu que l'agent Johnson avait effectivement enfreint le protocole en faisant usage de l'arme qui lui avait été attribuée dans le cadre de ses fonctions. Nous venons toutefois de recevoir les résultats des analyses du laboratoire et nous pouvons confirmer qu'une quantité importante de cocaïne a été découverte sur le siège arrière du véhicule de Mlle Willet. »

Mon cœur se serre. De la cocaïne ? Dans la voiture de Katia ? Ces deux phrases semblent incompatibles dans mon esprit. Katia fumait souvent de l'herbe, certes, mais elle n'aurait JAMAIS pris de cocaïne ou d'héroïne, ni aucune de ces drogues dures qui ruinent la vie des gens de Grady Park.

— Putain de merde, c'était ta sœur ? demande Dre, sous le choc.

Soudain, je me rappelle où je suis, et que la totalité des élèves populaires de Millennium Magnet vient d'apprendre que ma sœur assassinée transportait de la cocaïne dans sa voiture.

Sonnet me presse la main.

— Hé, Champion, on devrait peut-être, euh, ramener Beau à la maison ? lance-t-elle en face de moi.

Champion, qui fixe l'écran comme le reste du groupe, reprend ses esprits et acquiesce.

Nous nous glissons tous les trois hors de la banquette et sortons par la porte arrière du restaurant. Peut-être aurais-je dû dire au revoir avant de partir, me dis-je alors que Champion m'ouvre la portière de la voiture. Peut-être qu'on aurait dû rester, plaisanter et faire comme si de rien n'était. Maintenant que nous sommes partis sans dire un mot à personne, j'ai l'impression qu'elle est coupable.

— Beau ? Ça va ? demande Sonnet tandis que Champion démarre. Tu n'as pas prononcé un seul mot.

— Tout ça n'a aucun sens. S'ils ont retrouvé de la drogue dans sa voiture, pourquoi est-ce qu'ils ont attendu aujourd'hui pour en parler ? je demande.

Champion affiche une mine préoccupée derrière le volant.

— Ils ne savaient probablement pas ce que c'était à ce moment-là. Mais tu n'as pas dit que tes parents portaient plainte pour mort injustifiée contre la ville ?

— Ouais, et ?

— Si la ville perd le procès, elle devra verser cet argent à ta famille. Mais s'ils essaient de faire croire que c'est ta sœur qui était en tort…

— Alors, ils n'auront pas à nous dédommager, je termine à sa place.

— C'est ça. La ville prend le parti de ce flic. Ce qui n'a rien de surprenant, dit-il avec amertume.

Je sais déjà que mes parents seront à cran à mon retour à la maison. Tomber enceinte et se droguer sont les deux choses que nos parents nous interdisaient strictement, à Katia et à moi. Et comme ils ne peuvent plus lui hurler dessus à présent, c'est certainement à moi qu'ils s'en prendront, croyant que je suis au courant de tout ça.

Champion pose sa main sur mon genou.

— Et si tu venais chez moi ? Tu peux venir aussi, Sonnet.

Mais je secoue la tête.

— Non, c'est bon, mes parents vont vouloir me parler. Plus j'attends, pire ce sera. Je préfère en finir maintenant.

Alors que nous traversons les rues de la ville pour rejoindre Grady Park, je ne comprends toujours pas pourquoi mon petit ami et ma meilleure amie ne m'ont pas demandé si la drogue appartenait à Katia. Ils ont peut-être peur de le faire. S'ils me posaient la question, je leur dirais la vérité : j'ignore si Katia prenait de la cocaïne ou non. Tout comme j'ignorais que son petit ami avait mis une autre fille enceinte. Je commence à me demander si je connaissais vraiment Katia.

De retour chez moi, je trouve ma mère assise à la table de la cuisine dans sa blouse bleue, une cigarette à la main. Je devais avoir huit ans la dernière fois que je l'ai vue fumer, je reste donc là, dans l'embrasure de la porte, déroutée.

Quand elle me remarque enfin, elle se lève, jette sa cigarette dans une tasse sale qui trempe dans l'évier depuis quatre jours.

— Tu t'es remise à fumer ? je lance, entrant avant de refermer la porte derrière moi.

— Non, pas du tout. Shirlen en avait sur elle et je me suis dit que ça m'aiderait à me détendre un peu. Je suis sur les nerfs, ces temps-ci.

Elle se rassoit à la table et je prends place en face d'elle.

— Tu ne travailles pas ce soir ? je demande.

Elle secoue la tête.

— Je devais, mais je suis terriblement fatiguée. D'où viens-tu comme ça ?

Elle ne me reproche même pas de ne pas lui avoir dit que je sortais après les cours. Ce qui ne ressemble pas du tout à ma mère.

— Je révisais avec Sonnet. Tu as regardé les infos ?

— Non. Pourquoi ? Quelqu'un a été tué ?

Elle ne semble pas inquiète, juste épuisée.

— Pas vraiment. Le chef de la police a donné une interview cet après-midi. Ils ont dit qu'ils avaient retrouvé de la drogue sur le siège arrière de la voiture de Katia.

Je m'attends à voir ma mère se lever d'un bond et se mettre en furie. Ou bien dire que ce sont des mensonges et que tout ça n'est qu'un complot, mais elle ne fait rien de tout ça. Elle ne sourcille même pas.

— Tu devrais arrêter de regarder autant la télé, Beau. Jamais rien de bon ne sort des infos d'ici.

— Il n'y a rien qu'on puisse faire ? Je ne sais pas, moi, appeler l'avocat ? Tu pourrais contacter la chaîne et donner une interview au téléphone ? Pas seulement pour Katia, mais pour moi aussi.

J'ai la gorge nouée en pensant aux regards méprisants que je recevrai tout au long de la journée lundi prochain, au lycée. Comme si ce n'était pas déjà assez difficile de me défaire de ma réputation de fille des cités. Je refuse que davantage de personnes me jugent pour quelque chose qui est faux.

— Pour leur dire quoi ? Que je sais que ce n'était pas à elle ? Personne ne croit jamais la mère.

Elle n'a pas tort. Tout le monde s'attendrait à ce qu'on prenne sa défense, même si l'on savait que la drogue était à elle. Notre parole ne vaudrait rien. Le seul moyen de rétablir la vérité est que Jordan admette que la cocaïne était à lui.

— Je sais, maman, mais on ne peut pas laisser les journalistes dire ce genre de choses sur elle.

Elle lève des yeux injectés de sang vers moi.

— Elle est morte, Beau.

Le mot « morte » me fait tressaillir.

— Ce que le monde pense d'elle n'a plus d'importance pour Katia.

— Mais c'est important pour moi ! Moi, je continue de vivre dans ce monde, non ? C'est déjà assez dur d'être la fille dont la sœur est morte, maintenant je vais être la fille dont la sœur se droguait ou vendait !

J'ignore ce qui se passe dans la tête de ma mère, mais j'en ai assez. Je voudrais qu'elle se réveille et qu'elle arrête de faire comme si plus rien n'avait d'importance.

Quelqu'un frappe à la porte. C'est mon père. À peine le fais-je entrer qu'il commence à s'énerver.

— De la cocaïne, Basil ?! De la cocaïne, putain !

Il laisse tomber un sac McDonald's sur la table de la cuisine tandis que ma mère se masse les tempes.

— Calme-toi, Arlen.

Mais mon père souffle comme le grand méchant loup.

— Que je me calme ?! Tu savais qu'elle fréquentait ce voyou et tu l'as laissée tomber dans la drogue ?!

Je me trompais quand je disais que ma mère ne se souciait de rien. S'il y a bien une chose dont elle se soucie, c'est d'anéantir mon père chaque fois qu'il dépasse les limites avec elle.

— Je te demande pardon ? Je ne l'ai pas laissée tomber dans quoi que ce soit ! Katia était une grande fille. Ce n'était pas à moi de lui dire avec qui sortir. N'oublie pas qu'elle a *deux* parents !

Ma mère se lève et se place juste en face de mon père. Ils n'en sont jamais venus aux mains, même s'ils parviennent à se faire du mal sans se toucher.

Mon père pose son index sur son visage.

— Alors là, pas question ! Tu ne me mettras pas cette merde sur le dos. Je n'étais même pas là ! C'est TOI qui étais à la maison avec elle ! Peut-être bien que tu n'étais pas assez présente, vu que tu étais occupée avec ton téléphone ou avec le foutu concierge de ton boulot.

Mes parents ont complètement oublié que je suis dans la pièce. Je ne comprends pas comment ils peuvent se disputer comme ça pour Katia, alors qu'ils ne se soucient même pas de savoir où je suis.

— Nom de Dieu, Arlen, arrête de faire comme si je t'avais foutu dehors pour un autre homme. Je t'ai viré parce que t'étais incapable de prendre soin de cette famille comme un homme est censé le faire ! Tu ne travailles pas, tu ne nettoies rien, tu ne fais rien de tes journées à part critiquer la façon dont j'éduque mes enfants !

Je sais que je ne devrais pas m'en mêler, mais ils sont en train d'oublier l'essentiel.

— Hé ! Vous pouvez arrêter de vous engueuler une minute ? Vous ne pensez pas qu'on devrait réfléchir à un moyen de prendre la défense de Katia ? Ça a fait le tour des infos. Tout le monde doit être au courant à l'heure qu'il est.

Mon père s'éloigne de ma mère et vient s'asseoir à côté de moi.

— Beau a raison. On doit appeler Al Sharpton ou Jesse Jackson. On va leur demander de venir ici et de nous aider à trouver une solution.

Ma mère se met à rire froidement.

— Personne ne viendra, Arlen. Si c'était le cas, ils l'auraient fait depuis des semaines ! Et tu veux savoir pourquoi ? Parce que, pour eux, Katia est coupable. D'autant plus que Jordan s'est enfui et qu'on sait maintenant qu'il y avait de la cocaïne dans la voiture.

— Mais, maman, à mon avis, c'était à Jordan, parce que…

— Ça n'a pas d'importance ! C'était sa voiture, elle reste complice. Ta sœur a fait des choix stupides, totalement STUPIDES, et voilà ce qui arrive.

Mon père se lève à nouveau.

— Quel est le rapport avec le flic qui a tiré dans la tête de notre fille, Basil ?!

— Peu importe ce qu'on fera ou dira à présent, ça ne changera rien. Peu importe ce que les gens pensent de Katia, en bien ou en mal, ça ne nous la ramènera pas. Faites ce qui vous chante, mais c'est un combat perdu d'avance, et je refuse de me battre. C'est terminé.

Elle secoue la tête et disparaît dans sa chambre au fond du couloir.

— Ne l'écoute pas, Bobo, elle n'a pas toute sa tête. Tu veux un McChicken ou un hamburger ?

Mon père me tend le sac gras du McDo, puis va chercher des assiettes en carton pour que nous puissions manger.

J'ignore de quel côté me ranger. Comme moi, mon père tient à prouver l'innocence de Katia, mais je ne peux pas compter sur lui pour aller jusqu'au bout de cette démarche. Je déteste que ma mère veuille faire comme si de rien n'était et passer à autre chose, mais c'est elle qui nous a élevées, dans cette maison, Katia et moi, toute notre vie. Peut-être a-t-elle raison de dire que c'est un combat perdu d'avance.

Quoi qu'il en soit, je suis sûre d'une chose. Lundi, les cours promettent d'être un véritable enfer.

CHAPITRE 14

Le lundi matin au lycée, je suis convoquée dans le bureau du proviseur avant même que la sonnerie du début des cours n'ait retenti.

Alors que je prends place sur la chaise en tissu rouge taché devant le bureau de la secrétaire, je sais déjà que j'ai des ennuis. J'ai été collée plusieurs fois pour avoir séché, mais cela remonte à longtemps. Certains élèves sont probablement appelés dans le bureau du principal quand ils font quelque chose de bien, comme obtenir de très bons résultats à des examens nationaux, mais ça ne m'arrive jamais.

La voix du proviseur Marcos s'élève derrière la porte entrebâillée de son bureau :

— Beau Willet ?

Je pénètre à l'intérieur et m'assois sur la chaise installée en face de son bureau encombré. Il ne sourit pas, et je comprends que l'heure est grave.

— Bonjour, mademoiselle Willet, comment allez-vous aujourd'hui ? demande-t-il en déplaçant une pile de papiers à sa droite pour que nous puissions nous voir.

— Bien, je réponds.

Il hoche la tête et joint les mains, comme pour se préparer à m'annoncer une terrible nouvelle.

— Mes parents vont bien ? je demande, m'agrippant aux accoudoirs en bois de ma chaise.

— Oh, oui ! Oui, ils vont bien. Je suis désolé, je ne voulais pas vous inquiéter…

Je pousse un grand soupir et relâche ma prise. Tant qu'ils vont bien, je peux affronter n'importe quelle nouvelle.

— Oh, d'accord. Alors, j'ai fait quelque chose ?

Il prend une profonde inspiration.

— L'administration éprouve certaines inquiétudes…

— Pour moi ? Merci, mais je vais bien, je vous assure.

— … concernant la proposition de fresque que Madison Garber et vous avez faite. Nous avons reçu des plaintes à propos du sujet…

— Katia.

— Pardon ?

— Le sujet de la fresque. Elle s'appelle Katia. C'est ma sœur.

— Vous avez tout à fait raison, je vous prie de m'excuser, répond-il, le visage écarlate. Toutefois, compte tenu de ces plaintes, l'administration…

— Qui s'est plaint ? Tous les élèves du cours ont voté et c'est notre idée qui a récolté le plus de voix.

— Je ne suis pas en mesure de révéler l'identité des personnes qui ont contacté le district scolaire. Néanmoins, certains de ces individus ont exprimé de sérieuses menaces à l'encontre de l'établissement si cette fresque murale venait à être réalisée.

Des menaces ? Personne n'est au courant de l'existence de cette fresque, à part les élèves du cours d'arts plastiques, ce qui veut dire que c'est forcément l'un de leurs parents racistes.

— Donc, des parents ont appelé pour menacer le lycée et vous me dites que nous devons nous plier à leur volonté ? C'est tout simplement injuste ! Je suis sûre que si mes parents appelaient et menaçaient le lycée pour une raison quelconque, rien ne changerait pour autant. L'administration s'en foutrait royalement.

Le proviseur Marcos soupire et retire ses lunettes. Il n'a pas vraiment l'air compatissant, juste fatigué.

— Je ne devrais probablement pas vous le dire, mais nous soupçonnons que la plupart de ces appels proviennent d'un groupe local Blue Lives Matter[2]. Et compte tenu des… euh… des nouveaux éléments qui ont été révélés concernant l'affaire, le surintendant, entre autres, estime qu'une fresque de Katia risquerait de créer un environnement d'apprentissage hostile et source de divisions.

Il y a des gens qui ne connaissent même pas Katia et qui la détestent. Et s'ils savent que c'est moi qui ai proposé la fresque, alors ils me détestent aussi. Ils ne peuvent plus rien lui faire, mais ils ont le pouvoir de me blesser. Je vois ce dont ce genre de personnes est capable dans les infos à longueur de journée. Mais je n'aurais jamais pensé qu'ils s'en prendraient à Katia, d'autant plus que Peter Johnson se promène en homme libre. Pour quelle raison pourraient-ils être en colère s'ils ont techniquement gagné ?

— Je n'ai pas mon mot à dire dans tout ça ? je demande en connaissant déjà la réponse.

— Malheureusement, non. Je sais que ce n'est pas ce que vous espériez, mais il serait préférable de réaliser une autre fresque que celle que Madison et vous avez proposée.

Je demeure silencieuse pendant un instant, hésitant entre rester calme ou me mettre à retourner la pièce.

---

2. Blue Lives Matter est un mouvement né aux États-Unis en 2014, en réponse au mouvement Black Lives Matter. Ce slogan vise à dénoncer les violences dont sont victimes les « vies bleues », en référence à l'uniforme porté par les forces de l'ordre. Ce dernier fait l'objet de nombreuses controverses, notamment par sa tentative de détourner l'attention des enjeux de racisme et de brutalités policières dénoncés par le mouvement Black Lives Matter.

— Je veux juste être sûre d'avoir bien compris. Vous me dites que, même si tout le monde a déjà voté, nous n'avons plus le droit de peindre ma sœur sur le mur du lycée ?

— Beau, je sais que cela n'a aucun sens pour vous. Mais en tant que proviseur de cet établissement, il est de mon devoir de vous protéger, vous et l'ensemble des élèves de Millennium Magnet. La réalisation de cette fresque présente un risque trop important. Mme Kubler a déjà été informée de la décision, mais je voulais vous l'annoncer moi-même.

Je me rassieds, l'air s'échappant de mes poumons alors que je réalise ce que je savais déjà : aussi terribles soient-elles, les choses peuvent *toujours* empirer.

— C'est des conneries, tout ça ! Ce n'était pas sa drogue. Katia n'a rien fait de mal !

— Surveillez votre langage, mademoiselle Willet ! Je conçois qu'il y ait deux versions à chaque histoire, mais nous devons faire preuve de prudence. Je sais que Madison et vous trouverez une autre idée.

Le proviseur Marcos se lève et me pousse vers la sortie. Je pénètre dans un couloir vide et silencieux. Le premier cours doit déjà avoir commencé.

Je marche aussi lentement que possible, ne voulant pas arriver en cours d'arts plastiques avec une mine vaincue. Tout ça parce que Jordan a trouvé judicieux d'utiliser la voiture de Katia pour entreposer sa drogue. Personne ne dit rien à son sujet, personne ne cherche à savoir où il se cache ou quoi que ce soit d'autre. En revanche, ils ont le temps de raconter que Katia se droguait, que la voiture était immatriculée à son nom, que la drogue se trouvait sur la banquette arrière, par terre, derrière elle.

Perdre la fresque n'est rien à côté de la disparition de Katia, mais cette œuvre devait arranger les choses. Les gens s'en seraient souciés, de sorte que j'aurais peut-être pu obtenir de l'aide pour retrouver Jordan. Mais ce n'est plus possible à présent.

Je tourne à l'angle du couloir des arts, au quatrième étage, et tombe nez à nez avec Madison. Les livres qu'elle tient lui échappent et je me penche pour l'aider à les ramasser.

— J'allais justement partir à ta recherche. Je t'attendais devant la salle. Tu as parlé au proviseur Marcos ? demande-t-elle à voix basse.

— Ouais. Et j'arrive pas à le croire ! On a travaillé dur sur cette fresque et personne ne la verra.

Je lui tends son manuel de chimie et nous nous relevons toutes les deux.

— Il a dit qu'on pouvait proposer une autre fresque. On n'a même pas besoin de voter cette fois-ci si le conseil d'administration l'approuve.

Elle me lance ça comme si c'était censé signifier quelque chose.

— Quel est l'intérêt ? Le conseil d'administration n'approuvera jamais rien qui mette en cause le mouvement BLM s'il a peur que des racistes fassent exploser le lycée en représailles.

— Alors, choisissons un thème qu'ils approuveront. Je suis sûre que personne ne s'opposera à une fresque du Dr King ou de Rosa Parks, répond-elle.

— Je refuse de faire ça.

— Euh, OK. Alors, qu'est-ce que tu veux faire, *toi* ?

Je m'approche d'une fenêtre et me ronge les ongles en essayant de trouver une solution.

— On pourrait organiser une mini-manifestation ! Dire au proviseur Marcos et à l'administration que si nous ne pouvons pas peindre Katia, alors nous ne peindrons rien du tout, je réponds. Je ne peux peut-être pas convaincre les gens de se battre pour Katia, mais je parie que je peux les convaincre de se battre au nom de l'art. Plus nous attirerons l'attention sur Katia, plus il y aura de chances que quelqu'un la voie et veuille nous aider.

La bouche de Madison s'arrondit en un « o ».

— Tu crois que ça les fera changer d'avis ?

— Peut-être. Mais même si ça ne marche pas, on pourra au moins dire qu'on a essayé, pas vrai ?

Madison passe une main dans ses boucles brunes.

— T'es sûre de toi ? demande-t-elle.

— Absolument. On n'est pas censé commencer la fresque avant la semaine prochaine, alors parlons-en d'ici là pour trouver des idées.

Elle me répond par un sourire crispé et nous nous dirigeons vers la salle d'art au bout du couloir. De toute évidence, Madison ne pense pas que la manifestation fonctionnera, mais son opinion n'a pas d'importance. Il suffit que la majorité des élèves du cours d'arts plastiques nous soutienne.

À la fin du cours, je m'attarde pour m'entretenir avec Mme Kubler en privé. Elle est d'une humeur massacrante aujourd'hui. D'ordinaire, elle est souriante et enjouée, mais aujourd'hui, elle a l'air triste.

— Je suppose que vous avez parlé de la fresque avec M. Marcos ? lance-t-elle alors qu'elle referme la porte derrière le dernier élève qui quitte la salle.

J'acquiesce.

— J'imagine que je perdrais mon temps à vous demander si vous pouvez faire quelque chose à ce sujet, n'est-ce pas ?

J'aimerais pouvoir parler de la manifestation à Mme Kubler, mais je doute qu'en tant qu'enseignante, elle puisse cautionner ce genre de choses.

— J'ai fait tout ce qui était en mon pouvoir pour le faire changer d'avis, mais le conseil d'administration de l'école n'a rien voulu savoir.

Je sais qu'elle dit la vérité. Je sais que Mme Kubler se battrait pour moi, non seulement parce qu'elle me connaît, mais surtout parce qu'elle a adoré la fresque.

— Merci d'avoir essayé, dis-je.

— Avez-vous de nouvelles idées que vous souhaiteriez proposer au conseil d'administration ?

Je dois jouer le jeu, faire semblant d'en avoir vraiment l'intention.

— Pas encore, mais Madison et moi devons nous voir pour en discuter.

— Parfait, faites-moi savoir si vous avez besoin d'aide. Je suis vraiment désolée que des individus bornés aient gâché ce qui promettait d'être une fresque splendide. Mais j'espère que vous ajouterez l'esquisse à votre portfolio. C'est vraiment l'une de vos meilleures œuvres depuis le début de l'année, Beau.

Je souris.

— Merci, madame Kubler.

Je passe le reste de la journée de cours à chercher des idées pour la manifestation, y compris des idées saugrenues, comme s'enchaîner le long du bâtiment sur lequel nous étions censés peindre la fresque. Ou se faufiler dans le lycée tôt le matin pour la peindre. Mais je doute que le reste de la classe approuve l'idée. Non, il faut trouver quelque chose de moins risqué, pour laquelle la punition la plus sévère serait une retenue ou un truc de ce genre. Je ne vais pas laisser une poignée de parents racistes décréter que ma sœur n'est pas assez bien pour figurer sur une fresque.

C'est alors que me vient l'idée parfaite. Un sit-in. Dans la salle d'art. Ce serait une manifestation pacifique. Et puis, le proviseur Marcos ne se préoccupe pas plus que ça du cursus artistique. Tant que nous n'occupons pas le gymnase ou son bureau, nous devrions nous en tirer. Pendant le cours de sciences politiques, je sors mon téléphone en cachette sous le bureau et j'envoie un texto à Madison.

> Et un sit-in, t'en penses quoi ? Comme ce qu'ils faisaient pendant le mouvement des droits civiques. On pourrait le faire dans la salle d'art.

À la fin des cours, elle n'a toujours pas répondu. Je me dis qu'elle doit être occupée par d'autres devoirs. Puis, vers vingt heures, je décide de l'appeler. Je tombe directement sur son répondeur.

Je comprends que les gens soient occupés, mais quand elle a demandé à travailler avec moi, Madison répondait à mes textos à la vitesse de l'éclair. Elle fait partie de ces personnes qui ont leur téléphone scotché à la main jour et nuit. Peut-être m'ignore-t-elle, mais pour quelle raison ? Je décide de la laisser tranquille le temps de savoir ce qu'il se passe.

Néanmoins, j'ai hâte de connaître sa réponse. La fresque n'était qu'un début. Nous sommes sur le point de changer les choses. Pour de bon.

CHAPITRE 15

Installée sur le sol de ma chambre, je cherche désespérément quelque chose qui pourrait me servir de modèle de cerveau pour mon cours de psychologie.

Comment ai-je pu oublier ce projet qui compte pour trente pour cent de ma note ? Je pourrais peut-être m'en tirer en ne rendant pas certains devoirs ici et là, mais celui-ci pourrait bien faire la différence entre un été paisible et un été à rattraper les cours au lycée.

Je suis sur le point d'appeler Sonnet au secours quand mon portable sonne. C'est Champion.

— Salut. Quoi de neuf ?

J'arrête de ronger la peau de mon pouce et m'assois sur le bord du lit, ma jambe remuant sous l'effet du stress.

— Je flippe grave. Je dois rendre ma maquette de cerveau demain et j'ai complètement oublié !

— Relax. Tu traverses une période difficile. Tu veux pas te laisser souffler un peu ?

— Je sais, mais c'était fini à partir du moment où je suis retournée au lycée. Je peux pas continuer à me servir de Katia comme excuse si je veux obtenir mon diplôme.

— OK, alors on va trouver une solution. Tu penses que ta mère acceptera de te laisser sortir ce soir ?

Je grogne.

— Elle est restée enfermée dans sa chambre toute la journée. Je suis sûre qu'elle sait même pas que je suis ici. Mais je peux pas sortir. Tu m'as entendue quand je t'ai dit que j'étais sur le point de foirer mon année ?

— C'est pas vrai, Beau. J'arrive tout de suite. Je suis là dans vingt minutes.

— Quoi ?!

Champion a vu l'extérieur de Grady Park, mais il n'y est jamais entré. Son dressing est probablement plus grand que notre appartement tout entier. Et puis, la maison n'est pas tout à fait prête à accueillir des invités depuis que ma mère a arrêté de faire le ménage. Mes chaussettes blanches sont aussi noires que du goudron et une odeur désagréable s'échappe de l'arrière du réfrigérateur.

— Je vais acheter de quoi travailler, poursuit Champion en m'ignorant, et tout sera prêt pour demain. J'ai fait le même projet le semestre dernier, il suffira de reprendre l'idée.

— T'as vraiment pas besoin de faire ça, c'est de ma faute. C'est à moi de régler ce problème, pas à toi.

Il soupire à l'autre bout du fil.

— Je veux t'aider, Beau. Ce sera marrant, et puis je suis encore jamais venu chez toi.

— Mais ma mère…

— Tu viens de dire qu'elle ne sait même pas que t'es là. Laisse-moi t'aider, OK ?

Je hausse les épaules. J'ai besoin d'aide, c'est vrai. Et c'est nettement mieux que d'être seule. Je donne mon accord à Champion et je fais de mon mieux pour que notre appartement répugnant ait au moins une odeur agréable. J'allume les bougies Bath and Body Works de ma mère dans le salon et j'asperge le couloir et la cuisine de désodorisant parfumé au lin. Puis j'ouvre les fenêtres du salon pour aérer.

Alors que je suis occupée à nettoyer, la chambre de ma mère reste plongée dans le silence. Je ne suis pas censée inviter des garçons à la maison quand je suis seule, mais techniquement, elle est là, si bien que je me persuade que ce n'est pas si grave que ça.

À dix-neuf heures trente, Champion frappe à la porte. Il tient un sac de marqueurs et de papier cartonné dans une main et une tête de mannequin en polystyrène blanc dans l'autre.

— Euh…, est-ce qu'on fabrique une maquette de cerveau ou une perruque ? je lance en m'écartant pour le laisser entrer.

Il jette les fournitures sur le sol du salon et je me souviens immédiatement que j'ai oublié de passer l'aspirateur.

Mais Champion ne semble pas se préoccuper des moutons de poussière qui roulent dans le coin ou des miettes de Cheez-It sur la table basse. Il essaie probablement de me rassurer en ne disant rien.

— On fabrique un cerveau. C'était une vieille tête à perruques de ma mère. On va dessiner chaque partie du cerveau sur du papier cartonné et le coller sur le crâne. Ça fera un effet 3D.

Je prends place à côté de lui sur le sol, les fesses sur mes talons.

— À vrai dire, c'est plutôt une bonne idée. Oooh, et on pourra peindre la tête pour que ça ressemble à une vraie personne, avec des yeux, des sourcils, et tout !

— Je te laisse t'occuper de ça, je ne suis pas le plus doué avec un pinceau. Montre-moi ton manuel. Je vais dessiner les parties du cerveau sur le crâne.

Je passe sur la pointe des pieds devant la chambre de ma mère, même si ce n'est pas nécessaire, et je reviens avec une tonne de matériel de dessin que je renverse sur le sol sale du salon, sur la vieille tache de jus de fruits.

Champion est déjà concentré sur ses dessins, si bien que je m'y mets à mon tour. Il pourra dire ou penser ce qu'il veut de ma maison plus tard. Pour l'instant, nous devons terminer ce projet.

— Merci de m'avoir laissé venir, lance Champion au bout d'un moment, ses yeux acajou se plongeant dans les miens.

Au bout de quelques secondes, c'en est trop pour moi et je détourne les yeux vers une tache sur le mur, juste au-dessus de sa tête. J'ignore pourquoi, mais j'ai peur de le regarder trop longtemps dans les yeux. Mais cette tache sur le mur ? Elle est sans danger.

— Mec, tu t'es invité tout seul. Mais… Je suis contente que tu sois venu.

Je lui souris et il continue de me fixer avec son regard de braise auquel je ne peux résister. Je dois pourtant le faire.

Je me remets à peindre les iris des yeux en polystyrène, mais je le sens toujours me fixer. Son regard se promène sur mes lèvres, ma poitrine, mes cuisses, et remonte jusqu'à mes yeux.

— T'as fini ? je demande en plaisantant.

— Quoi ? répond-il innocemment, se penchant en arrière pour s'appuyer sur ses coudes.

— De faire le mec mignon et de me mater.

— C'est plus fort que moi. J'aime regarder les artistes à l'œuvre.

— Eh bien, moi, ça me fait flipper.

— Pourquoi ? demande-t-il d'un air timide, abandonnant complètement sa rédaction des différentes parties du cerveau.

— Parce que… Je sais pas, ça me stresse et j'aime pas…

Il me prend la main, m'ôte le pinceau des doigts et le dépose sur le morceau de papier journal que nous avons posé pour éviter les taches.

Champion se rapproche de moi et me caresse la main avec son pouce. C'est le moment où je suis censée faire quelque chose de sexy, comme me lécher les lèvres ou lâcher mes cheveux.

Mes cheveux sont attachés en un chignon désordonné, je tire légèrement sur mon chouchou violet avec ma main libre. Mais il ne se détache pas.

Ce genre de truc n'arrive vraiment qu'à moi.

Le chouchou glisse légèrement, mais mon chignon tombe devant mes yeux et le chouchou s'emmêle alors dans mes boucles.

Je me sens comme une idiote, mais Champion se contente de rire.

— Laisse-moi t'aider, dit-il.

En temps normal, je n'aime pas que l'on touche à mes cheveux, surtout si un garçon risque de découvrir le secret que cache mon tissage. Il n'est pas censé remarquer les petits nœuds ou ni même sentir l'aspect rêche de cheveux synthétiques vieux de quatre semaines. Il est censé penser que tout est naturel.

Mais je le laisse retirer délicatement le chouchou de mes cheveux. Quand mes cheveux sont détachés, j'essaie de les libérer à la manière d'une Blanche, mais mes mèches en crochet sont toujours emmêlées.

Je ris pour dissimuler ma gêne, mais soudain, nous nous embrassons, sa main caressant mon cou et la mienne s'agrippant à son avant-bras. L'Altoid qu'il vient d'avaler a laissé sa bouche fraîche et mentholée, et je prie pour qu'il ne remarque pas le goût des Hot Cheetos que j'ai grignotés en guise de dîner tout à l'heure.

Avant que je ne sois prête à rompre le baiser, Champion recule lentement, les paupières baissées, le regard fixé sur ma bouche.

— Tes lèvres sont si douces, murmure-t-il en se blottissant contre mon cou.

J'ignore comment me comporter. Je n'ai jamais rien fait de tel avec un garçon auparavant. Même si nous sortons ensemble, j'ai toujours peur de faire quelque chose de stupide devant Champion.

Tandis qu'il dépose de légers baisers humides le long de mon cou, je pense à toutes les filles avec lesquelles il est probablement allé plus loin que ça. Il sait comment se servir de ses mains, de son corps, de ses lèvres, de sa langue, comme s'il le faisait depuis toujours.

Soudain, les baisers s'arrêtent et Champion s'éloigne de moi, emportant sa chaleur avec lui.

— Il y a un problème ? je demande, mon corps bouillonnant de désir.

— Non, je me suis juste dit que t'étais peut-être pas d'humeur.

— Je le suis. Je suis d'humeur. Pourquoi tu dis ça ?

— Je sais pas, t'as l'air plutôt tendue. Et tu me touchais pas vraiment non plus, donc je me suis dit que…

— Je suis désolée, c'est ma faute. J'ai aucune idée de ce que je suis en train de faire.

Il rit et ses dents blanches me font craquer davantage.

— Sois toi-même. T'as rien à faire de particulier. Il n'y a pas de mode d'emploi, tu sais.

Je lui donne une légère tape sur l'épaule.

— Je suis au courant.

Champion saisit sa feuille de papier et recommence à dessiner.

Super, je viens de tout foutre en l'air.

Je ne veux pas qu'on arrête de s'embrasser. J'en veux plus. Mais que dois-je lui dire ?

Embrasse-moi ? Non, on dirait une réplique d'un vieux film ringard.

Je me remets à peindre la tête en polystyrène dans une couleur marron foncé, mais je fixe surtout Champion, rêvant que ses lèvres roses et pulpeuses retrouvent les miennes. Mais il fait comme s'il ne remarquait rien.

Une demi-heure plus tard, le cerveau en polystyrène est terminé et sèche sur la table de la cuisine. Ce n'est pas ma plus belle réalisation, mais on ne dirait pas qu'il a été fait en deux heures.

— Tu vois ? dit Champion en passant son bras autour de moi alors que nous nous allongeons sur le canapé. Ça ne servait à rien de paniquer tout à l'heure. Si t'as pas un A avec ça, j'irai voir le prof moi-même.

Nous rions tous les deux, nous nous arrêtons un instant, nous nous regardons, puis nous éclatons à nouveau de rire. Il est presque vingt-deux heures, mais je ne veux pas qu'il s'en aille. Pas encore.

Une fois nos rires dissipés, je trace délicatement la ligne de sa mâchoire avec mon doigt, en tournant sa tête vers la mienne.

Je m'attendais à ce qu'il se penche vers moi, mais il ne me facilite pas la tâche. Peut-être veut-il simplement s'assurer que je le désire autant qu'il me désire.

Je me penche en avant, presse mes lèvres contre les siennes et sens ses mains sur ma taille, ses profondes respirations entre chaque baiser. Il bascule en arrière et m'entraîne avec lui, si bien que je me retrouve allongée sur lui.

Je me demande si je dois ou non glisser ma main sous son tee-shirt.

Puis j'entends un bruit qui m'arrête net. C'est le crissement désagréable de notre porte moustiquaire. Suivi de deux coups sourds.

— Basil, c'est moi, ouvre-moi ! crie mon père de l'autre côté de la porte.

Je me détache de Champion si vite que je manque de me tordre la cheville.

— C'est mon père ! je m'exclame à voix basse alors qu'il se lève lui aussi d'un bond.

— Oh merde, t'as une porte de derrière ?

La poignée de la porte tourne, mais je sais que mon père n'a pas ses clés. Cependant, il peut encore réveiller ma mère, qui risque de se lever et de venir.

— Ma chambre est au bout du couloir. Sors par la fenêtre !

Je le pousse pour l'éloigner de la porte d'entrée, mais il s'arrête au milieu du couloir.

— Beau ! Basil ! Ouvrez-moi, bon sang !

Les coups se poursuivent, ce n'est qu'une question de temps avant que mon père ne s'inquiète et n'essaie d'enfoncer la porte.

— Champion, il faut que tu sortes maintenant, à moins que t'aies envie de mourir !

Je le pousse vers la chambre.

Après avoir entendu ma fenêtre s'ouvrir, je cours jusqu'à la porte d'entrée et la déverrouille.

Mon père entre et plisse les yeux d'un air suspicieux. Tel un radar paternel, il est capable de sentir si un garçon est entré dans la maison.

— À qui est cette tête sur la table ?

Il montre ma maquette en train de sécher.

— C'est juste un projet pour l'école. J'ai travaillé dessus ce soir pour m'assurer qu'il soit parfait quand je le rendrai demain.

Je souris et tente de reprendre mon souffle pour qu'il ne se doute pas que j'ai couru.

— C'est bien, ma fille, il est temps de te replonger dans les études, dit-il en se dirigeant vers le réfrigérateur. Nom de Dieu ! Je peux savoir pourquoi le frigo sent le caca ?

— Ça doit être le ragoût que tante Nisha a apporté il y a quelques semaines.

— Il y a quelques semaines ? Qu'est-ce qu'il fait encore ici ? Il paie le loyer ? Passe-moi un sac-poubelle.

Nous poussons des cris écœurés lorsqu'il déballe le ragoût vert et gris couvert de moisissure avant de glisser le bloc solide et visqueux dans le sac-poubelle.

— Je voulais juste m'assurer que ta mère et toi alliez bien. Comment elle va ?

Je lance un regard vers la porte fermée avant de me retourner vers mon père.

— Oui, je me doute bien, reprend-il. Mais, Beau, toi aussi, il faut que tu l'aides. Je sais que tu n'avais que les fenêtres à faire avant, mais maintenant, il faut que tu prennes le relais. Plus de ragoûts qui empestent dans le frigo, d'accord ?

— D'accord, papa.

Il m'embrasse sur le front et emporte le ragoût moisi avec lui dans la nuit noire.

À travers le judas, je le regarde partir. Mon esprit s'emballe. Est-ce que je viens vraiment de m'en tirer après avoir accueilli un garçon dans le salon *pendant* que ma mère était dans sa chambre ? Deja va devenir folle quand je lui dirai que j'ai enfin basculé du côté obscur.

J'éteins les lumières de la cuisine et du salon et entre dans ma chambre. Je débranche le chargeur de mon téléphone et m'allonge sur le lit de Katia.

Avant de tout raconter à Deja, je veux m'assurer que Champion est bien rentré chez lui.

MOI

Je me suis pas fait griller.
Sur le chemin du retour ?

J'appuie sur envoyer avant d'entendre un *BING !* deux secondes plus tard. Le son ne provient pas de mon téléphone, mais de l'armoire. La porte s'ouvre lentement sur la tête de Champion.

— Je t'ai manqué ? demande-t-il, le sourire aux lèvres.

Je manque d'exploser de joie.

— Mais *what* ? T'étais censé sortir par la fenêtre !

Tout en le réprimandant, j'enroule mes bras autour de sa taille et lève les yeux vers son beau visage.

— Eh ouais, tu peux quand même pas embrasser un homme comme ça et t'attendre à ce qu'il soit capable de s'enfuir en sautant par la fenêtre. J'ai du mal à y voir clair après ce qui s'est passé.

Il louche et fait la grimace.

— Arrête un peu. T'as de la chance que mon père ne soit pas entré ici et ne t'ait pas trouvé.

— J'ai pas peur de ton père.

J'incline la tête vers lui.

— T'es sûr de ça ?

— OK, je mens, avoue-t-il, mais je suis prêt à m'interposer entre lui et toi si nécessaire. Tu le vaux bien.

Je le vaux bien. Pas Deja, pas Katia, pas Madison. Moi. Si c'est ça que l'on ressent quand on est aimé, je commence à comprendre pourquoi ça rend les gens fous. Ma chambre ne me semble plus aussi vide ou triste lorsque Champion s'y trouve.

Nous nous allongeons l'un à côté de l'autre sur ma couverture, les mains entrelacées.

— Mon père déconne grave. Il a débarqué ici en disant que je devais l'aider à faire le ménage alors qu'il a même pas de boulot et qu'il ne fait rien chez mon oncle Kolby.

— Il devrait te lâcher la grappe, t'es au lycée toute la journée. Tu peux pas être ton propre parent.

Je grogne.

— Ouais, c'est ce que je fais depuis… depuis ce qui s'est passé.

— Je sais. Mais tu devrais pas avoir à le faire. Et si je repassais demain pour t'aider à nettoyer ? J'ai un entraînement de basket, mais après…

— Non, Champion, c'est bon, je t'assure. Je suis en train de remettre ma famille sur les rails. J'ai juste besoin de plus de temps.

— Comment tu comptes t'y prendre ?

Non. Non, pas question. Peu importe à quel point nous sommes proches, je ne lui raconterai pas que Sonnet et moi sommes à la recherche de Jordan. Il sait déjà que mes parents sont effondrés. Je ne veux pas qu'il pense que je me suis retrouvée au milieu d'une guerre de gangs ou que Katia était impliquée dans ce genre de choses.

Il me tolère peut-être avec notre appartement à l'odeur douteuse, mais s'il découvre le bordel qu'est ma vie, il n'aura plus aucune raison de vouloir me voir. Je ne vais pas le perdre pour quelque chose qui n'est même pas de ma faute.

— Je vais convaincre mes parents d'aller voir un psy, je mens.

Ce n'est qu'un demi-mensonge, car j'en ai déjà parlé à mon père il y a quelques mois. Il m'a répondu que la thérapie était réservée aux Blancs cinglés, si bien que je n'ai pas insisté.

— C'est une très bonne idée. Ça m'a vraiment aidé de voir un psy quand j'étais au collège.

Je me redresse avec surprise.

— T'es allé voir un psy ? Pourquoi ?

— J'étais dans une école privée et je me suis fait harceler par des garçons blancs racistes. J'étais toujours en colère quand je rentrais à la maison, parce que j'étais totalement impuissant à l'école. Enfin bref, voir un psy m'a beaucoup aidé à me calmer. T'en as déjà vu un ?

Il en parle avec une telle désinvolture, comme si ce n'était pas grave ou embarrassant.

Je me mords la lèvre.

— Non.

— Si t'arrives à convaincre tes parents d'y aller, tu devrais y aller avec eux. C'est pas aussi gênant que ce qu'ils disent à la télé.

— Ouais… peut-être.

Il me presse la main.

— Il faut que je file. C'est pas que j'aie peur, mais je voudrais pas que ton père revienne, dit-il en se levant et en étirant ses bras au-dessus de sa tête.

— T'as raison. Vaut mieux que tu sortes quand même par la fenêtre. Au cas où.

— Ça marche.

Nous nous dirigeons vers la fenêtre, j'écarte les rideaux et lui ouvre en tirant la moustiquaire vers l'intérieur.

— À demain, dit-il en passant son bras autour de ma taille.

Après un dernier baiser, je le regarde sortir par la fenêtre et il me salue avant de s'enfoncer dans l'obscurité du parking derrière la cité. Je me couche ensuite avec mon téléphone à côté de moi sur l'oreiller, le volume de la sonnerie réglé au maximum.

CHAPITRE 16

Le côté du gymnase où nous allons travailler fait face au bâtiment abritant la chaufferie, et non au terrain de football. Ce qui signifie que personne ne peut voir ce mur, à moins de faire le tour complet du gymnase jusqu'à cette impasse. C'est ici que se trouve le parking des professeurs et c'est toujours mieux que de ne pas être autorisé à peindre sur les murs du lycée.

Aujourd'hui, Mme Kubler a revêtu sa tenue d'artiste : une salopette maculée de peinture et un tee-shirt noir ample. Les autres portent de vieux vêtements auxquels ils ne tiennent pas. J'ai veillé à ne rien mettre qui appartenait à Katia, juste un vieux haut à manches longues et un survêtement noir.

Le sourire aux lèvres, Madison fait le tour du parking vide, distribuant des feuilles de papier quadrillé indiquant l'endroit où la fresque sera peinte sur le mur.

Elle me tend une feuille que je lui arrache des mains avec le regard le plus méprisant qui soit.

Sonnet me donne un coup de coude dans le flanc.

— Beau, calme-toi. Ne la laisse pas t'atteindre, m'avertit-elle.

Mais je fulmine déjà. Chaque aspect de ma vie me paraît tout simplement lamentable en ce moment. Comme si l'on m'avait offert un tas de trucs cassés sans me donner la boîte à outils pour les réparer. Et voilà que des gens comme Madison, dont la sœur n'est pas morte, qui ne connaissent ni drogués ni membres de gangs, qui ne rentrent pas chaque soir dans leur cité, obtiennent *malgré tout* tout ce qu'ils désirent. Tout ce que je désire.

— Madison, pourquoi ne pas raconter à tout le monde comment tu m'as piégée avec la fresque ? je lance.

Les têtes se tournent immédiatement vers nous, prêtes pour le spectacle.

Madison me regarde en fronçant les sourcils.

— Qu'est-ce que tu racontes, Beau ? Je ne t'ai jamais piégée.

— Bien sûr que si ! On avait dit qu'on ne ferait pas de nouvelle fresque. Et puis, madame est allée en proposer une derrière mon dos.

Madison cherche de l'aide auprès de Mme Kubler, mais celle-ci se contente d'attendre qu'elle me réponde. Mme Kubler semble troublée et inquiète.

— C'est toi qui as dit que tu n'allais pas soumettre de nouvelle proposition. Je n'ai jamais dit que c'était mon cas, déclare Madison. Tu voulais organiser une manifestation et je trouvais que c'était une mauvaise idée. Je sais que tu voulais que ta sœur soit sur la fresque, mais je me suis dit qu'il fallait quand même peindre quelque chose après tout le mal que s'est donné Mme Kubler pour faire approuver le projet.

Je repense à la conversation que nous avons eue devant la salle de classe la semaine dernière. Même si Madison ne l'a pas formulé explicitement, elle a voulu me laisser croire qu'elle était de mon côté. C'est elle qui m'a demandé ce que j'avais envie de faire, comme si cela lui importait.

— Si c'est ce que tu pensais, alors pourquoi ne pas l'avoir dit ? Tu voulais juste t'attribuer tout le mérite de la fresque !

— *Ouuuuhhhh*, s'exclame le reste de la classe.

— S'il vous plaît, mesdemoiselles…, commence Mme Kubler.

— Très classe, Beau, réplique Madison. Ne me rejette pas la faute parce que t'as décidé de laisser passer ta chance. Si tu l'avais vraiment voulu, t'aurais déposé une nouvelle proposition toute seule, comme une grande. Si je vois une opportunité, je la saisis. Tu devrais peut-être essayer la prochaine fois.

Toute la colère accumulée ces derniers temps commence à bouillonner en moi comme de l'acide et je sais qu'il n'y a aucun moyen de l'arrêter. Je suis folle de rage. À propos de tout. À propos de Katia, de ma mère, des Onyx Tigers, de la fresque qui m'a filé entre les doigts à cause de cette sale menteuse de Madison. Elle a probablement esquissé son idée dans sa petite maison de Purple Hills, au bord de sa piscine olympique.

— Ou peut-être que je devrais essayer de botter ton sale petit cul, je réponds en me plaçant juste devant son visage.

— Beau, tu ferais mieux de te calmer. Tu es en train de te ridiculiser.

Elle sait que je ne la frapperai pas. Pas devant Mme Kubler. Et probablement à aucun autre moment, à moins d'avoir envie que les avocats de son riche petit papa m'envoient en centre de détention pour mineurs. Si seulement j'étais un peu plus féroce comme Deja, cela me serait égal. Je lui flanquerais mon poing dans la mâchoire parce que c'est la seule façon de faire entendre raison à ces gens-là.

Au lieu de ça, je brandis ma copie de la grille de la fresque sous son nez et la déchire en mille morceaux. Puis je la lui balance dans son stupide visage parfait.

— J'me tire, dis-je en empoignant mon sac à dos et en retournant à l'intérieur, vingt paires d'yeux me fixant d'un regard stupéfait tandis que je m'éloigne.

MOI

yo, t'es où ?

DEJA

occupée

MOI

ça va ?

DEJA

ouais

MOI

OK. Je peux venir ?

Après cinq minutes sans réponse, je comprends que Deja m'ignore. J'ai besoin de savoir ce qui se passe, mais tout ce qu'elle m'a dit, c'est qu'elle se chargerait elle-même des Onyx Tigers. Je ne devrais pas l'embêter avec ça, alors que toute cette histoire est ma faute.

Une fois de retour à la maison, j'attrape la télécommande et passe de la NBC aux dessins animés. Je n'ai pas envie d'entendre parler de nouveaux vols ou de nouvelles fusillades. Ça me fait bizarre d'être à la maison à présent, c'est pourquoi j'essaie de l'éviter autant que possible, sauf pour dormir.

Ma mère est dans sa chambre et a fermé la porte. Parfois, je l'entends ronfler, d'autres fois, je l'entends sangloter de manière incontrôlée. Cela fait des jours que nous n'avons pas parlé, mais je n'ose pas frapper à sa porte.

Je prends mon téléphone et rédige un texto à Sonnet. J'aimerais bien savoir ce que les gens ont dit après que j'ai quitté le cours en furie. Mais surtout, je dois lui expliquer que nous devons arrêter de chercher Jordan. Pourtant, ça me semble trop définitif. Je ferme le message sans appuyer sur envoyer. Dehors, le soleil commence à décliner et une lueur orangée perce à travers les stores. Je traîne sur le canapé un long moment, jusqu'à ce que l'on frappe à la porte. J'ouvre à mon père. Il a acheté une énorme pizza chez Nicky, en bas de la rue. J'ouvre la boîte et prends une part avant même qu'il n'ait eu le temps de la poser sur la table.

— Comment s'est passé le lycée ? demande-t-il en ôtant son bonnet des Bulls et en passant ses mains sur son crâne chauve.

— C'était bien, je mens.

Comme si j'allais lui dire que je m'en suis pris à une fille blanche devant tout le monde.

— Comment va ta mère ?

Il lève le menton en direction de la porte close de sa chambre.

— Comme hier. Elle a pleuré toute la journée. Mais y a plus de Pop-Tarts, donc j'imagine qu'elle a mangé pendant que j'étais en cours.

— C'est bien, c'est bien. Tu as de bonnes notes ?

— Non.

— Pourquoi ça ? Tu ne veux plus aller à la fac ?

Je ris.

— C'est vraiment ce qui te préoccupe en ce moment, papa ? Maman est un zombie, Peter Johnson n'ira pas en prison et Katia n'est plus là. Et tu veux savoir si j'ai des bonnes notes ?

Mon père semble confus et se frotte la barbe.

— Moi aussi, je souffre, ma chérie, mais le moyen le plus rapide de revenir à la normale est de se comporter comme tel. Nous devons continuer de vivre !

Je laisse retomber ma part de pizza dans mon assiette avant de la repousser.

— Tu veux de la normalité ? Très bien. Alors je vais aller dans ma chambre et fermer la porte parce qu'*en temps normal*, tu ne serais pas là.

Je laisse mon père assis seul à la table de notre cuisine et claque la porte de ma chambre derrière moi. Qui est-il pour me dire de me comporter normalement ? Si mes parents n'étaient pas dans un tel état, je n'aurais pas à tout gérer pour Katia.

Je suis allongée à plat ventre sur mon lit quand mon téléphone vibre dans ma poche arrière.

C'est Sonnet.

SONNET

Yo, ça va ? Tout le monde parlait de toi après ta sortie en furie du cours

Mais je n'ai plus envie de parler. Je branche le chargeur de mon téléphone et le pose sur la table de nuit de Katia. Je remonte sa couverture sur ma tête et fais semblant que ce monde est le mien, cet espace sombre et chaud sous sa couverture grise.

Katia, ce serait bien si tu revenais parmi nous.

CHAPITRE 17

Le proviseur Marcos termine un appel au moment où sa secrétaire me conduit de nouveau vers le fauteuil mauve rembourré devant son bureau, le vendredi matin. Je glisse mon sac à dos entre mes pieds et j'essaie de prendre l'air le plus sympathique possible sans pour autant sourire comme une idiote. Des photos encadrées de sa femme et de ses deux filles sont posées sur le bureau en face de moi. Ce sont toujours les gens avec des familles étranges qui cherchent à les imposer en permanence.

Après avoir raccroché, le proviseur s'enfonce dans son fauteuil et croise ses mains sur son ventre avec un air suffisant, comme s'il s'attendait à ce que je revienne ici.

— Mademoiselle Willet, vous êtes de retour. Comment allez-vous aujourd'hui ?

J'essaie de me montrer aussi polie que possible, car c'est en voyant des filles comme moi que les gens pensent automatiquement que nous sommes agressives ou que nous ne respectons rien, simplement à cause de notre apparence ou de notre façon de parler.

— Ça va très bien, monsieur le proviseur, dis-je en souriant.

Il ne me rend pas mon sourire.

— Je me suis entretenu avec Mme Kubler, Madison Garber et son père ce matin. Avez-vous une idée de ce dont il était question ?

— J'ai quitté le cours plus tôt que prévu sans demander l'autorisation hier, je réponds en baissant les yeux pour feindre la honte.

Et maintenant, je vais avoir des ennuis à cause de Madison ! Cette garce sournoise complotait probablement contre moi avant même de me demander de faire équipe avec elle. Tous ces mensonges à propos de la beauté de mes œuvres n'étaient que du vent. Elle n'a jamais aimé mon travail et encore moins ma personne, elle voulait juste gagner. Elle s'est bien foutue de moi, et j'ai été assez stupide pour lui faire confiance.

Le proviseur Marcos ne croit pas à mon innocence. Il secoue la tête comme s'il en avait déjà assez de moi et boit une longue gorgée de café dans sa tasse « meilleur proviseur du monde ».

— D'après Mlle Garber, vous avez fait un peu plus que partir plus tôt. Elle dit que vous l'avez agressée verbalement et que vous avez détruit son dessin.

Ma mâchoire s'ouvre et manque de se décrocher. *Agressée verbalement ?!*

— Je n'ai pas agressé verbalement Madison ! Nous discutions du projet d'art et je lui ai posé une question…

— Mademoiselle Willet, on vous reproche d'agresser verbalement vos camarades de classe et de détruire des biens. Je sais que vous avez perdu votre sœur l'hiver dernier et que cela peut expliquer certains de vos comportements récents, mais ma patience a atteint ses limites. Nous ne pouvons pas faire d'exception pour une élève qui choisit de transgresser les règles.

« Mais ma sœur est morte », ai-je envie de répondre. Je sais que mon comportement n'est pas normal, mais je ne suis pas normale. Je ne vais *pas* bien.

— Monsieur le proviseur, je ne sais pas ce que Madison vous a dit, mais…

— Si je devais entrer dans votre classe à l'instant même et demander à vos camarades ce qu'il s'est passé, Beau, que me diraient-ils ?

Sonnet me défendrait, mais je n'en suis pas si sûre pour le reste de la classe. Peut-être que les trois autres élèves noirs seraient de mon côté, mais cela fait toujours quinze contre cinq. Je ne pourrais pas gagner, ce qui ne me surprend pas.

— Je ne voulais pas que ça arrive, dis-je, ma voix se brisant.

Je ne pleure pas parce que je suis triste, je pleure parce que je suis en colère et que je suis impuissante. Je dois me contenter de rester assise là et d'accepter mon sort, parce qu'il est le proviseur et que je suis une élève. Voilà à quoi ressemblera ma vie : rester assise à laisser les gens me chier dessus parce qu'ils en ont le pouvoir.

— Eh bien, c'est arrivé. J'en ai parlé avec la conseillère d'orientation et nous pensons qu'il est préférable que vous alliez en permanence pendant les cours d'arts plastiques. Vous terminerez votre projet final en rendant un…

— Quoi ? Vous me renvoyez du cours ! je crie.

J'arrive pas à y croire ! La seule raison pour laquelle je voulais entrer à Millennium Magnet, c'était pour perfectionner mon art. Les cours d'arts plastiques sont le seul domaine où je suis douée. C'est la seule chose qu'il me reste et voilà qu'on me l'enlève aussi.

Et comme si ça ne pouvait pas être pire, je suis renvoyée pendant une semaine. Ce qui est une punition démesurée, mais je parie que le père de Madison lui a dit qu'il poursuivrait le lycée si je n'étais pas renvoyée. La pauvre Mme Kubler ne pouvait probablement rien y faire non plus. Elle a bien vu ce que j'ai fait.

En sortant du bureau, j'aperçois les élèves de ma classe d'arts plastiques, armés de pots de peinture et de pinceaux, se diriger vers l'arrière du bâtiment pour entamer la fresque. Sonnet est là, elle me fait signe de venir, son pinceau à la main. Je lui réponds que je ne peux pas.

Puis Mme Kubler apparaît dans sa salopette tachée de peinture avec une chemise remplie des esquisses ridicules de Madison. Elle s'immobilise un instant dans le couloir et m'observe d'un œil triste tandis que les élèves passent devant elle et franchissent les portes qui mènent au parking des professeurs. Elle semble vouloir dire quelque chose, pour m'aider, mais je sais qu'elle ne le peut pas. Ce n'est pas à elle de réparer mes erreurs.

Pour être tout à fait honnête, je meurs d'envie de déchirer toutes ces esquisses à la figure de Madison et d'aligner les élèves de ce cours pour leur infliger *l'agression verbale* de leur vie. Je hais la façon dont ils passent devant moi et me reluquent furtivement, du genre *hé, voilà la cinglée*. La façon dont Mme Kubler suit la dernière personne au bout du couloir avant de disparaître, me laissant seule, comme si je ne méritais pas de me trouver au même endroit qu'eux.

Comme si je ne comptais pas.

Je rentre du lycée avec une lettre annonçant mon expulsion que je suis censée remettre à un responsable légal. Dommage que les miens n'en aient strictement rien à foutre. Je suis toujours aussi furieuse. Je voudrais mettre une raclée à Madison, mais je devrais alors passer par la case prison. Et puis, je sais que c'est ma faute. Je n'aurais jamais dû accepter de travailler avec elle sur la proposition de fresque.

En arrivant à Grady Park, je m'arrête acheter un Fanta bleu à l'épicerie du quartier. Le vieil homme à la caisse me demande pourquoi je ne suis pas au lycée. Je lui réponds que j'ai été renvoyée. Il plisse les yeux et secoue la tête en me dévisageant, et je dois me mordre la langue pour m'empêcher de lui dire de se mêler de ses affaires de vieille personne.

Je bois une gorgée de mon soda pour tenter de dissiper la boule de colère qui se forme dans mon ventre. Si Katia était là, elle me dirait de ne pas m'en faire, que tout le monde se contrefout du lycée une fois que c'est terminé et que le proviseur Marcos est une tête de gland. Mais elle n'est pas là pour me le dire. Et même si ça avait été le cas, ça n'aurait pas suffi. Pas cette fois.

Il faut que je prenne les choses en main.

N'importe qui dans la rue me voyant habillée de noir avec un sweat à capuche penserait que je prépare un sale coup. La plupart du temps, ils se tromperaient, mais ce soir, ils auraient raison.

J'attends la sortie des cours pour téléphoner à Sonnet et je lui raconte mon renvoi et la manière dont le proviseur Marcos m'a regardée, comme si j'étais une racaille. Elle est furieuse. Encore plus que moi.

Je crois que j'ai fait d'elle une rebelle, car c'est elle qui me souffle l'idée de saccager la fresque. Mon plan initial était de retourner au lycée malgré mon renvoi et de manifester seule, mais l'idée de Sonnet est plus excitante.

— S'ils te privent de ton droit à l'éducation pour avoir déchiré un dessin et dit du mal d'une pauvre meuf, autant faire quelque chose qui mérite un renvoi d'une semaine ! crie-t-elle après être passée me chercher avec la Fiat de sa mère.

Pour une fois, son afro ne contient rien de pailleté ou de coloré. Elle a tressé ses cheveux en deux longues nattes qui tombent sur ses oreilles. Elle s'est même habillée en conséquence, vêtue d'un survêtement et d'un sweat à capuche noirs.

— Comment t'as fait pour que ta mère te laisse emprunter sa voiture ? je demande en m'installant sur le siège avant.

La mère de Sonnet n'utilise cette voiture qu'en cas d'urgence, elle n'a jamais laissé Sonnet monter dedans, et encore moins la conduire. Je suis presque sûre que Sonnet n'a pas son permis, mais je ne prends pas la peine de le lui demander – après tout, nous sommes sur le point de commettre un délit.

— Elle le sait pas. Du moment que je la ramène avant qu'elle se réveille, ça devrait le faire.

Nous filons directement au Walmart ouvert vingt-quatre heures sur vingt-quatre et nous achetons trois gros pots de peinture bleu ciel. Au départ, nous voulions utiliser du rouge, mais ça ressemblait trop à du sang, comme si nous voulions salir le Dr King. Nous voulons détruire la fresque parce que Madison a agi dans mon dos pour me la voler, pas parce que nous avons un problème avec le Dr King.

À minuit et demi, Sonnet gare le coupé à quelques rues de Millennium Magnet, et nous nous faufilons avec nos seaux de peinture à l'arrière du gymnase. Nous agissons vite pour ne pas risquer de nous faire prendre, même si, pour être tout à fait honnête, je n'en ai plus rien à faire. S'ils veulent m'arrêter pour avoir fait ce qu'il fallait, ainsi soit-il. Ils ne me font pas peur.

Lorsque nous atteignons le mur de la fresque, celle-ci n'est qu'à moitié terminée. Ils ont seulement peint les épaules et le menton du Dr King, mais leur travail n'aura servi à rien.

Je fais sauter le couvercle d'un pot de peinture et projette le contenu sur le mur.

— Yes ! Il leur faudra des siècles pour repeindre par-dessus ça !

Sonnet ouvre son pot et asperge le mur à son tour.

Nous jetons de la peinture bleue dans tous les sens jusqu'à ce que la fresque soit à peine visible en dessous. Quelques couches épaisses de la couleur préférée de Katia suffisent. J'ai déjà fait le mur tard dans la nuit pour aller à des fêtes avec Deja, mais cette fois-ci, c'est encore mieux. Sonnet et moi nous faufilant dans la pénombre, le bruit humide de la peinture heurtant le mur et dégoulinant sur le béton. Nous en avons sur les mains et un peu sur nos chaussures. Mais j'ai l'impression que nous faisons la *bonne chose*. Comme Angela Davis, Assata Shakur[3] et tant d'autres.

Une fois que nous avons terminé, nous jetons les pots vides dans une benne à ordures du quartier d'à côté et nous retournons tranquillement à la voiture comme si nous revenions d'une promenade nocturne.

— C'était trop cool, putain, dis-je en bouclant ma ceinture pendant que Sonnet jette son bonnet noir sur la banquette arrière.

— Ouais, grave ! On est des justicières, maintenant ! s'exclame-t-elle avec un grand sourire.

— Ouais. Comment j'aimerais trop voir leur tête demain. Tu crois qu'ils devineront que c'est nous ?

Elle secoue la tête.

— J'pense pas. Et même si c'est le cas, c'est pas comme s'ils avaient des preuves.

Je m'enfonce dans mon siège et me mets à sourire, un sourire sincère, pour la première fois depuis longtemps. J'avais un problème, et j'ai fait quelque chose pour y remédier. Je suis fière de moi et je sais que Katia le serait elle aussi. Je veux que les gens arrêtent de penser qu'ils peuvent nous faire ce qu'ils veulent et s'en tirer à bon compte. Je veux qu'ils sachent que nous savons nous défendre.

Nous restons assises en silence dans l'obscurité pendant quelques minutes, le temps de savourer pleinement l'euphorie d'avoir joué un sale coup à nos ennemis. Il n'y a pas un bruit dans la rue où nous sommes stationnées. Dans ce quartier-ci, tout le monde dort déjà à minuit. J'appuie ma tête contre la fenêtre et je regarde un chat blanc traverser la pelouse d'une maison.

---

3. Angela Davis et Assata Shakur sont deux militantes américaines engagées dans la lutte contre le racisme et pour les droits des Afro-Américains dans les années 1970.

Soudain, une silhouette apparaît de l'autre côté de la rue. L'homme marche avec un sac à dos et un ballon de basket dans les mains. Sa démarche m'est familière, la façon dont il se balance d'un côté à l'autre comme s'il écoutait de la musique. Et la forme de sa tête de crétin.

Je me frotte les yeux pour m'assurer que je ne m'imagine pas des choses.

— Qu'est-ce qu'il y a ? demande Sonnet, en alerte, se retournant pour regarder derrière elle par la fenêtre.

— Le type de l'autre côté de la rue. Je crois que c'est Jordan !

— Quoi ? T'en es sûre ? Attends, j'appelle la police, on est dans quelle rue ? fait-elle en tapotant des numéros sur l'écran de son téléphone portable.

— Pas le temps. Il faut que je l'attrape ! dis-je, avant de sauter de la voiture et de dévaler la rue.

Je ne pense ni à Deja ni aux Onyx Tigers. Je ne réfléchis plus, j'agis, c'est tout. Je ne cours pas après Jordan, je poursuis le souvenir de cette nuit-là, de ce qui est arrivé à Katia.

J'entends Sonnet me crier d'arrêter, mais pas question de laisser Jordan s'enfuir à nouveau. Je dépasse à toute allure un pâté de maisons derrière la silhouette lorsqu'il entend mes baskets marteler le pavé et se retourne.

Lorsqu'il m'aperçoit, il se met à accélérer.

Je cours vite grâce aux gènes de ma mère, mais il s'enfonce dans une ruelle et coupe à travers une arrière-cour. Je trébuche et percute une benne à ordures. J'ai dû m'écorcher le genou, car il me lance, mais je me relève et poursuis ma course. Lorsque j'arrive dans la cour, Jordan est déjà passé de l'autre côté de la clôture, et je déclenche les lampes à détecteur de mouvement.

Je me tiens là, dans une arrière-cour, entièrement vêtue de noir, dans un quartier blanc huppé, un projecteur braqué sur moi.

Je connais déjà la suite de l'histoire.

CHAPITRE 18

Sonnet aurait pu remonter dans la voiture de sa mère, regagner sa chambre en douce et s'endormir comme si de rien n'était. Je ne lui en aurais pas voulu.

Mais ce n'est pas ce qu'elle a fait.

Elle a décidé de me suivre tandis que je poursuivais Jordan, et quand les flics sont arrivés, ils nous ont menottées toutes les deux. J'essaie de leur dire pour Jordan, mais ils ne veulent rien entendre. Ils nous récitent nos droits en nous traînant toutes les deux hors du jardin, et nous tombons plusieurs fois à genoux avant qu'ils ne nous relèvent sans ménagement. Leurs gyrophares clignotent dans la rue et tous les Blancs du quartier sont sortis en robe de chambre et en pantoufles pour voir ce qui se passe.

Une flic fait monter Sonnet dans une voiture de patrouille, elle se cogne la tête violemment contre la paroi et se met à pleurer. J'ignore si la flic l'a fait exprès, mais je m'en moque. Nous n'aurions pas dû nous faire arrêter en premier lieu.

— Hé, ne lui faites pas de mal ! je crie en écrasant le pied du flic qui me retient pour qu'il me laisse rejoindre Sonnet.

Cette manœuvre est stupide, mais je n'ai pas les idées claires. Tout ce que je sais, c'est que je dois protéger mon amie. Le grand flic qui me tient recule et me flanque un coup de poing dans le ventre, discrètement, pour que les gens qui nous observent ne voient pas ce qu'il vient de faire.

— La ferme, reste à terre ! me hurle-t-il.

Mon souffle se coupe et je tombe sur le sol, les genoux baignant dans quelque chose de froid et d'humide, la joue plaquée contre l'herbe alors que je m'efforce de respirer. Mais même ainsi, je relève la tête pour voir Sonnet, pour m'assurer qu'ils ne lui font pas de mal, quand bien même je ne pourrais rien faire si c'était le cas.

— On n'a rien fait ! crie Sonnet, un mince filet de sang coulant d'une entaille sur son front.

Elle ne mérite pas ça. Je sais qu'elle est morte de peur. Mais j'ai vu des tas de gens se faire arrêter à Grady Park. Comme la fois où oncle Kolby est venu se planquer chez nous, que les flics sont arrivés et qu'il s'est fait taser. Il s'est figé sur place et s'est effondré à plat ventre comme un personnage de dessin animé. J'avais neuf ans à l'époque, et j'avais déjà compris que ces flics se fichaient bien de nous malmener.

Lorsque le flic me relève brusquement, je ne suis même pas étonnée que ce grand gaillard m'ait donné un coup de poing. Mes yeux se posent sur l'arme noire rangée dans son étui et j'ai presque envie qu'il s'en serve contre moi. Je n'aurais plus à craindre que ce genre de merde m'arrive à nouveau. Au moins, j'aurais eu le temps de m'y préparer. Au moins, je pourrais revoir Katia.

— Vas-y, fais-le ! je hurle.

Mais le flic laisse son flingue où il est. Il ne me tire pas dessus.

Il ouvre la porte de la voiture et me pousse suffisamment fort pour que je me cogne la tête contre la vitre opposée. J'ignore la douleur qui me martèle le crâne et le ventre, et je me redresse.

Une grille noire me sépare du flic et la banquette arrière est faite de plastique rigide et inconfortable. Il m'est impossible de m'asseoir correctement à cause de mes mains menottées dans le dos. La voiture transportant Sonnet démarre devant nous et nous la suivons.

Je suis terrorisée et je sais qu'elle l'est aussi. *Que vont-ils nous faire ?*

Lorsque nous arrivons au poste, nous sommes traitées comme de véritables criminelles malgré nos têtes de lycéennes. On relève nos empreintes digitales et on nous prend en photo. On nous confisque nos téléphones, nos sacs à main et même les lacets de nos chaussures.

Pendant qu'on nous examine, un grand homme habillé de noir est amené au poste, un certain Ed. La plupart des agents ont l'air de le connaître, ce doit être un habitué des lieux. De dos, on aurait pu le confondre avec Jordan. J'aurais juré que c'était lui.

La police me demande de décliner mon identité et j'envisage d'en donner une fausse, mais cela ne marcherait qu'un temps.

— Beau Willet, je souffle à voix basse à l'agent, espérant que personne d'autre ne l'entende.

Hélas, ce n'est pas le cas. Jusqu'ici, nous avions eu droit au traitement habituel réservé aux Noirs, mais à présent, ils montent d'un cran. Ils nous bousculent dans tous les sens, nous hurlent dessus quand nous nous regardons et nous passent les menottes aux chevilles sans même que nous ayons cherché à nous enfuir.

Pour finir, ils nous enferment ensemble dans ce qui ressemble à une salle d'interrogatoire et nous menottent à nos chaises, ce qui me paraît tout à fait illégal.

Sonnet a cessé de pleurer et on lui pose un pansement sur sa coupure à la tête. Je n'aurais jamais dû l'embarquer là-dedans. Sa mère lui interdira probablement de me voir après cette nuit.

La policière nous laisse seules dans la pièce, mais nous savons toutes les deux pourquoi. Ils veulent que nous nous croyions seules pour nous incriminer l'une l'autre. J'ai entendu certains d'entre eux chuchoter pendant qu'on prenait mes empreintes, et apparemment ils pensent que nous sommes de mèche avec le fameux Ed.

Sonnet et moi restons donc muettes. Nous ne nous regardons même pas. S'ils veulent nous inculper, ils n'auront pas d'autre choix que d'enquêter et de prouver que nous avons fait quelque chose d'illégal.

Après ce qui me semble être un million d'années, un inspecteur portant une arme à sa ceinture entre dans la pièce et ferme la porte. C'est un homme blanc aux cheveux noir de jais et aux yeux bleus.

— Mesdemoiselles, lance-t-il d'une voix de stentor avant de prendre place sur une chaise en face de nous. Je peux savoir ce que vous faisiez dehors à cette heure ?

Aucune de nous ne répond. Je sais qu'il est illégal d'interroger des mineurs sans la présence d'un parent, mais il nous prend pour des abruties.

— Ça me paraît suspect, de se faufiler dans les jardins au beau milieu de la nuit. Dans un quartier qui n'est pas le vôtre.

Ces imbéciles ont pourtant vu ma carte de lycéenne en fouillant dans mon sac. Certes, cela n'explique pas tout à fait ce que nous faisions là-bas en pleine nuit, mais ce n'est pas comme si nous étions des criminelles en puissance sur le point de cambrioler le quartier.

— On t'attendait, ajoute-t-il en se tournant vers moi. Que penses-tu qu'ils diront de ça au journal du matin, hein ? Peut-être veux-tu donner une interview depuis la prison ? Je dois prévenir la chaîne nationale ?

Il me provoque, mais je ne dis toujours rien. Je fais la statue, comme ces combattants de la liberté qui s'asseyaient dans les restaurants et étaient entraînés à ne pas bouger ni réagir quand on leur versait du milk-shake et de la moutarde sur la tête. J'essaie de les imiter, même si c'est difficile. Extrêmement difficile.

— Ta famille a causé pas mal d'ennuis à un de mes frères. Et maintenant, te voilà qui reprends le flambeau là où ta sœur s'est arrêtée, hein ?

Je reste muette. Mes mains agrippent les accoudoirs si fort que j'ai peur qu'ils ne se brisent. Soudain, l'officier tire violemment ma chaise vers lui pour que nous nous retrouvions genoux contre genoux, nez contre nez. Sonnet gémit, mais je n'émets aucun son. Je me contente de le regarder droit dans les yeux, l'odeur de son haleine de café et de son eau de Cologne me donnant la nausée.

— De quoi tu vas aller te plaindre ? Je t'ai ramenée vivante, pas vrai ? Sans aucune égratignure.

Il repousse ma chaise à côté de Sonnet et je lutte pour retenir mes larmes.

— On a prévenu vos parents. Ils seront là d'une minute à l'autre.

Je devine, à la façon dont il le dit, qu'ils ne les ont pas appelés et qu'ils n'arriveront pas de sitôt.

Il se lève de sa chaise et claque la porte derrière lui.

Sonnet me lance un regard paniqué, mais je secoue la tête. Nous sommes toujours enregistrées. Nous devons nous taire.

J'ignore combien de temps ils nous gardent attachées ici. Comme il n'y a pas d'horloge au mur, j'essaie de compter les secondes dans ma tête. *Un Mississippi, deux Mississippi, trois Mississippi.* Je ne sais pas combien de secondes j'arrive à compter avant de m'endormir. Je me réveille avec de la bave au menton et j'aperçois Sonnet, la tête penchée en avant, en train de ronfler. Il faut que j'aille aux toilettes. Et vite.

— Hé ! J'ai besoin d'aller aux toilettes ! je crie en direction de la porte.

Sonnet se réveille en sursaut. Nous crions toutes les deux, mais la porte reste fermée et nous restons attachées à nos chaises. L'instinct naturel lorsqu'on est enfermé ainsi est d'essayer de s'échapper par tous les moyens, mais même si nous parvenions à nous libérer de ces chaises, ce ne serait qu'une excuse pour qu'ils entrent et nous infligent quelque chose de pire encore. Nous demeurons donc assises.

Je me retiens d'uriner aussi longtemps que possible, mais ma vision devient floue et mes dents commencent à me faire mal.

— Eh merde, je murmure alors que de l'urine coule le long de mon jogging.

Je reste là, mon entrejambe couvert de pisse me démangeant, jusqu'à ce que j'entende une voix d'homme dans le hall du commissariat hurler après quelqu'un.

— Papa ! je m'écrie.

Mais personne ne vient.

Nous attendons ce qui semble être une heure de plus avant qu'un agent n'entre et ne retire les menottes à Sonnet.

— Et mon amie, qu'est-ce…

— T'occupe, la coupe le jeune agent blond d'un ton laconique en l'entraînant hors de la pièce.

Trente minutes plus tard, je suis enfin relâchée. Je sais que nous avons été enfermées pendant des heures, car la lumière du jour filtre à travers les fenêtres lorsque j'arrive dans le hall d'entrée.

Je sais aussi que mon père est furieux. Il n'a jamais aimé les flics, mais depuis Katia, il les déteste par-dessus tout. Je l'aperçois faire les cent pas dans le hall, un sac plastique rempli des objets qu'ils m'ont pris tout à l'heure à la main. Il porte un survêtement et un tee-shirt blanc troué. Il a même gardé ses vieilles pantoufles qui laissent entrevoir le dos de ses chevilles sèches. Ils ont dû le réveiller en lui téléphonant.

— Papa, je croasse, car ils ne nous ont rien donné à boire et j'ai la gorge sèche.

Mon père s'immobilise en entendant ma voix. Quand il me voit plantée là, il fond en larmes.

La seule fois où je l'ai vu pleurer, c'était à l'enterrement de Katia. Je me précipite dans ses bras, il me serre de toutes ses forces et m'embrasse sur le dessus de la tête, encore et encore. *Je suis en sécurité à présent, je vais bien.* En recevant cet appel au milieu de la nuit, je sais qu'il a dû penser que j'étais morte, moi aussi. Je m'en veux de lui faire subir ça.

Les flics derrière le comptoir nous regardent en regrettant de ne pas m'avoir gardée plus longtemps, de ne pas m'avoir envoyée en prison avec toutes les autres filles comme moi.

Je les déteste de nous avoir fait ça, à Sonnet et à moi. Je les déteste d'avoir fait ça à ma famille.

Sur le chemin du retour, mon père se met en colère, ce qui consiste principalement en un mélange de cris et de pleurs, puis de cris supplémentaires, mais surtout de pleurs.

— Qu'est-ce qui t'est passé par la tête ?!

Je lui raconte que Sonnet et moi étions en train de discuter dans la voiture de sa mère quand la police a débarqué. Je ne lui parle pas de la fresque, du fait que j'ai cru voir Jordan alors qu'il s'agissait en réalité d'Ed, ni de ce que ce flic m'a fait. Il deviendrait fou de rage s'il apprenait qu'ils m'ont maltraitée, et ce n'est pas avec un père en détention que les choses s'arrangeront.

La porte n'est pas verrouillée et les stores sont tirés lorsque nous rentrons à la maison. J'aperçois l'écharpe rouge sur le canapé, m'indiquant que ma mère est là.

Ma mère se lève et vient se placer devant moi. Elle ne porte rien d'autre qu'une chemise de nuit en soie et des larmes sur le visage. Les os ressortent de sa poitrine à force de ne rien avaler depuis des semaines. Elle a l'air brisée.

— Basil, pas maintenant, dit mon père. Il est encore tôt et nous sommes tous fatigués. Allons dormir.

— On t'a arrêtée, souffle-t-elle.

Je ne lui réponds pas.

— Après tout ce qui… comment as-tu pu les laisser t'attraper ? Comment as-tu pu nous faire ça ?

Elle éclate en sanglots et me saisit par les épaules, me secouant d'avant en arrière. Je sens mon cerveau se heurter contre mon crâne.

— Basil ! s'exclame mon père, mais elle s'est déjà arrêtée.

— Beau, tu es mon dernier bébé. Tu es la seule chose qui *me* reste. S'ils te tuent aussi, j'en *mourrai*. J'en MOURRAI ! Tu veux que je meure ?!

— Non, maman, je murmure.

Les larmes coulent sur mon visage. Pas parce que j'ai peur ou honte, mais parce que je suis heureuse. Ma mère se tient devant moi et me hurle dessus, me posant à nouveau ses questions rhétoriques ridicules. C'est la version de ma mère dont j'avais besoin. *Ma mère est de retour.*

Elle m'attire contre elle et je sens son visage humide contre mon cou tandis qu'elle pleure en silence.

Même si je suis en train de pleurer, je souris intérieurement, car cette fois-ci…

Je suis rentrée à la maison.

CHAPITRE 19

AVANT

— Mais il t'a trompée. Je l'ai vu.

Je me tenais près de la fenêtre givrée des toilettes, les bras serrés autour de moi pour éviter de toucher quoi que ce soit.

Katia était postée devant le miroir dépoli et appliquait une épaisse couche de rouge à lèvres marron.

— Beau, s'il te plaît. Je ne pense même pas à ce garçon. On est là pour passer un bon moment.

— Peu importe, dans toute la ville de Chicago, il se retrouve par hasard sur la même plage, à la même heure et le même jour que nous ?

— Qu'est-ce que ça peut te faire ? Tu te plaignais de t'ennuyer à la maison. Et je te fais sortir. J'aurais pu te laisser et y aller seule, si je n'étais venue que pour Jordan.

— T'aurais mieux fait ! Tu vas passer tout ton temps avec lui, de toute façon, ai-je répliqué.

— Moi ? Passer mon temps avec un nigga[4] ? Tu dois me confondre avec Clarice.

---

4. Le terme « nigga » a été conservé dans la traduction en raison de sa forte connotation culturelle et de son usage spécifique dans certains contextes. En anglais, ce mot utilisé dans des milieux afro-américains peut exprimer la camaraderie, la solidarité ou une réappropriation du langage, bien que son origine soit liée à l'oppression raciale. Traduire ce mot en français altérerait

— Tu te comportes exactement comme Clarice, à te maquiller autant et à stalker Jordan.

Katia a remis le capuchon sur son tube de rouge à lèvres et m'a foudroyée du regard.

— Tu pigeras jamais. T'es trop jeune.

— Vas-y, explique-moi alors.

— Tout n'est pas noir ou blanc, Beau. Tu peux avoir l'impression que ça l'est, mais quand tu seras plus âgée, tu comprendras pourquoi il faut savoir pardonner aux gens.

J'ai levé les yeux au ciel.

— Quand Jordan s'est-il excusé pour ce qu'il a fait ?

— Il avait probablement trop peur que je le rejette. Les hommes sont sensibles. Comment changer si personne ne nous donne une chance ?

— Maman et papa peuvent pas le voir en peinture.

— Ce sera pareil avec les personnes avec qui tu sortiras. Ils veulent juste contrôler nos vies jusqu'à ce qu'on ait soixante-dix ans. De toute façon, ils ne l'ont rencontré qu'une seule fois. Ils ne le connaissent pas comme je le connais. Toi non plus.

— Comme tu voudras, Katia, j'ai répondu en roulant des yeux.

— Mais qu'est-ce que vous avez tous, dans cette famille ? Vous pensez que je suis stupide ? Je sais dans quoi je mets les pieds et je peux m'occuper de moi-même.

— Mais Jordan…

— J'ai dit que je pouvais m'en occuper, Beau. Merci pour tes conseils. Surtout que tu n'as jamais eu de petit ami.

Ses mots m'ont fendu la poitrine comme un rasoir. Je suis restée plantée là, les joues rouges et brûlantes face à cette vérité.

---

sa signification et sa charge émotionnelle dans le texte original. Il est important de souligner que son usage reste délicat et sensible, et qu'il reflète des dynamiques complexes d'ethnicité, de culture et d'identité.

Je n'avais jamais eu de petit ami. C'était peut-être pour ça que je détestais tant Jordan. Je voulais Katia pour moi seule et peut-être que, sans même m'en rendre compte, j'étais jalouse que les garçons la préfèrent à moi.

Puis j'ai revu la main de Jordan sur les fesses de cette fille, et la tête de Katia quand je le lui avais dit.

Non, j'étais tout sauf jalouse de ça.

Lorsque Katia a compris que je n'allais pas riposter, elle m'a donné rendez-vous sur le parking à vingt heures. Puis elle m'a laissée là, dans la salle de bains, à me sentir laide et stupide.

Breon et moi avons passé la majeure partie de cette sortie à nous promener sur la plage pendant que Katia et son groupe descendaient des bouteilles de soda pleines de bière avant de les jeter dans le lac.

— Hé, c'est pas Triana ?

Breon a indiqué des gamins en train de faire des selfies près des gros rochers qui bordaient le lac.

J'aimais bien la cousine plus âgée de Breon, mais je l'évitais plus ou moins depuis qu'elle et Deja s'étaient disputées à propos d'un truc stupide l'année précédente. Pourtant je me suis dit que c'était mieux que de ne rien faire du tout.

Toutefois, dès que j'ai vu les gobelets en polystyrène et les sachets de Jolly Rancher, j'ai fait volte-face.

— Beau, tu vas où ? a crié Breon.

Je lui ai fait signe de me suivre.

— Qu'est-ce qu'il y a ?

— Tu sais que j'aime pas être à proximité de ce genre de choses.

— Oh, OK, pas de souci. On n'est pas obligées de rester avec Tri. Je suis censée y aller demain, de toute façon, a expliqué Breon.

— Et si je restais ici pour dessiner ? C'est ce que je voulais faire, au départ.

— T'en es sûre ?

— Oui, vas-y. Mais n'oublie pas qu'on doit rejoindre Katia à vingt heures.

Dessiner me permettait d'extérioriser ma colère et il ne faisait aucun doute que j'étais toujours en colère à cause de ce que Katia m'avait dit plus tôt.

Je me suis mise à dessiner une petite fille que j'avais aperçue avec deux grosses couettes de chaque côté de la tête. Dessiner des choses positives m'aidait à me sentir un peu mieux. J'étais plongée dans mon travail quand une main s'est posée sur mon épaule.

J'ai poussé un cri et mon carnet de croquis a volé dans les airs.

— Oh, désolé, désolé, je voulais pas te faire peur.

J'ai regardé Jordan ramasser mon carnet projeté quelques mètres plus loin. Puis il a commencé à le feuilleter.

Pour qui se prenait-il ? Je me suis levée d'un bond et le lui ai arraché des mains.

— C'est privé, ai-je grondé en lui lançant un regard noir.

— Désolé, vraiment désolé. Je pensais juste qu'une artiste digne de ce nom voudrait montrer son travail.

Il s'est humecté les lèvres et j'ai compris pourquoi les filles étaient folles de lui. Ce mec était doux comme de la crème et froid comme de la glace. Il avait la peau d'un caramel profond et son visage semblait avoir été façonné par un sculpteur de la Grèce antique. Il était parfait sous tous les angles, avec ses pommettes hautes, ses cils longs et recourbés, son nez légèrement arrondi, ses lèvres pleines et pulpeuses et ses yeux noisette. Il était mince, avec juste ce qu'il faut de muscles. Son débardeur blanc était enroulé autour de son cou, et je m'efforçais de détourner les yeux de ses abdominaux.

— Oui, mais je ne suis pas encore une vraie artiste. Il me reste beaucoup à apprendre.

J'ai serré mes croquis contre ma poitrine.

Malgré tout, Jordan s'est rapproché.

— Si tu veux quelque chose, tu dois faire comme si tu l'avais déjà. Sinon, tu ne sauras pas comment agir quand tu l'auras enfin.

— Peu importe. Tu n'as pas des amis qui t'attendent ?

— Beau, pourquoi tu ne m'aimes pas ?

Est-ce qu'il était sérieux ?

— Euh, j'en sais rien, moi, peut-être parce que t'as trompé ma sœur.

Il a enfoncé son pied dans le sable mou.

— Mais je ne l'ai pas trompée. Enfin pas vraiment. Ta sœur ne t'a pas raconté toute l'histoire. J'vais pas te mentir, j'étais avec Ashley. Mais c'est juste parce que j'ai vu Katia traîner avec un mec la veille.

— Ouais, c'est ça. Quel mec ?

— Je sais pas qui c'était, un grand nigga avec des locks ? Ils étaient collés serrés tous les deux, et ça avait pas l'air de la déranger.

Je devais admettre que ça ressemblait bien à Katia. Elle plaisait beaucoup aux garçons. Même si ce n'était pas réciproque, elle adorait l'attention qu'ils lui portaient.

— C'était probablement un de ses amis. Et puis, ça me regarde pas.

Il a haussé un sourcil.

— Mais ça te regardait quand t'as couru lui dire que j'avais les mains sur le cul de cette fille.

— Parce que c'était le cas !

Il a levé ses deux mains.

— Je sais, je dis ça comme ça. Mais Katia et moi, on est bien maintenant. Et elle veut qu'on soit amis, toi et moi.

— On veut tous quelque chose. Ça veut pas dire qu'on l'obtient toujours pour autant.

Alors que je lui tournais le dos, il m'a pris délicatement la main. Même si je ne le supportais pas, et que je rêvais d'arracher sa sale langue de menteur de sa bouche, son contact m'a fait me retourner.

— D'après ce que j'ai vu, ton carnet est presque plein.

Il a sorti un billet de cent dollars flambant neuf de son portefeuille en cuir marron usé et me l'a tendu.

— Prends-le. Achète-t'en un plus grand et de meilleure qualité.

Je n'ai pas hésité longtemps avant de prendre le billet. Je n'aimais pas ce trou du cul, mais je n'étais pas stupide.

— Compte sur moi. Mais mon amitié n'est pas à vendre, ai-je répondu.

— Tant mieux. Je veux juste que tu saches que je suis pas le genre de gars que tu crois. Je ne suis pas comme la plupart de ces niggas. À plus.

Je l'ai observé rejoindre son groupe avant de sortir le billet de ma poche et de le brandir face au soleil couchant. C'était un vrai. Bon sang, peut-être qu'il aimait réellement Katia. Il y avait tout un tas d'autres filles qu'il pouvait se taper sur cette plage sans avoir à soudoyer leurs petites sœurs. À Grady Park, donner de l'argent à quelqu'un sans aucune contrepartie signifiait que l'on se souciait vraiment de lui.

À vingt heures précises, j'étais déjà assise sur le capot de la Toyota Corolla blanche de Katia. La plage fermant bientôt, le parking était bondé de gens essayant de rejoindre leur voiture avant de regagner la rue.

Katia a semblé flotter jusqu'à la voiture.

— J'ai entendu dire que Jordan et toi avez discuté aujourd'hui, a-t-elle lancé en déverrouillant les portes.

Je me suis installée sur le siège passager et ai posé mes pieds sur le tableau de bord.

— Il m'a dit que c'était TOI qui lui avais demandé.

— Tout ce que j'ai dit, c'est que je voulais que vous sympathisiez. C'est lui qui a proposé de te parler. Je sais qu'il a fait de la merde dans le passé, mais c'est aussi un gentil garçon quand il veut.

Je me suis alors demandé si elle était au courant pour l'argent. Mais je n'allais certainement pas prendre le risque qu'elle me le reprenne, si bien que je ne lui ai rien dit.

— Ouais, j'imagine, ai-je grommelé.

J'avais conscience que c'était un bon à rien, mais je savais aussi que Katia n'était pas prête à se séparer de lui. Si je voulais que les choses se passent bien entre elle et moi, je devais commencer à faire semblant d'être gentille avec Jordan. Le prix à payer pour que Katia ne me déteste pas me paraissait trop élevé, mais je n'avais pas vraiment le choix. Et puis, ce n'était pas comme s'il l'avait frappée ou qu'il avait couché avec quelqu'un d'autre. Il avait juste mis une main à un cul. Si ça ne posait pas de problème à Katia, alors je ferais comme si ça ne m'en posait pas non plus.

CHAPITRE 20

Quatre jours seulement après mon arrestation, mes parents ont retrouvé leur comportement habituel. Il a fallu que je sois embarquée en garde à vue par le même service de police qui a tué Katia pour que je redevienne visible à leurs yeux. Le samedi matin suivant mon arrestation, ma mère m'a préparé un petit déjeuner pour la première fois depuis des mois. Le bacon était complètement carbonisé et les œufs étaient aussi liquides que de la morve, mais j'étais tellement heureuse qu'elle soit à nouveau sur pied et qu'elle reprenne une vie normale que j'ai vidé mon assiette et que j'en ai redemandé.

Même mon père a commencé à venir nous voir plus souvent. Le dimanche, il a passé tout l'après-midi à regarder la chaîne de sport sur le canapé. Il a même joué quelques parties de dames avec moi – le seul fait qu'il soit à la maison me rassurait. Mais le lundi suivant, il est retourné chez oncle Kolby, en disant qu'il devait se remettre à chercher un boulot. Ce matin-là, ma mère n'est pas sortie de sa chambre non plus. J'ai frappé et lui ai demandé si elle allait continuer à préparer le petit déjeuner, mais elle a jeté quelque chose sur la porte en me criant de la laisser tranquille. Ce que j'ai fait.

Je sais que mes parents sont heureux que j'aille bien après mon arrestation, mais il y a une certaine limite au bonheur qu'ils peuvent ressentir à l'idée que je sois en vie avant qu'ils ne se souviennent que Katia ne l'est plus.

Ce mardi matin, le deuxième jour de mon renvoi du lycée, je suis assise à la table de la cuisine avec une lettre de la maison de retraite où travaille ma mère dans les mains. L'enveloppe attendait depuis plusieurs jours dans notre boîte aux lettres, avec une pile d'avis de recouvrement. J'ai décidé de l'ouvrir, pensant que c'était peut-être un chèque ou quelque chose de ce genre, mais il est écrit que ma mère a été renvoyée pour avoir enfreint un code.

J'ai relu le courrier deux fois, dans l'espoir de l'avoir mal compris. Ma mère travaille à la maison de retraite depuis quatre ans. Ils ne peuvent tout de même pas la renvoyer parce qu'elle est déprimée et qu'elle a été absente quelques jours ! Ne savent-ils pas que nous avons déjà assez de problèmes ?

Je me lève et frappe à la porte de sa chambre. Ma mère doit travailler un certain nombre d'heures pour avoir droit à l'aide au logement. Si elle est vraiment licenciée, nous risquons de nous retrouver à la rue d'ici le mois prochain.

Je frappe à nouveau à sa porte, mais elle ne répond toujours pas. La télévision est allumée à l'intérieur. On dirait qu'ils passent une rediffusion de *Living Single*, sa série préférée.

Quand j'entre dans la chambre, l'air chaud et étouffant me colle aussitôt à la peau. L'édredon a été scotché à la fenêtre pour empêcher la lumière du soleil de pénétrer. Le sol est jonché de vêtements, de mouchoirs et d'emballages de nourriture vides. Ma mère est couchée dans son lit, recroquevillée sur elle-même, le regard fixé sur moi sans vraiment me voir.

Mon cœur s'arrête, mais elle cligne lentement des yeux et je réalise qu'elle est vivante. Je m'assois sur le bord du lit et lui tends la lettre.

— C'est un courrier du travail. Il s'est passé quelque chose ? C'est pour ça que t'es rentrée tôt ce jour-là ?

Elle ignore la lettre.

— Un de mes patients est tombé et s'est cogné la tête contre une rambarde.

— Oh. Mais c'était un accident, non ? Les personnes âgées tombent tout le temps, non ? je demande avec impatience.

Je sais que ma mère aime la plupart de ses patients, je ne comprends donc pas pourquoi elle parle de l'accident de l'un d'eux comme si ce n'était pas grave.

— J'en sais rien. J'étais pas là, dit-elle comme si je l'ennuyais.

— Comment ça ? T'étais pas dans la pièce ?

— J'étais à la maison. J'ai dit à Betty que je devais partir plus tôt. Mais Tammy était en retard, comme d'habitude. Pourquoi je devrais faire mes heures et celles de quelqu'un d'autre ? Ma gamine est morte !

À présent, je crois comprendre ce qui s'est passé. Elle est partie sans attendre sa remplaçante, si bien que les patients se sont retrouvés seuls. S'il s'est vraiment blessé avant que Tammy n'arrive, ma mère est probablement responsable.

— M'man, il faut que tu fasses quelque chose ! Tu pourrais les appeler et leur demander de te reprendre ? Comment on va payer les factures ?

Avant le décès de Katia, c'est ma mère qui s'occupait de tout. Qu'importe ce dont nous avions besoin, si elle n'avait pas l'argent, elle se débrouillait pour le trouver, chaque fois. C'est elle qui gérait tout et qui veillait à ce que nous allions bien.

Elle s'étire et se retourne pour faire face au mur.

— Pourquoi tu me demandes ça ? Pourquoi tu demandes pas à ton père pourquoi il a pas de boulot ? Je t'avais bien dit qu'un jour, tu comprendrais. Je peux pas tout faire ! me lance-t-elle sèchement.

J'ai envie de pleurer, mais cela ne changerait rien à son état actuel. Et comme elle ne peut pas être forte, c'est à mon tour de l'être. Je plie donc la lettre et la remets dans l'enveloppe.

Je laisse ma mère se morfondre dans son coin et me prépare un sandwich au beurre de cacahuètes avec les croûtes du pain, celles que l'on ne mange que lorsqu'il n'y a littéralement plus rien d'autre. Nous n'avons même pas de paquet de nouilles instantanées d'urgence.

Il faut que je parle à quelqu'un. Mais pas à Sonnet ni à Champion. J'ai besoin de quelqu'un qui sait ce que c'est que d'être pauvre.

— Yo meuf, quoi de neuf ? répond Deja au téléphone.

J'emporte mon sandwich tout sec dans ma chambre et referme la porte derrière moi.

— Ma mère a laissé un vieux se cogner la tête et la maison de retraite l'a renvoyée.

— Mais nan, sérieux ?! Merde, mais pourquoi elle a fait ça ?

— J'en sais rien, j'imagine qu'elle était triste à cause de Katia. Du coup, elle est partie avant que sa remplaçante arrive, j'explique. De toute façon, elle se fout complètement de tout ! Y a presque plus rien à manger à la maison.

Ça me fait peur parce que j'ai déjà vu ma mère heureuse, enthousiaste, énervée, mais je ne l'ai jamais vue comme ça. Même après la mort de grand-mère, elle se levait tous les jours et veillait à ce que tout se passe bien dans notre famille.

— Et ton père, il a dit quoi ? demande Deja.

— Pour l'instant, rien. Je lui en parlerai quand il viendra. Il se cherche un job depuis le mois de janvier. Pas sûre qu'il en trouve un rapidement. Et y a rien dans le frigo, à part de la moutarde et de la sauce. Déjà qu'on était pauvres, on peut pas se permettre de l'être encore plus.

— Meuf, je comprends.

Elle marque une pause.

— Il te reste pas de l'argent de ton anniv' ?

— Si, un peu, mais je ferais mieux de le garder au cas où on essaierait de nous expulser. De toute façon, ce qui me reste est à peine suffisant pour payer une semaine de loyer.

— Mais c'est abusé ! Tu devrais pas avoir à te préoccuper de ce genre de choses alors que t'as tes deux parents.

Je mords dans mon sandwich.

— T'as vu ? C'est pas comme si mes darons étaient parfaits avant, mais maintenant, on dirait que j'existe même pas pour eux. J'ai l'impression que j'ai pas le droit d'être triste parce que...

— Tu dois t'occuper d'eux, termine Deja.

— Ouais. C'est ça.

Je savais qu'elle comprendrait. Elle me comprend toujours.

J'entends la porte d'entrée s'ouvrir et dis à Deja que je la rappellerai plus tard.

Mon père se tient debout devant la table de la cuisine, il fouille dans trois gros sacs huileux de nourriture chinoise.

— Salut, Bobo ! Je t'ai pris ton plat préféré, des œufs foo young aux crevettes. Attrape-moi les assiettes en carton au-dessus du frigo.

Je lui tends les assiettes et pose la lettre sur la table.

— Qu'est-ce que c'est ? demande-t-il.

— Ça vient du travail de maman. Elle a été renvoyée parce qu'un de ses patients s'est cogné la tête.

Mon père n'a même pas l'air surpris. Il déballe les cartons de nourriture et remplit deux assiettes avec une grande quantité de chaque plat.

Il me tend mon assiette et nous nous asseyons tous les deux.

— Beau, le travail de ta mère m'a appelé il y a quelques jours, dit-il.

— Alors t'étais au courant ? Pourquoi tu m'as rien dit ? Pourquoi tu ne *lui* as rien dit ?

Je n'arrive pas à croire qu'il le savait et qu'il ne m'a rien dit ! C'est exactement ce dont je parlais à Deja. Au moins, ma mère sait diriger sa barque lorsqu'elle n'est pas endeuillée, mais mon père en fait toujours trop peu ou bien agit trop tard. Je commence à comprendre pourquoi elle l'a foutu dehors. Le plus souvent, il est complètement inutile.

— Tu me parles sur un autre ton, lance-t-il en pointant une baguette vers moi. Ta mère traverse une période difficile. La dernière chose dont elle a besoin en ce moment, c'est de travailler. Si elle ne s'entendait pas si bien avec le directeur de la maison de retraite, elle aurait pu être jetée en prison.

— Mais on a besoin d'argent. Elle peut pas rester ici à rien faire ! J'ai l'impression d'être la seule personne dans cette maison à se soucier de quoi que ce soit.

— Beau, tu sais à quel point c'est une plaie ne serait-ce que de lui faire lever le bras pour lui mettre un peu de déo, répond mon père, la bouche pleine de riz frit.

Je n'aime pas la façon dont il utilise le mot « plaie », comme si s'occuper de ma mère n'était pas sa responsabilité.

— Peut-être qu'on peut essayer de lui parler encore, tous les deux ? je suggère.

Mais il se contente d'enfourner une nouvelle bouchée de nourriture huileuse dans sa bouche.

— Beau, maman a besoin de quelque chose qu'on ne peut pas lui donner. C'est pour ça qu'elle va aller vivre chez tante Pepper à New York pendant un petit moment. Pour nous laisser un peu de répit, à toi et moi, tu comprends ?

Quel répit ? Tu n'as absolument RIEN foutu ! J'ai envie de crier. Mais je sais que j'ai déjà franchi les limites en me faisant arrêter.

— Mais je n'ai pas besoin de répit, je me contente de répondre.

Mon père soupire

— Eh bien, ta mère en a besoin. Ça lui fera du bien, crois-moi.

— Si maman n'est plus là, qu'est-ce que je deviens, moi ?

— C'est l'autre chose dont je voulais te parler. Tu sais que je vis chez oncle Kolby. Je lui ai expliqué ce qui se passait et il pense que ce serait une bonne idée de partir d'ici. Tu vivras avec moi dans son salon jusqu'à ce qu'on retombe sur nos pieds. Ça ne durera pas longtemps, deux, trois, cinq mois au maximum.

Mon estomac se retourne en comprenant qu'il est content de cet arrangement. Il pense vraiment que je suis prête à vivre six mois dans le salon de quelqu'un.

— Tu veux dire… quitter Grady Park ? Pour de bon ?

À Chicago, il faut une éternité pour se voir attribuer un logement social et la liste d'attente pour accéder à notre cité et à tous les autres bâtiments du même type est interminable et existe probablement depuis bien avant ma naissance. Si nous quittons notre logement, nous ne pourrons plus jamais y revenir.

— Oui, je sais qu'un salon, ce n'est pas l'idéal, mais il est vraiment grand. On pourra installer un drap pour diviser la pièce pour que tu puisses avoir un peu d'intimité, propose mon père.

Un million de pensées se bousculent dans ma tête. Ma vie est ici, elle a toujours été ici. Notre chambre à Katia et moi, la cour où j'ai rencontré Deja et Breon quand nous avions cinq ans. Et surtout, Jordan est toujours là. Quelque part.

— Mais on peut pas partir comme ça ! Et mes amies ?! je crie.

— Tu pourras toujours les voir le week-end. Green Oaks, ce n'est pas si loin.

— Papa, j'ai jamais entendu parler de ce quartier.

— C'est parce qu'il est dans le West Side. Je ne vois pas pourquoi tu t'énerves comme ça. Tu as toujours parlé de quitter Grady Park un jour.

— Oui, papa, pour l'université, la Californie ou un meilleur endroit ! je réplique. Pas pour déménager à l'autre bout de la ville. Où est-ce que maman va habiter quand elle reviendra de New York ? Elle ne va pas aller vivre dans le salon de je ne sais qui.

Le simple fait que mon père ait avancé cette idée ridicule montre à quel point il ne nous connaît pas et ne se soucie pas de ma mère et de moi. Je comprends maintenant pourquoi elle se disputait constamment avec lui. Il n'a rien d'un père, il se comporte plutôt comme un oncle détestable qui ne cesse de se mêler de nos affaires faute de pouvoir gérer les siennes. C'est fou, ma mère était si douée dans son rôle que je n'ai jamais remarqué que mon père était défaillant. Tout ce qu'il sait faire, c'est nous apporter de la nourriture à emporter avant de retourner poser son cul sur le canapé d'oncle Kolby pour boire sa bière. Quel genre de père agit ainsi ? Un vrai père, comme celui dont j'ai besoin en ce moment, n'aurait jamais déménagé. Il serait resté avec nous, aurait pris soin de nous, nous aurait protégées. Je ne comprends pas pourquoi mon père ne fait jamais ce qu'il est censé faire.

— Ce n'est que temporaire, Beau. Une fois que j'aurai trouvé un emploi, on aura à nouveau notre chez-nous. Peut-être un peu plus près du North Side, ajoute-t-il en souriant.

Comment cet imbécile au crâne dégarni peut-il me sourire tout en débitant autant de conneries ? Peut-être que ma mère se laissait berner, mais pas moi. Plus maintenant.

— Ça fait des mois que tu cherches un job. Si t'as pas réussi à en trouver un à l'époque, qu'est-ce qui te fait croire que t'en trouveras un maintenant ?

Il n'a probablement même pas envie de travailler. Sa vie est si facile. Je parie qu'il reste assis sur le canapé d'oncle Kolby à regarder la télé et à boire de la Old Milwaukee à longueur de journée.

Mon père ouvre la bouche pour répondre, puis la referme. Il baisse les yeux sur son assiette, puis se lève pour aller chercher une bière dans le réfrigérateur.

— J'essaie, répond-il. Toi et ta mère savez bien que je n'arrête pas d'essayer. La vie n'est pas facile ici pour nous, les Noirs. On m'a refusé des entretiens sur place parce qu'au téléphone, on pensait que j'étais un homme blanc ! Mais je n'arrête pas d'essayer. Tous les jours.

Il verse sa bière dans un gobelet en plastique et en boit une grande gorgée. Essayer n'est pas suffisant. Si ma mère « essayait » comme il le fait, nous serions à la rue et mortes de faim depuis longtemps !

— Peut-être que tu devrais faire plus d'efforts. Parce que tu dis toujours que tu vas faire quelque chose, mais tu le fais jamais ! Tu fais jamais ce que t'es censé faire ! je crie.

Je sais qu'il vaut mieux ne pas m'énerver contre un adulte, mais pourquoi devrais-je rester à ma place d'enfant alors que je dois gérer les choses comme si j'étais l'adulte ?

Mon père termine sa bière et jette le gobelet dans l'évier rempli de vaisselle sale. Il se rassied sur sa chaise et me fixe de ses yeux sombres.

— Je n'ai pas à me justifier auprès d'une gosse. Ce n'est pas toi qui commandes ici, compris ? C'est moi ! N'oublie pas ça !

— Mais je…

— Tais-toi ! rugit-il au-dessus de moi. C'est moi l'homme de la maison, c'est moi qui décide. Et si ça te déplaît, la porte est grande ouverte. J'ai dit qu'on déménageait et on va déménager. Compris, jeune fille ?

Mes narines se dilatent tel un taureau et ma vision se brouille à cause des larmes brûlantes que je m'efforce de retenir. Je ne le supporte pas. Mais pour l'instant, je n'ai pas le choix.

— Oui, monsieur, je réponds sèchement.

Nous mangeons le reste de notre repas en silence. Je n'ai même pas faim, mais quitter la table reviendrait à admettre que j'ai tort et je n'ai pas l'intention de le faire alors que je sais que j'ai raison.

Après le dîner, mon père part jouer au poker avec ses amis et je dépose une assiette de riz dans la chambre de ma mère, au cas où elle aurait faim.

Passer la serpillière et ranger la cuisine a toujours été la corvée de Katia, mais on dirait bien que c'est à moi de m'en charger si l'on veut que la pièce reste propre. Je peux m'occuper de tout sans l'aide de personne. Parce que, contrairement à mon père, je ne suis pas une grosse feignasse.

Je suis en train de faire couler de l'eau chaude dans un seau dans la baignoire quand j'entends frapper à la porte d'entrée.

Je découvre Deja, les bras chargés de sacs de provisions pleins à craquer.

— Livraison spéciale pour la famille Willet, dit-elle en souriant.

Mes yeux se remplissent une nouvelle fois de larmes.

— Meuf, commence pas à pleurer sinon je vais pleurer aussi, et j'ai pas envie de ruiner mon makeup.

Mais c'est plus fort que moi. Même si je me sens seule et impuissante, je sais qu'il y a au moins une personne qui sera toujours là pour moi.

Deja pose les sacs de courses et nous nous séchons mutuellement nos larmes tout en souriant.

— Mon père dit qu'on doit partir de Grady Park, maintenant que ma mère n'a plus de travail. Il veut qu'on emménage dans le putain de salon d'oncle Kolby.

Deja me serre dans ses bras.

— Excuse-moi, mais ton père peut aller se faire voir parce que personne ne me prendra ma meilleure amie. Jamais. Je te le promets.

J'ai envie de la croire, mais je sais que c'est un problème trop important pour qu'elle puisse le résoudre.

Deja ne reste qu'une demi-heure. Son nouveau petit ami a prévu de l'emmener au restaurant. J'aurais aimé qu'elle reste plus longtemps, mais elle a déjà fait bien plus que ce qu'une meilleure amie est supposée faire.

Je suis occupée à ranger les courses lorsque mon téléphone vibre dans ma poche arrière. C'est un nouveau MP. Il y en a deux. Je clique d'abord sur celui d'ArithMyTick.

ARITHMYTICK

Tu refroidis.

MOI

Quoi, comment ça ?? C'est qui ?

Puis j'ouvre le suivant. MurderSleuth nous a enfin envoyé un nouveau tuyau.

MURDERSLEUTH99

Déso, j'étais pris par le boulot.
T'as fini par trouver Parker ?

MOI

Ouais, on l'a trouvé. Et on a
appris que Jordan avait un enfant.
Mais personne ne sait où il est.

MURDERSLEUTH99

Il y a quelqu'un qui le sait peut-être.
Le bruit court que Katia et Jordan
n'étaient pas seuls dans la voiture
le soir du meurtre.

MOI

Quoi ? Il y avait quelqu'un
d'autre avec eux ? Qui ?

MURDERSLEUTH99

N'oublie pas que ce n'est qu'une rumeur.
Ce serait une gosse de seize ans qui
vit à Grady Park. Elle s'appelle Briana.
Briana Jefferson.

Je laisse tomber mon téléphone qui s'écrase sur le sol, laissant une longue fissure sur l'écran. Aucune Briana Jefferson n'habite dans la cité, seulement Breon Jefferson. Breon. Ma Breon ? Dans la voiture avec Katia et Jordan le soir de son assassinat ? Mon cœur se met à battre à tout rompre et je pose ma main dessus, en essayant de reprendre mon souffle. Je refuse d'y croire. Je n'arrive pas à y croire. Mais pourquoi quelqu'un lancerait-il une rumeur pareille s'il n'y avait pas au moins une part de vérité là-dedans ? Je ramasse mon portable et j'envoie un message à Sonnet.

CHAPITRE 21

— Ouah. « Breon » comme ta meilleure amie d'avant, Breon ? demande Sonnet.

— Ça doit être elle, dis-je en fermant l'application. Son nom de famille est Jefferson. Mais je lui ai pas parlé depuis les funérailles. Breon m'aurait dit si elle avait été dans la voiture.

— Pas si elle a eu peur ! T'as dit qu'elle avait essayé de te parler aux funérailles, non ?

— Ouais, mais Deja nous a interrompues. Je l'ai quand même vue plusieurs fois depuis. Elle me l'aurait dit.

Sonnet fait claquer sa langue.

— Ou alors, c'est peut-être elle qui cache Jordan.

Je me lève et me dirige vers la fenêtre ouverte. Mme Bluefall est assise dans le jardin sur une chaise longue orange, tenant un bâtonnet avec un cube de tofu au bout, au-dessus de leur brasero.

D'accord, Sonnet essaie d'aider avec ses théories, mais parfois elle ne sait pas de quoi elle parle. Elle ne connaît certainement pas Breon, sinon elle saurait qu'on ne plaisante pas avec les sujets de vie ou de mort. On s'est éloignées, mais Breon ne me déteste pas. Elle ne me cacherait jamais une info de ce genre, et elle ne protégerait jamais Jordan.

— Sonnet, on n'a pas le temps de courir après chaque rumeur, j'insiste. Breon me l'aurait dit si elle savait quelque chose.

— T'as raison, on peut pas suivre toutes les pistes. Mais on devrait au moins essayer de suivre celles qui semblent possibles.

— Faut que je te l'écrive sur le front ? J'ai dit non, je rétorque.

Sonnet tire sur ses boucles serrées et ses barrettes en forme de tortue bleu pervenche scintillent.

— Très bien, alors je décide de faire une exception pour celle-ci.

Je me retourne pour lui faire face.

— Tu quoi ?

— Je fais une exception pour cette piste. C'est ton enquête et tu es la patronne, mais je crois qu'on devrait s'assurer que Breon ne sait vraiment rien.

— T'as oublié pourquoi on mène cette enquête ? Pour ma sœur. Tu ne peux pas faire d'exception, je riposte.

Sonnet se lève et montre les deux points de suture qu'elle a sur le front.

— Tu vois ça ? Ça m'est arrivé parce que tu pensais avoir vu Jordan, et je t'ai suivie.

— Il lui ressemblait tellement de dos ! Qu'est-ce que j'étais censée faire, le laisser s'enfuir une fois de plus ?

— Si tu t'étais arrêtée une seconde pour réfléchir comme une vraie détective, on aurait pu le rattraper en voiture, affirme Sonnet. On aurait vu que c'était pas Jordan, et on n'aurait pas couru à travers les jardins des gens au milieu de la nuit.

— Attends, maintenant tu me reproches ce que ces flics racistes nous ont fait à toutes les deux ? J'ai été blessée, moi aussi, Sonnet !

— Je ne te le reproche pas, je dis juste que t'as pas toujours raison sur tout. Mais je t'ai quand même suivie. Je pense que je devrais avoir au moins le droit de prendre une décision, non ?

Je me sens encore coupable de nous avoir mises dans cette situation avec la police. On a eu de la chance que les choses ne dégénèrent pas. Aussi difficile que ce soit de l'admettre, Sonnet a raison.

Je me dirige vers le lit et prends mon téléphone.

— Tu fais quoi ? demande-t-elle.

— J'appelle Deja. Elle sait peut-être où on peut trouver Breon.

Sonnet me sourit et je lui rends son sourire.

— Hé, meuf, j'allais justement t'appeler, dit Deja en décrochant.

— Je dois parler à Breon de quelque chose d'important. Tu l'as vue aujourd'hui ? je lance.

— Non, et j'men tape.

— D, je suis sérieuse. Je dois lui poser des questions.

— Des questions comme quoi ? La quantité de sirop contre la toux à mélanger avec du Sprite ? Oublie-la et dis-moi ce que tu vas porter ce soir.

— Ce que je vais porter ce soir ? Pour quoi ? je demande, confuse.

— Jacques organise une soirée ! Ça va être un gros bordel. Ils installent déjà la cabine DJ dans la chambre de sa mère. Alors, qu'est-ce que tu vas porter ? répète Deja.

Alors que je suis sur le point de lui dire que je ne suis pas d'humeur à faire la fête, je me souviens que Breon, elle, en raffole. En particulier celles de Jacques, car il y a toujours un tas de drogues et de boissons gratuites.

— J'ai pas encore choisi de tenue, mais rejoins-moi chez moi dans une heure, OK ?

— Cool, à plus tard.

— Bon, dit Sonnet en se laissant tomber sur son lit, ça s'est bien passé.

Je la tire par le bras pour la relever.

— Si, ça s'est bien passé ? Les soirées de Jacques sont folles, et je pense qu'on y trouvera Breon si on y va.

Les yeux de Sonnet s'illuminent et elle tape dans ses mains comme une enfant.

— Oh, mon Dieu, ça fait une éternité que j'ai pas été à une fête ! Vite, aide-moi à choisir une tenue.

Elle se dirige vers son armoire en bois et en ouvre grand les portes. Il y a tellement de couleurs et de motifs, on dirait que les années 1970 et 1990 ont eu un enfant qui a vomi sur ses vêtements.

— OK, oublie ce qu'il y a dans ce placard, je lance.

— Quoi ? J'ai acheté ces joggings en crochet au dépôt-vente la semaine dernière. Ils sont trop mignons !

Je me mets à jouer avec le cordon de mon sweat à capuche.

— Euh, Sonnet, ce serait peut-être mieux que j'aille à la fête seule avec Deja. Les soirées de Jacques peuvent devenir un peu… intenses.

En vérité, j'aurais besoin de plus que quelques heures pour briefer Sonnet et la préparer à une fête à Grady Park sans s'attirer d'ennuis. C'est différent de traîner avec Parker et Cierra, tant de choses peuvent mal tourner si j'emmène Sonnet avec moi.

— Hors de question, fait-elle, c'était mon idée. Je viens. En plus, je suis une excellente intervieweuse.

— Que tu viennes ou pas, c'est *moi* qui m'occupe de parler à Breon, pas toi. Elle ne se livrera pas à une inconnue.

— Beau, c'est une fête dans une maison. Il y aura plein d'inconnus là-bas, non ?

Je me mords la lèvre. Il n'y a pas de façon politiquement correcte de lui dire qu'elle se fait trop remarquer. Même sans ses bracelets dorés et ses pantalons en velours rose vif, tout le monde saura en lui parlant en une poignée de secondes qu'elle n'est pas du coin. Mais je lui dois bien ça après notre arrestation, alors j'accepte de la laisser venir, à condition de choisir sa tenue et sa coiffure.

Quarante-cinq minutes plus tard, nous sommes dans ma chambre et je brosse les cheveux de Sonnet en un chignon haut.

— Laisse-moi prendre le gel et la brosse à dents, dis-je.

— Arf, je n'ai pas plaqué mes baby hair depuis que je suis… bébé. Tu sais quels produits chimiques y a là-dedans ?

— Comme si j'en avais quelque chose à faire.

Je plonge mon doigt dans le pot ouvert et applique quelques touches de gel marron sur le bord de ses cheveux.

— C'est comme ça qu'on se coiffe ici. Les baby hair, c'est un art à part entière.

Je sors les plus petites mèches de cheveux avec la brosse à dents et les lisse en demi-lunes. Quand j'arrive à ses pattes, j'ajoute plus de gel et les enroule autour de mes doigts jusqu'à ce qu'ils forment des boucles.

— Bien, va te regarder dans le miroir.

Sonnet se dirige vers la coiffeuse et commence à passer ses mains dans ses cheveux.

— Ne fais pas ça ! je m'exclame en tapant sur sa main. Tu vas tout gâcher.

— Oh, désolée. En fait, tu sais quoi ? J'aime bien… à part ce truc collant. Il doit bien exister un gel naturel vegan, nan ?

— Si t'en trouves un qui plaque correctement les cheveux 4C, fais-le-moi savoir. Maintenant que tes cheveux sont faits, revoyons les règles dont on a parlé.

Sonnet s'assoit sur le banc de la coiffeuse et s'éclaircit la gorge.

— Règle numéro un : ne pas initier de conversation, et si quelqu'un demande, je suis une élève de dernière année transférée à Julian High School. Règle numéro deux : ne pas consommer de drogue. (Elle s'arrête.) Ça n'inclut pas l'herbe, si ?

Je la fixe.

— Si, ça l'inclut. Je ne vais pas encore te ramener chez toi complètement défoncée comme la dernière fois.

— Arf, d'accord. Mais si je suis défoncée juste à cause de la fumée que je respire, ça ne compte pas.

Je hausse les épaules.

— Passons à la suite. Quelle est la règle numéro trois ?

Elle lève les yeux au plafond.

— Règle numéro trois : interdiction de danser. Dans quel genre de fête on ne peut pas danser ?

— Oh, les gens danseront là-bas, dis-je en mettant une paire de boucles d'oreilles dorées de Katia. Mais pas toi. Les mouvements peuvent vite devenir un peu suggestifs, et vu que tu peux à peine applaudir en rythme…

— Hé ! C'est pas parce que j'ai aucun sens du rythme que je peux pas danser, réplique-t-elle.

— Tu te rends compte qu'on ne va pas à cette fête pour s'amuser, pas vrai ? On y va juste pour que je puisse parler à Breon. On reste concentrées ce soir, OK ?

Sonnet fait la moue mais acquiesce.

Nous nous regardons une dernière fois dans le miroir en pied à l'arrière de la porte. Je laisse Sonnet emprunter les Air Force blanches de Katia ainsi que mon short cycliste blanc et mon sweat court. C'est étrange de la voir dans quelque chose d'aussi sobre, mais elle ressemble enfin à l'une des nôtres. Une vraie fille de Grady Park.

Je porte mes Converse noires, un legging taille haute noir et une brassière de sport noire avec l'inscription « FILA » sur le devant. Bien sûr, mes baby hair sont impeccables. C'est la première fois que je me fais belle depuis la mort de Katia. Je n'étais pas vraiment d'humeur à faire la fête, mais maintenant que le soleil s'est couché et que j'ai enfilé cette tenue stylée, je suis un peu excitée. Une chose est sûre, à Grady Park, on sait comment faire la fête. Ça m'avait manqué.

Nous mettons de longues vestes à capuche, juste au cas où ma mère sortirait de sa chambre et nous verrait, mais comme d'habitude, sa porte est fermée.

Deja nous attend au bout de l'allée, vêtue d'un jean bleu déchiré moulant, de talons aiguilles transparents et d'un body en dentelle émeraude. Elle a même sorti sa perruque verte de plus d'un demi-mètre pour compléter son look. Quand il est l'heure de faire la fête, ma meilleure amie ne plaisante pas.

— Waouh ! Deja, t'es magnifique ! je m'extasie.

— Merci. C'est qui ?

Elle se tourne vers Sonnet qui sourit bêtement.

— C'est Sonnet, ma copine du lycée dont je t'ai parlé.

Inutile de mentir à Deja. Elle sait que je n'ai que deux amies, même si elles ne se sont jamais rencontrées avant ce soir.

Deja rit et rejette ses longs cheveux derrière son épaule.

— Attends, c'est Sonnet ? Celle qui vit dans la cabane des petits gnomes dans les bois ?

C'est parti. À peine une minute et Deja lance des piques. Mais Sonnet n'est pas mesquine comme elle. Elle ne bronche pas et se contente de sourire.

— C'est pas une cabane dans les arbres, c'est un chalet en bois, répond celle-ci.

Deja me regarde avec un visage incrédule, et je lui fais signe de se comporter correctement, pour une fois. Elle ne supporte pas que j'aie des amies en dehors d'elle, mais il va falloir qu'elle s'y fasse.

— Ah, d'accord. Alors, Couplet…

— C'est Sonnet, je lui rappelle.

— Ouais, ouais, OK. Qu'est-ce que tu viens faire dans une soirée de cité ?

— Je l'ai invitée, je réponds. Deja, on peut y aller, maintenant ?

J'entends déjà la drill résonner à travers la cour où traînent quelques groupes de jeunes, fumant des joints et riant tout en se dirigeant vers la soirée.

Deja fait claquer sa langue.

— Bon, d'accord, mais je tiens la main de personne ce soir. Je suis venue pour m'amuser.

— Très bien, allons-y, dis-je.

Quelques garçons essaient de nous attraper la main en chemin, mais nous les ignorons. Nous avons une mission.

— Hé, les miss, vous êtes trop belles ce soir, lance Jacques en nous voyant arriver chez lui.

Il porte une casquette des Hornets et tient une boîte de café dans sa main. Il la lève et y glisse six dollars pour payer notre entrée.

À l'intérieur, l'appartement est faiblement éclairé par une seule ampoule rouge qui pend du plafond. Ça sent la sueur, l'herbe et un peu de tout, mais j'y suis habituée. Je prends la main de Deja alors qu'elle nous guide, Sonnet et moi, à travers la foule jusqu'à un canapé recouvert de plastique.

— Je vais chercher du jungle juice, annonce-t-elle en se faufilant à nouveau dans la masse de gens qui dansent et transpirent.

J'entends les premières notes de « Back That Ass Up » de Juvenile, et je remercie l'univers d'être enfin de mon côté. C'est notre chance de trouver Breon.

Entraînant Sonnet derrière moi, je scrute le centre du salon et aperçois la foule s'écarter pour former un cercle autour de Deja. Elle fait remuer ses fesses dans un grand écart, tandis que tout le monde l'encourage et qu'un type commence à lui jeter des billets. C'est sa chanson, ce qui me garantit au moins cinq minutes de répit avant qu'elle vienne me chercher.

Nous avançons vers le fond de l'appartement, où la file d'attente pour les toilettes s'enroule en cercle.

— Hé, meuf, tu vois pas qu'on fait la queue ?! crie une fille derrière nous.

— Ferme-la avant que je te fasse taire, connasse, je réponds, prête à lui montrer de quoi je suis capable.

D'ordinaire, je ne parle pas comme ça, mais c'est la règle à Grady Park. Les gens cherchent la bagarre pour s'amuser. Il faut savoir se défendre si tu veux qu'ils te laissent tranquille.

— Euh, Beau, qu'est-ce qui se passe ? chuchote Sonnet à mon oreille, enfonçant ses ongles dans ma main.

La fille s'avance. Elle doit bien faire vingt kilos de plus que moi, mais plus elles sont grandes, plus elles tombent avec fracas. Je pousse Sonnet derrière moi et m'approche d'elle.

— Yo, Beau !

Soudain, Breon s'interpose entre la fille et moi.

— Hé, Yolanda, c'est ma pote, Beau et… sa copine. Elles sont cool, OK ?

Yolanda me fusille du regard, mais secoue la tête.

— Ouais, c'est bon. Comment ça va, meuf ?

Elles s'embrassent deux fois sur la joue.

— Ça va, ça va. Écoute, on se parle plus tard, OK ?

— D'accord, à plus, répond la fille en me lançant un dernier regard noir.

Breon prend ma main et nous emmène dans une des chambres à l'arrière de l'appartement.

Une fois à l'intérieur, elle allume la lumière, ferme la porte et la verrouille. Ça doit être la chambre de Jacques, car ça sent le mec à plein nez ici. Pauvre mec, il dort encore dans des draps Batman délavés à trente ans.

— Merci, cette fille me chauffait trop, je lance.

— Tu sais comment elles sont, répond Breon. C'est pas un vendredi soir si elles se prennent pas la tête avec quelqu'un.

— C'est pas faux. En fait, je te cherchais. Je voulais te poser une question.

Breon s'assied sur le lit de Jacques, mais manque de tomber. Elle a pris quelque chose. Ce qui pourrait jouer en notre faveur.

— Qu'est-ce que tu veux savoir ?

Comme elle n'est pas très lucide, je vais droit au but.

— Breon, tu te souviens de la nuit où Katia a été tuée. Tu étais dans la voiture avec elle et Jordan, ce jour-là ? Parce qu'il y a une rumeur selon laquelle t'as vu ce qui s'est passé.

Elle cligne des yeux plusieurs fois, et la sobriété refait surface derrière toute cette lean.

— Qui t'a dit ça ? demande-t-elle, soudain sérieuse.

— C'est vrai ? T'étais là ?

— Non ! Bordel, non ! crie Breon.

Sonnet s'avance.

— T'es sûre ? Parce que si t'étais là, tu devrais nous le dire maintenant avant qu'on appelle la police. Quitter la scène d'un crime, c'est puni par la loi.

Breon se tourne vers Sonnet, le regard empli de haine.

— C'est qui cette pétasse ? me demande-t-elle.

— Juste une amie. Sonnet, pourquoi t'irais pas rejoindre Deja ? *Maintenant.*

J'ouvre la porte et la pousse hors de la pièce avant qu'elle ne dise autre chose. Je n'en reviens pas qu'elle soit aussi stupide. Et je n'en reviens pas d'avoir accepté de l'amener ici. Menacer Breon n'a jamais fait partie du plan.

Breon se tient à présent debout, me regardant avec méfiance, tanguant de gauche à droite.

— C'est ça que t'as trouvé pour me remplacer ? Une meuf de lycée privé ? me crache-t-elle.

— Millennium Magnet est un lycée public, Breon. Et je n'ai jamais essayé de te remplacer.

D'autant plus que Deja ne m'aurait jamais laissée faire, même si je l'avais voulu. Elle s'embrouille avec tellement de filles qu'on devrait probablement aller jusqu'en Égypte pour en trouver une avec qui elle ne s'est pas encore battue.

— Alors, pourquoi t'as amené cette meuf qui m'accuse de trucs que j'ai pas faits ?! demande Breon.

— Je suis désolée, OK ? Elle a déconné. Mais oublie-la, il s'agit de nous. Je sais que les choses n'ont pas été super entre nous ces dernières années, mais tu restes mon amie.

Les muscles tendus de son visage se relâchent.

— Pff. C'est ce que tu dis. Mais j'étais pas là cette nuit-là ! Quelqu'un essaie de me faire porter le chapeau !

— Tu les as vus, ce jour-là, elle ou Jordan ? Ils t'ont déposée quelque part ? je demande.

— Sur la tête de ma mère, je te jure que je les ai pas vus ce jour-là ou cette nuit-là, Beau.

Je la crois. Ses mains pendent mollement le long de son corps. Quand nous étions plus jeunes, je savais toujours quand elle mentait, parce qu'elle fourrait ses mains dans ses poches.

— Breon, je suis désolée, je voulais juste…

— Hé ! Qu'est-ce que vous foutez ici ?

Jacques fait irruption dans la pièce avec un joint entre les lèvres et un gobelet rouge qui déborde de liquide violet sur son tapis.

— Rien, désolée, on s'en va, dis-je en me levant et en me dirigeant vers la porte. Je me retourne pour que Breon me suive, mais son regard est fixé sur le gobelet de Jacques.

— Je te vois plus tard, OK ? fait-elle en me congédiant.

— Ouais, OK.

Dans le salon, l'ambiance est électrique. Une chanson de Megan Thee Stallion résonne à fond et des filles se déchaînent sur le sol, twerkant comme si leur vie en dépendait. L'ancienne moi serait déjà sur cette piste, dansant contre un mec, mais ce n'est pas le moment.

Je scrute la pièce à la recherche de Sonnet, mais à travers la fumée de joints et de cigarettes, je ne vois rien d'autre que des fesses qui se trémoussent, des tresses et des créoles dorées.

— Pardon, pardon, s'il vous plaît.

J'essaie de me faufiler parmi la foule, mais je suis rejetée vers le couloir d'où je suis venue.

Je monte sur une chaise en plastique pour voir d'en haut. Toujours pas de Sonnet en vue. Mais dans la cuisine, adossée à l'évier, se trouve Deja. Je la reconnais uniquement grâce à ses cheveux verts.

Elle parle à un type, qui n'est clairement pas son genre, mais il est collé à elle, lui disant quelque chose.

Deja tente de le repousser, mais il lui attrape les poignets. Personne autour d'elle ne semble s'en apercevoir, ou bien ils s'en moquent royalement. Mais personne ne touche à ma meilleure amie, point final.

Je saute de la chaise et commence à jouer des coudes pour la rejoindre. Je me fous de déclencher une bagarre, je dois aider mon amie.

Quand j'arrive dans la cuisine, le type est parti et Deja a l'air secouée. Avant que je ne puisse dire quoi que ce soit, elle m'attrape la main et m'entraîne vers la porte d'entrée.

— Attends ! On doit récupérer Sonnet ! je crie par-dessus la musique.

Nous sommes debout au milieu du salon, bousculées de tous côtés, quand je la repère. Elle est dans un coin avec un type, agitant les bras en cercle au-dessus de sa tête et twerkant maladroitement.

— Attends, dis-je à Deja.

J'attrape la main de Sonnet, puis celle de Deja, et nous formons une chaîne jusqu'à nous retrouver enfin dehors dans la fraîcheur de la nuit.

— Hé, qu'est-ce qui s'est passé ? demande Sonnet alors que nous nous dirigeons vers l'arrêt de bus.

Deja me lance un regard et je hoche la tête.

— Rien, on part toujours tôt au cas où les flics débarqueraient.

Sonnet fait la moue.

— OK, mais la prochaine fois qu'il y a une fête, tu dois me laisser venir ! Le type avec qui je dansais est en dernière année à Fenger et joue dans l'équipe de baseball !

— C'est super, je réponds platement.

Il faut absolument que je parle à Deja, mais je ne peux pas le faire devant Sonnet, car si elle apprenait qu'on l'a menacée, elle aurait sûrement trop peur pour continuer à m'aider à chercher Jordan.

— Alors… qu'est-ce que ta pote a dit après mon départ ? interroge Sonnet.

Et je ne peux pas non plus parler de ce que Breon a dit devant Deja, sinon elle saura que je continue à chercher Jordan. Tout est trop compliqué.

— Rien d'important, je te dirai plus tard, je réponds.

Nous attendons toutes les trois le bus, essayant d'ignorer les types qui nous sifflent en passant. Une fois que Sonnet est en sécurité dans le bus qui la ramène chez elle, je me tourne vers Deja.

— Qu'est-ce qui s'est passé ? C'était qui, ce type ?

— Juste un ex, répond-elle.

— C'est ça. Je connais tous tes ex, alors dis-moi la vérité.

Elle hausse les épaules.

— OK. C'était un OT.

— Un Onyx Tiger ? Qu'est-ce qu'il te veut ?

— Il m'a prévenue. Parce que *tu* continues à fourrer ton nez dans leurs affaires avec Jordan. Je lui ai dit que t'y étais pour rien, parce que tu m'as promis que tu arrêterais. C'est là qu'il m'a attrapée.

C'est à mon tour de détourner le regard et de jouer avec mes doigts.

— Pourquoi ils ne sont pas venus me menacer, moi ?

— Parce que tout le monde sait que t'es fragile ou je sais pas quoi. Tu ne traînes pas dans la rue comme moi. Je suis ta pote, donc c'est à moi qu'ils demandent des comptes.

— Qu'est-ce qu'ils vont faire ?

— Nan, la vraie question, c'est ce que toi, tu ne vas *plus* faire. Tu comprends pas que tu te mets pas seulement en danger avec tes questions ? Si j'avais pas géré ce soir, ça aurait pu dégénérer. J'aurais pu me faire descendre !

— Mais j'ai parlé de Jordan à personne de Grady Park !

Enfin, pas directement, du moins.

— Les rues ont des yeux et des oreilles partout. Je sais pas ce que tu fais dehors, mais qu'importe ce que c'est, arrête. Je rigole pas.

Elle se lève et traverse la rue pour rejoindre son immeuble.

Je m'assois sur le banc, seule et effrayée. Je ne peux pas perdre Deja. Mais je ne peux pas non plus abandonner Katia.

CHAPITRE 22

JE SUIS TOUJOURS INQUIÈTE POUR DEJA au moment de retourner au lycée après le week-end. Elle ne cesse de me répéter qu'elle va bien et qu'elle maîtrise la situation. Mais elle ignore ce que Sonnet et moi avons fait. Si quelque chose devait arriver à Deja, je ne me le pardonnerais jamais. Mais si je me résigne et que je laisse les gens penser que toutes ces choses horribles à propos de Katia sont vraies, je ne pourrai plus me regarder en face.

J'espérais trouver Sonnet devant mon casier, mais c'est Champion qui m'attend.

Je lui lance un sourire et m'aperçois qu'il ne me le rend pas. Puis je me souviens que nous nous étions donné rendez-vous vendredi soir. Un rendez-vous que j'ai complètement oublié. Je ne lui ai même pas envoyé de texto pour le prévenir de mon absence.

— Je suis vraiment désolée de ne pas avoir pu sortir. J'ai dû rester à la maison pour régler des problèmes avec ma famille…, dis-je en prenant un air navré et en fixant mes pieds.

— Quoi comme problèmes ? interroge-t-il en croisant les bras.

— Euh… on était en train de faire le tri dans les affaires de Katia pour savoir ce qu'on allait garder et ce qu'on allait donner. Ma mère s'est effondrée en voyant tout ça et… Disons que la nuit a été vraiment difficile.

Effectivement, la nuit a été très difficile. Jusqu'à cette nuit-là, je pensais que notre plus gros problème était de retrouver Jordan. Mais à présent, j'avais mis la vie de personnes en danger. Autant dire que partager un foutu scone avec Champion était le cadet de mes soucis.

— C'est vraiment ce qui s'est passé ? demande-t-il dans un haussement de sourcils.

— Oui, je mens.

Tant que je m'en tiens à cette version, tout ira bien.

— Vraiment ? Parce que j'ai entendu dire que t'étais allée à une fête avec Sonnet vendredi soir. À Grady Park.

Merde, merde, merde, merde !

— Qui t'a dit ça ?

— C'est vrai ?

— Champion, y a plein de trucs que tu peux pas comprendre à propos de…

— C'est vrai ? demande-t-il à nouveau en plissant les yeux.

Les gens dans le couloir se tournent pour nous regarder. Super, il ne manquait plus qu'un public pour notre dispute.

— D'accord, c'est vrai, OK ? Mais c'est pas ce que tu crois. On était pas là pour s'amuser.

— Peu importe ce que vous faisiez, c'était clairement plus important pour toi que je le suis, répond-il en détournant le regard.

— Non ! Non, pas du tout, c'est juste que… Champion, je préfère mille fois traîner avec toi plutôt que d'aller à une fête, crois-moi. C'est juste que je devais retrouver un vieil ami et…

Je m'efforce de trouver un mensonge suffisamment crédible pour le convaincre. Je ne veux pas le perdre. Je refuse de le perdre.

— Ça m'est égal, Beau, m'interrompt-il.

Il me fixe avec ces mêmes yeux de miel, mais à présent, je ne ressens plus de papillons, seulement sa douleur.

— Je n'ai pas voulu te poser de lapin ! Si seulement tu voulais bien m'écouter…

Il rit.

— Pourquoi je devrais le faire ? Tu m'as menti au sujet de cette fête ! Comment savoir si tu ne mens pas encore ?

— Mon Dieu, c'est trop dur d'accepter qu'il y a des choses dans ma vie dont je ne peux pas te parler ?

Certes, je lui ai menti, mais j'ai tellement de choses à gérer en ce moment. Je suis sans doute stupide d'avoir cru qu'il comprendrait. Comment le pourrait-il ? Sa famille a tout et la mienne n'a rien. J'ai beau prétendre le contraire, nous sommes différents.

— Beau, je pense que je mérite au moins une explication. C'est pas la première fois que tu me poses un lapin. Si c'est comme ça que tu comptes te comporter avec moi, alors je sais pas. Peut-être qu'il vaut mieux laisser tomber.

Je peux presque entendre mon cœur se briser. Il s'est lassé de moi. Ce que j'essayais d'éviter depuis le début a fini par arriver.

— Tu veux dire que tu veux plus qu'on se voie ? je demande.

J'essaie de prendre un ton ferme, mais ma voix est faible et aiguë.

— Pas si tu continues à me mentir. On dirait que tu cherches à m'éviter.

— C'est faux !

— En tout cas, c'est l'impression que tu donnes. Tu me caches quelque chose. Pourquoi tu ne veux pas m'en parler ?

— Je ne peux pas te le dire parce que j'essaie de te protéger. C'est la vérité, je t'assure.

Pourvu que ma réponse lui suffise. Il le faut.

Mais il secoue lentement la tête et je comprends que ce n'est pas le cas.

— Alors j'imagine qu'il ne me reste plus qu'à prendre mes distances. Donc, euh… à la prochaine, dit-il avant de tourner les talons.

— Attends, c'est tout ? Tu t'en vas comme ça ? je l'interpelle.

Il se retourne alors.

— Oui, Beau. Je m'en vais comme ça.

Je suis soudain prise de panique. Champion est la seule bonne chose qui me soit arrivée depuis la mort de Katia. Je ne peux pas le perdre lui aussi. Pas maintenant.

— J'arrive pas à croire que tu me fasses ça ! Pourquoi, pour que tu puisses sortir avec d'autres filles ?

— Si c'est le cas, c'est mes affaires à présent, pas les tiennes.

Sans attendre de réponse, il disparaît dans le couloir et sort de ma vie.

J'en ai assez des excuses de Deja. Même si elle n'a pas répondu à mes vingt textos ce week-end, je me pointe devant chez elle après les cours, prête à forcer la porte d'entrée. J'ai besoin de soutien, le genre de soutien que l'on ne trouve qu'auprès d'une amie qui a déjà été trahie par un homme.

— Meuf, qu'est-ce que tu fous à cogner à ma porte comme un flic ?! demande Deja en ouvrant sa porte.

— Meuf, tu croiras jamais ce qui s'est passé aujourd'hui. Champion m'a larguée ! Il m'a larguée, bordel, dis-je, les larmes que j'ai retenues toute la journée commençant à couler sur mes joues.

— Sérieux ? Oh, mon Dieu, je suis désolée, vas-y, entre !

Nous nous installons sur son canapé et je lui raconte toute l'histoire, en omettant la partie où je l'ai laissé en plan pour partir à la recherche de Jordan.

— Il avait pas le droit de te parler comme ça, décrète Deja. Tu veux que j'appelle mes potes ? Parce qu'ils lui botteront le cul s'il le faut.

Je gémis et m'enfonce dans le canapé.

— Non, je veux pas lui faire de mal. J'aimerais juste qu'il soit différent. T'as quelque chose à boire ?

— Ouais, attends, laisse-moi voir.

Deja se lève pour se rendre à la cuisine. Pendant son absence, je remarque enfin le salon autour de moi. Il est sens dessus dessous. La table basse est couverte de boîtes de pizza, des mégots de Black & Mild s'entassent dans les cendriers et le sol est jonché d'emballages de bonbons et de sachets de chips. L'appartement de Deja a toujours été un peu sale, mais là, c'est pire que d'habitude.

— T'as organisé une fête ici ou quoi ? je demande lorsqu'elle revient avec une canette de soda.

— Nan, j'ai juste été pas mal occupée. Je nettoierai plus tard dans la journée. Enfin bref, faut qu'on arrive à te mettre en contact avec Jamar. Je t'ai dit qu'il avait posé des questions sur toi y a quelque temps.

Parfois, je suis incapable de savoir si Deja plaisante ou si elle ne me comprend tout simplement plus.

— Je ne veux pas de Jamar, je veux Champion. C'est pour ça que je suis venue te voir. Je me suis dit que tu saurais comment m'aider à le récupérer.

Deja soupire et rejette ses longs cheveux blancs sur son épaule.

— Je comprends pas pourquoi tu veux le récupérer après la scène qu'il t'a faite. Fais confiance à un nigga quand il te montre qui il est vraiment !

— Mais c'était ma faute, enfin, en quelque sorte. J'arrêtais pas d'oublier nos rendez-vous. Et je lui ai menti.

Deja chasse cette pensée d'un revers de la main.

— Oh, steuplé, t'y es pour rien. De toute façon, il aurait fini par trouver une raison de te larguer. Les Noirs dans son genre finissent toujours avec des Blanches. Alors, à moins que t'aies prévu de devenir Ariana Grande, ça n'aurait jamais marché.

J'ai envie de lui répliquer qu'elle raconte des conneries, mais peut-être a-t-elle raison. Deja a bien plus d'expérience que moi en matière de relations amoureuses. Mais Champion ne s'est jamais comporté comme un de ces Noirs dont elle parle. Ceux qui se moquent de nous parce que l'on porte des tissages ou que notre peau est trop foncée, comme si leur mère à eux ne nous ressemblait pas.

— Champion n'est pas comme ça. Et sa famille non plus. Ils sont tout à fait normaux et ils se fichent pas mal que je vienne d'une cité.

— Ouais, parce qu'ils se sont probablement dit que tu resterais pas longtemps dans les parages. Je t'ai dit que ça finirait par arriver le jour où on l'a vu au magasin de beauté.

— Si tu savais que c'était perdu d'avance, alors pourquoi tu m'as dit de lui parler ? T'as l'air de t'en réjouir !

Soudain, une voix s'élève du fond de l'appartement.

— Arrêtez de gueuler ! Merde !

Je baisse la voix.

— Désolée, je savais pas que ta mère était là.

— Merde, moi non plus. En tout cas, j'aime pas voir ma meilleure amie souffrir, si c'est ce que t'essaies de dire.

— C'est pas l'impression que tu donnes, dis-je en croisant les bras.

— Babe, arrête. T'es ma best friend, ça changera jamais. Je veux juste te voir avec un gars à ton niveau, c'est tout.

— Et tu penses que ça pourrait être Jamar du bâtiment A avec les deux meufs qu'il a mis en cloque ?

Deja s'apprête à répondre, mais quelqu'un frappe à la porte d'entrée. Lorsqu'elle l'ouvre, je découvre avec surprise Breon sur le seuil.

— Qu'est-ce que tu veux ? demande Deja avec colère.

— Comment ça ? Je… Oh ! Salut, Beau.

Breon me fait signe par-dessus l'épaule de Deja.

— Je voulais juste savoir si je pouvais t'emprunter de la… moutarde. On en a plus.

— Nous non plus. Salut.

Deja lui claque la porte au nez si fort que j'en suis choquée.

— Sérieux, D, c'était vraiment nécessaire ?

Cependant, je suis surtout étonnée que Breon ait eu le courage de se pointer ici après ce qui s'est passé avec le collier.

— On s'en fout, c'est juste Breon. Bref, tu veux que je t'arrange un coup avec Jamar ou pas ?

— Non. Bon, est-ce que les OT t'ont dit autre chose depuis vendredi soir ?

— Non. Je m'occupe de mes oignons et eux des leurs. Pourquoi ? Ils sont venus te dire quelque chose ?

— Non. Mais ça foutait les boules. Il s'est pointé devant toi comme s'il comptait te faire quelque chose.

— Je sais, mais il a rien fait. Je vais bien, tu vas bien, tout va bien maintenant. On doit juste faire profil bas pendant un petit moment.

— Mais je…

— Beau, t'inquiète pas pour moi. Je peux m'occuper de moi. Et veiller sur toi. Je le fais depuis qu'on est gosses. C'est pas nouveau.

Je suis venue chez Deja parce que je me suis toujours sentie en sécurité auprès d'elle. Elle a toujours su quoi faire et elle sait gérer n'importe quelle situation, comme la fois où j'ai essayé de défriser mes cheveux après les avoir décolorés et qu'ils se sont mis à tomber par poignées. Deja a sorti ses ciseaux et m'a fait une coupe pixie absolument adorable.

Mais même elle ne peut rien contre le fait que Champion m'a larguée et que les Onyx Tigers nous ont ajoutées sur leur liste des personnes à abattre.

Parce que tout est ma faute.

CHAPITRE 23

Ça fait une semaine que Champion m'a larguée, et ça ne me semble toujours pas réel. Même lorsque nous nous croisons dans les couloirs et qu'il fait tout pour éviter mon regard.

Je ne lui ai pas parlé depuis notre rupture. C'est stupide, mais j'attendais qu'il se ressaisisse, qu'il change d'avis et qu'il revienne vers moi. Mon autre solution serait de lui demander de me reprendre, mais hors de question de faire ça. Je ne lui donnerai pas la possibilité de me rembarrer deux fois de suite.

Ce samedi matin, je suis allongée dans le lit de Katia et fais défiler Instagram pour essayer de penser à autre chose qu'à ma vie. Je clique sur « j'aime » pour une vidéo de Deja en train de twerker sur un son de Drake, je tombe sur une photo de Madison avec ses parents dans un musée. Rien de bien transcendant.

Une personne m'intrigue, cependant. Je tape le nom de Bexley dans la barre de recherche d'Instagram et clique sur son profil. Il y a principalement des photos de son travail et de son chien, mais sa dernière publication attire mon attention. Il s'agit d'une photo d'une table en bois jaune avec une petite lanterne posée au milieu ainsi que son ordinateur portable, son carnet de croquis et ses crayons, soigneusement disposés tout autour. Dans le coin de la table, on a gravé les initiales R et J.

Elle est au Elena's Coffee House, dans la rue Michigan ! Cela fait longtemps que Katia m'y a emmenée, mais je reconnais la table et les initiales qui y sont gravées.

Je vérifie l'heure, la photo a été postée il y a dix minutes. Il y a donc de fortes chances que Bexley soit toujours là.

Je me débarrasse de la couette et me dépêche d'enfiler le pantalon de survêtement et le tee-shirt que j'ai jetés par terre la nuit dernière. Je ne peux rien faire contre les menaces des Onyx Tigers envers Deja ou contre le fait que Champion me déteste, mais il n'est peut-être pas trop tard pour régler ce problème de fresque. Si je peux expliquer à Bexley ce qui s'est passé et comment cette hypocrite de Madison m'a piégée, je sais qu'elle comprendra. Elle pourrait même demander au proviseur Marcos de me laisser réintégrer le cours d'arts plastiques !

Je me brosse les dents et range mes mèches en crochet emmêlées dans une casquette des Bulls. Pas le temps de me faire belle.

Je glisse mon carnet de croquis dans mon sac à dos et sors de ma chambre sur la pointe des pieds. J'attrape les clés de voiture de ma mère sur la table de la cuisine et me sauve.

Il ne me faut que dix minutes pour me rendre au café Elena, mais je dois ensuite faire le tour du pâté de maisons pendant encore cinq minutes avant que quelqu'un ne parte et que je puisse trouver un endroit où me garer. Je coupe le moteur et retire la clé du contact. Maintenant que je suis là, j'ai l'impression que c'est une très mauvaise idée. On parle d'une artiste qui est venue s'installer dans un café pour pouvoir travailler au calme. Elle ne voudra pas être dérangée par une lycéenne sortie de nulle part.

Je remets la clé dans le contact.

Pourtant, si Bexley tenait tant que ça à sa vie privée, elle n'aurait probablement pas indiqué l'endroit où elle se trouvait.

C'est peut-être une idée stupide, mais elle est là et je suis là. Si je veux qu'elle m'aide à reprendre la fresque, c'est maintenant ou jamais.

Lorsque j'entre dans le café à la lumière tamisée, ce n'est pas aussi bondé qu'il n'y paraît de l'extérieur. La salle est aménagée de canapés en velours bleu marine, de fauteuils anciens et d'un long bar pourvu de tabourets rembourrés jaunes.

Il y a surtout des étudiants, occupés à travailler en groupe sur leur ordinateur portable ou à réviser à côté de gigantesques piles de livres. Je scrute la foule et j'aperçois les longues tresses vertes, violettes et bleues fluo de Bexley. Elle se trouve dans un coin de la pièce, installée sur un canapé à côté d'une grande plante verte.

— C'est parti, je me murmure.

Le pire qui puisse arriver, c'est qu'elle m'ignore. Je n'aurais plus qu'à rentrer chez moi et à pleurer pour le reste de ma vie. Ce semblant de plan me rassure un peu.

— Excusez-moi, dis-je en arrivant devant Bexley, je suis désolée de vous déranger, mais je m'appelle Beau Willet et je suis une artiste, ou du moins j'aimerais l'être un jour, comme vous, et j'étais dans le cours d'arts plastiques à Millennium, celui où vous aidez à reprendre la fresque murale, et j'étais censée y participer, mais…

— Holà, doucement ! coupe Bexley en riant. Tout ce que j'ai compris c'est la fresque, Millennium et… votre nom ?

— Désolée, je suis un peu stressée. Je suis des cours d'arts plastiques à Millennium Magnet. Je m'appelle Beau.

Elle me fait signe de m'asseoir à côté d'elle sur le canapé et je manque de sauter par-dessus la table.

— Appelez-moi Bexley. Vous suivez des cours d'arts plastiques à Millennium ? Pourquoi ne nous sommes-nous jamais rencontrées ?

— C'est ça, mais je suis dans un autre cours que celui qui peint la fresque.

Je laisse tomber mon plan de récupérer la fresque. Je ne veux pas que Bexley pense que je suis une emmerdeuse. Et elle a l'air bien trop cool pour mériter de se retrouver au milieu de mes dramas avec Madison.

— C'est affreux, ce qui est arrivé à la fresque originale. Au fil des ans, j'ai vu plusieurs des miennes être dégradées, dit-elle tristement.

— Vraiment ? Par qui ?

Tout est bon pour éloigner la discussion de la fresque de Millennium Magnet. Elle me prendrait pour une abrutie finie si elle savait que c'est moi qui l'ai saccagée.

— Des bigots, des racistes, des fascistes, ce genre de personnes. Ça ne m'a jamais empêchée de peindre, mais en tant qu'artistes, nous investissons tellement de temps et d'énergie dans chacune de nos œuvres. En voir une détruite en quelques secondes, ça fait vraiment mal. Surtout si la fresque représente quelque chose d'important pour nous.

Pfff. Madison ne souffre pas de ce que j'ai fait. Cette fille se fichait royalement de savoir qui on mettait sur ce mur, du moment qu'elle pouvait dire que c'était son idée.

— Il y a des gens qui n'ont aucun scrupule, je lance, une bouffée de chaleur envahissant mon visage. Comment êtes-vous devenue une artiste professionnelle ? Comment avez-vous réussi à être payée pour peindre des fresques, faire des expositions et tout ça ?

— Chacun a un parcours différent, je ne veux pas que vous pensiez qu'il n'y a qu'une seule façon de faire. Mais pour moi, tout a commencé avec ma sœur, Pam.

— Elle aussi est artiste ?

— Elle utilise un support différent. Quand on était plus jeunes, on avait tendance à s'ennuyer pendant l'été et, un jour, Pam a décidé d'écrire un livre dont on pourrait faire des copies et qu'on pourrait essayer de vendre aux gens du quartier. Elle a écrit l'histoire d'une petite fille qui part à la recherche d'un papillon. Et j'ai fait les illustrations. Au final, personne n'a acheté le livre à part nos parents. Mais j'étais tellement fière de mon travail que je n'ai plus jamais cessé de dessiner après ça. Après le lycée, j'ai fait une école d'art, mais j'ai décroché au bout d'un an.

Waouh. Bexley O a abandonné ses études ? Cela m'étonne, elle qui a l'air d'avoir une vie tellement rangée et parfaite. Elle ne semble pas du genre à laisser tomber quoi que ce soit.

— Pourquoi avez-vous lâché vos études ? Je suis terrifiée à l'idée de ne pas être prise dans une école d'art.

— C'est une longue histoire, que je vous conterai une autre fois peut-être. Disons que j'ai été confrontée à des camarades de classe racistes et que je n'ai pas apprécié la façon dont l'université a géré la situation.

— Que s'est-il passé ensuite ?

— J'ai trouvé un job dans un café et j'ai réalisé des œuvres à côté. L'une de mes fresques est devenue virale et c'est à ce moment-là que j'ai commencé à être sollicitée par des clients. Deux ans plus tard, voilà où j'en suis.

— Waouh. C'est incroyable. Alors, vous pensez que je n'ai pas besoin d'aller à l'université pour devenir artiste ?

— Vous devez trouver la voie qui vous convient le mieux. Ce n'est pas parce que l'université n'était pas pour moi que les choses doivent se passer ainsi pour vous. Et, comme Pam me répète toujours, il y a des portes qui ne s'ouvrent qu'avec les bons diplômes.

Elle remarque mon sac à dos et pointe du doigt mon carnet de croquis qui en dépasse.

— C'est à vous ? Je peux y jeter un coup d'œil ?

— Euh… oui, bien sûr ! C'est juste quelques dessins que je fais quand j'ai le temps. Ils sont loin d'être aboutis.

Je regarde en silence Bexley feuilleter mon carnet. Il y a des croquis de ma mère et de mon père, du stand de ribs au bout de la rue où je vis, de Deja avec une sucette dans la bouche et ses baby hair dessinant des tourbillons sur son front, et le croquis de Katia que j'ai utilisé pour nos sweats à capuche lors de son enterrement. Bexley s'arrête dessus.

— J'ai déjà vu cette fille. Qui est-ce ?

Mon estomac s'enroule sur lui-même.

— C'est ma sœur. Elle s'appelle Katia.

Une lueur de compréhension se lit soudainement sur le visage de Bexley.

— Je me souviens avoir entendu parler de son meurtre aux informations il y a quelques mois. Je suis sincèrement désolée.

Je me retourne et fais mine de m'étirer alors qu'en réalité, j'essaie d'empêcher les larmes de se former. Pas question de m'effondrer devant mon idole. Pas aujourd'hui !

— Je vous remercie. Mais je vais bien, je réponds.

— Je n'imagine pas à quel point ce doit être douloureux. Surtout à un si jeune âge. Le policier a-t-il été arrêté ?

Je hausse les épaules.

— Non. Vu que son imbécile de petit copain s'est enfui, il n'y a pas de témoins pour prouver que ce flic ment et que ma sœur n'essayait pas de s'introduire dans sa maison.

Bexley soupire et repose mon carnet de croquis sur la table basse.

— Ça ne me surprend pas plus que ça. En général, c'est comme ça que les choses se passent à Chicago. À New York. À Philadelphie. Et ce n'est pas normal, absolument pas.

— Ça craint. Et maintenant, c'est comme si personne ne se souvenait de Katia. Tout le monde s'en fout. Même au lycée, je me sens parfois si… Je me sens si…

— Invisible ? demande Bexley.

J'acquiesce.

— Et impuissante. Je ne sais pas comment faire pour que mes propres parents s'intéressent à moi, alors comment suis-je censée convaincre les gens de s'intéresser à ma sœur ?

Là, j'en ai définitivement trop dit. Rien de tout ça ne regarde Bexley et je ne veux pas qu'elle pense que c'est le cas sous prétexte qu'elle est adulte.

— Beau, c'est un lourd fardeau que vous vous imposez, dit-elle en me tendant une serviette pour essuyer les larmes qui coulent malgré moi sur mon visage.

— Je sais… mais c'est ma sœur. Si je ne la défends pas, qui le fera ?

Soudain, quelqu'un se racle bruyamment la gorge, et lorsque je relève la tête, je découvre Madison et deux de ses amies en face de nous, de l'autre côté de la table.

Elles me scrutent, moi et mon visage couvert de larmes, avec mon carnet de croquis pathétique rempli de dessins pourris.

— Désolée de vous interrompre, Bex, commence Madison, mais on a appris que vous travailliez ici cette semaine et on espérait pouvoir se joindre à vous. Peut-être pourriez-vous nous aider ?

Je voudrais que Bexley leur dise que nous sommes occupées et qu'elle leur demande de partir pour nous laisser finir notre conversation en paix. J'ai tant de choses à dire, tant de choses à lui demander. Mais pas devant Madison. Et Bexley est trop gentille pour éconduire ses fans.

— Oui, bien sûr, installez-vous. Plus on est de fous, plus on rit. J'imagine que vous vous connaissez toutes grâce au cours d'arts plastiques ?

Je regrette amèrement de ne pas lui avoir dit la vérité sur mon renvoi du cours. Parce que maintenant, elle va l'entendre de la bouche de Madison qui, j'en suis sûre, présentera les choses sous un jour bien pire que ce qui est arrivé. Bex risque même de faire le rapprochement et de se rendre compte que c'est moi qui ai dégradé la fresque.

Et une fois que Madison aura fini de fabuler, Bexley me détestera. J'attrape mon carnet de croquis et me lève.

— Oh, Beau, vous ne voulez pas rester ? demande Bexley.

Elle a même l'air un peu déçue. C'est seulement parce qu'elle ne me connaît pas et qu'elle ne sait rien de la merde dans laquelle je suis impliquée. Je savais que j'aurais dû rester à la maison.

— Je ne peux pas. Il faut que j'y aille. Merci pour votre temps.

Avant que quiconque ne puisse m'arrêter, je traverse le café à toute vitesse, franchis la porte d'entrée et monte dans la voiture de ma mère.

J'aurais dû me douter que rencontrer Bexley ne changerait rien pour moi. Comme d'habitude, tout ce que j'entreprends finit en catastrophe.

CHAPITRE 24

AVANT

J'ÉTAIS ALLONGÉE DANS MON LIT UN SAMEDI MATIN, les yeux grands ouverts et toujours en colère après ma grosse dispute de la veille avec Deja. Elle essayait de me convaincre de venir au lycée de Grady Park pour le semestre de printemps, mais j'avais refusé. Elle m'avait traitée de vendue et je lui avais répondu qu'elle était idiote parce que je n'étais pas payée pour fréquenter l'un ou l'autre de ces lycées. Nous ne nous étions pas reparlé depuis.

Katia était en train d'enfiler sa tenue de travail, une chemise à boutons et sa blouse blanche de préparatrice en pharmacie.

— Tu penses que je devrais écouter Deja et aller au lycée de Grady Park le semestre prochain ? lui ai-je demandé.

Elle m'a regardée comme si j'étais cinglée.

— Pas question, t'as pas remarqué à quel point je suis heureuse depuis la remise des diplômes ?

— Ouais, mais si mes amis pensent que…

— LES FILLES ! VENEZ ICI TOUT DE SUITE ! a rugi mon père depuis le salon.

Katia et moi nous sommes regardées avec des yeux affolés.

J'ai roulé hors du lit et ai suivi ma sœur dans le salon où nous nous sommes assises l'une à côté de l'autre sur le canapé. Mon père faisait les cent pas dans la pièce tandis que ma mère était appuyée sur le comptoir de la cuisine, comme si elle s'ennuyait.

— Ma chevalière de promo a disparu. Je me doute bien qu'elle ne s'est pas volatilisée de la maison avec ses petites jambes, alors où est-elle ?

Mes épaules se sont détendues. Je ne suis jamais entrée dans la chambre de mes parents. J'étais innocente.

— Je ne sais pas où elle est, a répondu Katia calmement.

Un peu trop calmement à mon goût. Parfois, il était difficile de savoir quand elle mentait, tant elle était douée pour ça. Mais j'ai compris à ce moment précis qu'elle savait exactement où elle se trouvait.

Mon père s'est tourné vers moi.

— Beau ?

— Je n'y ai pas touché, papa !

Je n'allais pas dénoncer Katia, mais je savais que mon père n'allait pas laisser passer ça.

Il a froncé les sourcils et a paru encore plus furieux que la fois où ma mère avait découpé ses vêtements.

— Personne ne sait où elle se trouve, hein ? Très bien. Vous ne bougerez pas de cette maison tant qu'elle n'aura pas réapparu comme par magie sur mon putain de doigt ! Allez dans votre chambre, prenez vos téléphones, vos tablettes, vos talkies-walkies, vos fers à lisser, tout ce qui marche sur batterie ou à l'électricité. Et apportez-les-moi ici SUR-LE-CHAMP !

Je me suis tournée vers Katia. Allait-elle vraiment nous laisser nous faire punir toutes les deux pour ça alors qu'elle savait pertinemment que je n'y étais pour rien ? Si j'avais pris la bague, je l'aurais déjà avoué.

— Pourquoi tu ne lui dis pas ce que tu as fait, Beau ? a-t-elle demandé.

J'étais tellement furieuse que j'ai bondi du canapé.

— Pardon ?! Je n'ai rien fait, c'est *toi* qui l'as prise !

Elle a levé les yeux au ciel et a soupiré, tandis que je restais plantée là, hors de moi.

— Papa, j'ai vu Beau avec ta bague l'autre jour. Je lui ai dit de te la rendre, mais elle l'a mise pour aller à l'école.

Quelle. Grosse. Pute, ai-je pensé, folle de rage.

— Elle ment ! ai-je crié.

— Alors, qu'est-il arrivé à ma chevalière ? a interrogé mon père.

J'ai haussé les épaules.

— J'en sais rien ! J'y ai jamais touché, j'te jure !

— Beau, tu sais très bien que j'ai un rendez-vous ce week-end. J'arrive pas à croire que t'essayes de tout gâcher en me faisant porter le chapeau. Je t'ai dit qu'on irait dîner ensemble le week-end prochain.

Ma mâchoire a failli se décrocher. Comment avait-elle réussi à inventer une histoire aussi convaincante en moins d'une minute ? Son cerveau tournait aussi vite que celui d'un génie du crime. Elle savait que nos parents nous avaient entendues nous disputer l'autre jour parce que Katia avait annulé notre soirée à Applebee's pour sortir avec Jordan. J'étais en colère, certes, mais pas assez pour faire quelque chose d'aussi stupide.

Mais au final, ça n'avait pas d'importance. Je n'étais qu'une enfant, et même si elle vivait encore à la maison, ce n'était pas le cas de Katia. Mes parents lui faisaient confiance.

— Katia, tu peux y aller, a dit mon père, ses yeux rouge laser plantés dans les miens.

J'étais foutue.

Ce soir-là, j'ai attendu que Katia rentre du travail. Ce n'est pas comme si j'avais autre chose à faire. Mon père m'avait confisqué tout ce que je possédais susceptible de me divertir, y compris mon matériel de dessin.

À peine Katia est-elle arrivée que j'étais prête à en découdre.

— Espèce de salope, ai-je craché à voix basse, car nos parents dormaient dans leur chambre au bout du couloir.

Katia s'est débarrassée de sa blouse de pharmacie.

— Laisse-moi t'expliquer avant de péter les plombs, OK ?

— M'expliquer quoi ? Comment tu m'as trahie ?

Elle est venue s'asseoir sur son lit à côté de moi.

— Je suis désolée, mais c'était une urgence.

— Quelle urgence ?

— Jordan était…

— J'en étais sûre ! C'est lui qui l'a volée, pas vrai ?

— Non, c'est moi qui ai pris la chevalière. J'ai dû la mettre en gage contre du liquide. Mais dès que j'aurai reçu ma prochaine paye, je la rachèterai.

— Pourquoi t'avais besoin d'argent ?

— C'est une longue histoire, mais en gros, un des amis de Jordan l'a piégé. Il lui a prêté sa voiture sans lui dire qu'il avait un tas de trucs dans le coffre. Les flics nous ont arrêtés et…

— C'est pour la caution ? T'as mis en gage la chevalière de papa pour payer la caution ? À cause de ce débile de Jordan ?!

Elle a haussé les sourcils.

— C'était pas sa faute. Je pouvais pas l'abandonner. C'était dangereux pour lui, surtout vu la réputation de son père… Des gens qu'il n'a jamais vus de sa vie veulent le tuer.

Je m'en contrefichais. Ça m'était complètement égal. Tout ce que je voyais, moi, c'était que ma propre sœur m'avait fait porter le chapeau pour protéger Jordan. Et elle s'attendait à ce que je comprenne et que j'accepte ses conneries.

— Donc, je suis punie parce que ce crétin de Jordan a fait de toi une voleuse ?

Elle a laissé tomber son menton sur sa poitrine.

— Je ne suis pas fière de ce que j'ai fait. Tu sais que je ne suis pas une voleuse. Mais Jordan essaie vraiment de changer. C'est juste qu'il ne lui arrive que des emmerdes.

— Si t'es vraiment désolée, dis la vérité à papa et maman.

Son téléphone s'est mis à sonner et elle l'a sorti de sa poche.

— Je peux pas faire ça, Beau. Si maman et papa découvrent qu'il a été arrêté, ils ne me laisseront plus jamais le voir.

— Et c'est une mauvaise chose ?

Elle s'est relevée et s'est dirigée vers la coiffeuse.

— Écoute, j'ai essayé d'être sympa, mais tu ne comprendras pas tant que tu ne l'auras pas vécu, a-t-elle décrété. Je ne le dirai pas aux parents. Je remettrai la bague à sa place la semaine prochaine et ils lèveront ta punition.

Je me précipitai vers la coiffeuse et me plaçai derrière elle.

— Une semaine ?! La mère de Deja et son petit ami nous emmènent au Medieval Times vendredi. Je ne pourrai pas y aller si tu ne rends pas la bague avant !

— Oh, on s'en fout, t'es déjà allée au Medieval Times une dizaine de fois.

— Ouais, et je veux y aller une onzième fois ! Tu vas vraiment me faire ça ?

Le silence entre nous laissa place à la fureur tandis qu'elle se nettoyait le visage avec une lingette démaquillante. Ce n'était pas ma sœur. Elle ne m'avait jamais causé volontairement des ennuis auparavant. Son rôle était de me protéger. Et voilà qu'elle me trahissait pour un crétin qui la traitait comme de la merde !

— T'es une putain de ratée. Ne m'adresse plus JAMAIS la parole, ai-je dit à voix basse, les poings serrés.

Elle s'est retournée et m'a jeté un regard blessé. Pas plus d'une seconde. Puis elle a de nouveau fait face au miroir.

J'ai attendu qu'elle se sente mal et qu'elle change d'avis, qu'elle s'excuse et qu'elle réalise que c'était moi qui l'avais toujours soutenue, pas Jordan.

Mais elle s'est contentée de rester assise devant la coiffeuse et de se brosser les cheveux en silence.

Comme si je n'étais pas là.

J'ai pris mes oreillers et ma couverture et suis allée m'installer sur le vieux canapé qui sentait les chips de maïs et la bière. Trop énervée pour dormir, j'ai pleuré dans mon oreiller en imaginant que Jordan déménageait à Tombouctou.

CHAPITRE 25

Lorsque le bus nous dépose près de la jetée Navy, je suis déjà énervée et exténuée.

— Beau, comment tu peux faire la tête alors qu'on est sur la jetée Navy et qu'il fait si beau ?

Sonnet se tient au milieu du trottoir, les bras grands ouverts vers le ciel, le soleil brûlant transformant son highlighter en étincelles dorées.

Ce n'est pas que je déteste la jetée Navy, mais cet endroit rassemble, disons, trente millions de touristes et toute leur famille. Les foules comme celle-là me rendent anxieuse. Sans oublier qu'il faut une éternité pour traverser cet endroit, puisque tout le monde se déplace à la vitesse d'un escargot, comme s'ils n'avaient jamais vu un lac auparavant.

— Je veux juste découvrir qui est MurderSleuth et me tirer d'ici. Pas question de traîner.

Après avoir découvert que les tuyaux sur Breon étaient bidon, j'ai envoyé un message privé à MurderSleuth pour lui dire que nous cesserions de l'écouter s'il ne révélait pas son identité. Il s'est d'abord montré réticent, mais il a fini par accepter de nous rencontrer sur la jetée aujourd'hui.

Je devine à la façon dont Sonnet s'est mise à fixer la grande roue qu'elle va vouloir faire un tour.

— Pourquoi ne pas s'amuser un peu maintenant qu'on est là ? T'en as pas marre de pourchasser Jordan des fois ?

— Bien sûr que si. C'est pour ça que je me donne autant de mal. Plus vite on le trouvera, plus vite on pourra faire arrêter Peter Johnson.

Je saisis mon téléphone et envoie un message privé à MurderSleuth.

MOI

On est là. T'es où ?

Je reçois une réponse presque instantanément.

MURDERSLEUTH99

Près de Giordano's. Prenez une table à l'extérieur et commandez à manger. Je vous rejoindrai quand le serveur apportera vos plats.

MOI

Si tu veux. Qu'est-ce que tu portes ? Pour qu'on sache que c'est toi.

MURDERSLEUTH99

Vous le saurez quand je m'assiérai à votre table. Envoie-moi un MP quand t'y seras.

Je lève les yeux au ciel et glisse mon téléphone dans la poche de mon jean. Puisque MurderSleuth sait déjà qui je suis, nous n'avons pas d'autre choix que de jouer à son jeu et de suivre ses règles stupides.

Le soleil me fait transpirer. Je me débarrasse de ma chemise en flanelle verte et l'enroule autour de ma taille, exposant mes épaules nues pour la première fois du week-end dans un caraco bleu foncé.

Sonnet s'habille toujours en fonction du temps. Aujourd'hui, elle porte un short rouge taille haute et un tee-shirt des Bulls. Elle se fond dans la foule de touristes en sueur dans laquelle nous nous noyons sur le chemin de Giordano's.

— Ce plan sent pas bon, Beau. Il refuse de nous dire qui il est, à quoi il ressemble, où il se trouve. Mais il sait tout de nous, y compris où on va.

Je me mords la langue lorsqu'un groupe de jeunes enfants se précipite sur notre chemin et manque de me faire trébucher. Nous sommes prises au piège dans une mer de vacanciers avançant lentement et sans but, car ils ne connaissent pas les lieux. Nous n'avons pas le temps pour ces conneries. J'attrape Sonnet et nous nous frayons un chemin à travers la foule en direction du restaurant.

— Excusez-vous ! nous lance un vieil homme blanc.

Mais ça m'est égal. Nous sommes ici en quête de justice, pas pour s'enfiler des hot-dogs à dix dollars et admirer des boules à neige.

— Il a probablement peur que quelqu'un d'autre découvre qu'il nous aide, dis-je.

— Comme qui ? Oh, pardon, madame ! s'excuse Sonnet en heurtant accidentellement l'épaule de quelqu'un.

— Peut-être les flics, ou les OT.

— En quoi ça les intéresse ?

Je prends une profonde inspiration. Je ne comptais pas le dire à Sonnet avant d'en être sûre, mais elle mérite de savoir.

— OK, j'en suis pas sûre à cent pour cent, mais je pense que ce type fait partie des Onyx Tigers.

— Oh, mon Dieu, sérieux ? Comment tu le sais ?

— Parce que c'est la seule chose qui fasse sens. Ça expliquerait pourquoi il sait qui je suis, et pourquoi il ne nous dit pas qui il est.

— Pourquoi un OT voudrait nous aider ?

— Jordan l'a probablement trahi ou lui a fait le même coup qu'à Parker. Mais il peut pas dénoncer Jordan aux flics à cause de ses liens avec le gang, donc il veut qu'on s'en charge.

Nous dépassons une file de personnes couvertes de coups de soleil qui attendent leur tour pour monter à bord d'un des hors-bords qui promènent les gens sur le lac Michigan.

— Si c'est vrai, il fait vraiment tout pour nous compliquer les choses.

Je ne peux pas la contredire sur ce point. C'est l'heure du déjeuner lorsque nous arrivons chez Giordano's. Le restaurant est bondé, aussi bien à l'intérieur qu'à l'extérieur. Nous faisons la queue derrière une famille d'au moins trente personnes portant des tee-shirts spécial réunion de famille avant que la serveuse ne nous conduise à l'une des tables rouges protégées par un parasol sur la terrasse.

— Deux Coca et une pizza moyenne au pepperoni, je demande sans même ouvrir le menu.

— Pâte épaisse ? s'enquiert la serveuse.

— Pâte fine, s'il vous plaît.

Je déteste les pizzas à pâte épaisse.

— Oh, et est-ce que vous pouvez ajouter des anchois et des artichauts, s'il vous plaît ? demande Sonnet.

— Sur toute la pizza ?

— Oui, ce sera parfait, je réponds en lui tendant nos menus avant qu'elle ne retourne à l'intérieur.

Je n'ai pas faim de toute façon.

— Tu as parlé à Champion ? veut savoir Sonnet.

Je pousse un grognement.

— Non, pourquoi ? Il m'a traitée de menteuse.

— Mais tu lui as menti. Plusieurs fois même.

Je la fusille du regard.

— T'es de quel côté exactement ?

Elle lève les mains.

— Du tien. Toujours. Je sais que Champion te rend heureuse, alors pourquoi ne pas essayer d'arranger les choses avec lui ?

— Parce que je n'ai rien fait à ce garçon.

— À part lui mentir sur ce qu'on a fait ces derniers mois. Champion est quelqu'un de bien, mais tout le monde a ses limites.

Notre serveuse revient avec deux grands verres de Coca. Je retire l'emballage de ma paille et l'enfonce dans mon verre, entre les glaçons.

— C'est nimp'. Si c'était vraiment quelqu'un de bien, il comprendrait pourquoi je peux pas lui dire ce que je fais. J'ai le droit d'avoir une vie privée, non ?

Sonnet prend une longue gorgée de son Coca et fait claquer ses lèvres.

— Beau, sois honnête avec toi-même. Si Champion foutait le camp pendant un dîner avec tes parents après avoir reçu un coup de fil et qu'il te posait deux fois un lapin, toi aussi, tu penserais qu'il voit quelqu'un d'autre, pas vrai ?

Probablement.

— Peut-être, mais ce serait totalement différent. Ma vie est partie en vrille depuis la mort de Katia.

J'essaie d'y remédier, mais personne ne me laisse tranquille.

— Je pense sincèrement que Champion veut juste t'aider.

— Ouais, bah moi, je veux juste qu'ils se dépêchent de préparer cette pizza pour qu'on puisse savoir qui est MurderSleuth, je réplique.

Je comprends ce que Sonnet essaie de dire, mais elle ne saisit pas qu'une personne comme moi peut gâcher l'avenir de Champion. Les gens l'ont probablement déjà jugé parce qu'il sortait avec une fille de la cité. Que penseraient-ils s'ils savaient que ma sœur sortait avec un membre de gang avant d'être tuée ? Champion me manque, c'est vrai. Il me manque tellement que j'en ai mal au ventre. Mais je ne crois pas que je pourrais supporter de lui dire la vérité avant qu'il me rejette une fois de plus.

Une demi-heure et dix parties de morpion sur les serviettes plus tard, notre pizza au pepperoni et aux anchois arrive. Sonnet se jette immédiatement dessus, de longs fils de fromage rattachant sa part au reste de la pizza. J'attrape un couteau et la lui coupe pour qu'elle la mette dans son assiette.

— T'en veux pas ? demande-t-elle.

— J'ai pas faim. Tu vois quelqu'un dans le coin qui pourrait être un OT ?

Je balaie du regard les tables qui nous entourent et la foule qui passe, mais personne n'attire mon attention. Je me renfonce dans ma chaise.

— Peut-être qu'il est allé aux toilettes. Relax, Beau.

— Impossible. Et s'il nous faisait marcher ? J'envoie un autre MP.

MOI

T'es où ? La nourriture est arrivée.

J'attends sa réponse pendant plus d'une heure. Mais MurderSleuth ne me répond pas.

Pendant ce temps, Sonnet a réussi à engloutir trois parts de pizza. Elle laisse échapper un rot sonore et se couvre la bouche comme si elle venait de dire un gros mot. Une famille attablée derrière elle se retourne avec un air de dégoût sur le visage.

— Qu'est-ce qu'il y a ?! j'aboie. Vous n'avez jamais entendu une fille roter ? Retournez-vous et occupez-vous de vos oignons.

Ils me jettent un regard noir, mais retournent à leurs assiettes.

— Beau, ça fait une heure qu'on est là, dit Sonnet. Il n'y a plus de pizza. Je pense pas qu'il viendra.

— Je sais. Je comprends pas pourquoi il nous a dit de le retrouver ici s'il ne comptait pas se pointer. Quel intérêt, putain ?

— Oooh, j'ai une théorie ! C'est un employé infiltré de Giordano's et c'est son plan depuis le début pour faire marcher les affaires !

Je me pince l'arête du nez.

— Sonnet…

— Je sais, je sais, j'essaie juste de détendre l'atmosphère.

— Laisse tomber, la seule chose qui me remontera le moral, c'est de retrouver Jordan et d'innocenter Katia. Tu te rends compte qu'à chaque fois que quelqu'un me cherchera sur Google ou vérifiera mes antécédents, il tombera sur l'affaire de la fusillade et de la drogue ?

— Mais tu n'as rien fait de mal, Beau.

— Tu crois vraiment que ça a de l'importance pour les gens ? Tout le monde pense déjà qu'on est des moins que rien parce qu'on vient d'une cité. Et maintenant, je pourrai plus rien faire et encore moins être qui je veux une fois adulte !

Quel cursus artistique m'accepterait après tout ce qui est sorti dans les médias ? Quelle galerie d'art voudrait de mes dessins ? Je ne pouvais même pas peindre Katia sur la façade du lycée sans que les parents ne menacent de porter plainte contre l'établissement. Je n'ai rien fait, mais c'est toujours moi qui en subis les conséquences. Ce n'est pas juste.

— C'est pas vrai du tout, Beau. T'es talentueuse, drôle, loyale et honnête… Enfin, la plupart du temps. Ça ne t'empêchera pas d'être ce que tu veux être.

— Tu dis ça parce que t'as aucune idée de ce que c'est pour les gens comme moi.

— Les gens comme toi ?

Je lève les yeux au ciel.

— Oui, les Noirs qui vivent dans le monde réel.

Elle hausse les sourcils.

— Parce que je suis pas noire, peut-être ? Je ne vis pas dans le (elle désigne d'un geste les familles qui mangent autour de nous) « monde réel » ?

Ce n'est pas ici que je voulais avoir cette discussion, mais elle devait arriver tôt ou tard.

— Tu comprends pas, Sonnet. Tout ça n'est qu'un jeu pour toi, t'as jamais eu à faire face au genre de situations que j'ai vécues ! C'est comme ton obsession pour *Pretty Little Liars*. Tu penses vraiment que ce genre de merde serait arrivé si elles nous avaient ressemblé ?

Quelques passants se retournent vers nous, mais je m'en moque. Je suis fatiguée de devoir expliquer à Sonnet toutes ces choses qu'elle devrait déjà savoir.

— Peut-être que ça aurait été un peu différent, mais tout est possible.

Je frappe du poing sur la table.

— Non, bien sûr que non ! Je sais que t'as grandi dans une cabane dans une forêt magique, mais c'est pas la vraie vie. La vraie vie, c'est la mort de ma sœur, le licenciement de ma mère, les mensonges de mon père sur sa recherche d'emploi ! C'est ça, la vraie vie. Et c'est pas en regardant le bon côté des choses ou je ne sais quoi que ça va s'arranger. Il est temps pour toi de grandir et d'accepter le monde pour ce qu'il est, un endroit merdique où les gens qui nous ressemblent n'ont pas droit à l'erreur. On n'a pas droit au répit parce qu'on ne compte pas pour eux ! Est-ce que tu comprends ?

Je me lève tandis que Sonnet reste assise à sa place, m'observant d'un regard noir.

— Excusez-moi, mais nous allons devoir vous demander de partir, me dit une serveuse. Vous perturbez les autres clients.

Je jette un coup d'œil autour de moi, les gens installés sur la terrasse nous regardent, les passants secouent la tête. Ils ne savent même pas de quoi nous parlons. Ils ne savent rien de nous.

— Pourquoi ? On a pas fini nos sodas. Nous aussi, on est des clients ! je crie.

— Désolée, nous partons, répond Sonnet en se reculant de la table.

Mais je suis lancée et on ne peut plus m'arrêter.

— Non, putain, on n'est pas désolées ! Si les gens n'aiment pas le bruit, ils n'ont qu'à pas venir sur la jetée ! je crie aux clients blancs.

— Madame ! Je n'hésiterai pas à appeler la sécurité, prévient la serveuse en sortant un téléphone de sa poche arrière.

Je devrais faire plus attention en ce moment. Je devrais me souvenir de ce qui nous est arrivé, à Sonnet et à moi, après qu'on a saccagé la fresque. Mais ça m'est égal à présent. À quoi bon, puisqu'ils ne nous ficheront jamais la paix ?

Je m'avance vers la serveuse comme je m'avancerais vers une grande gueule de Grady Park venue chercher les emmerdes. Elle me dépasse de cinq ou six centimètres, mais je suis en mode combat. Je commence à voir rouge et, soudain, je ne vois plus la serveuse. Je vois Madison. Je vois des drapeaux Blue Lives. Je vois Peter Johnson avec son arme braquée sur mon visage.

Je ne bouge pas, je ne cligne même pas des yeux. Mon regard reste fixé sur elle. Sur eux. Il faut que je fasse quelque chose, ou ils ne nous laisseront jamais tranquilles. Sonnet se glisse entre nous, dos à la serveuse.

— Beau ! Partons d'ici ! me crie-t-elle.

— Bouge de là, Sonnet ! Je veux qu'elle m'explique pourquoi c'est nous qu'elle a dérangées parmi tous ceux qui sont ici ?

Effrayée, la serveuse en profite pour retourner en courant à l'intérieur du restaurant et je contourne Sonnet pour la suivre.

— Non ! crie-t-elle.

Soudain, je sens qu'elle passe ses bras autour de moi par-derrière, pour me ceinturer.

— Lâche-moi ! je hurle.

— Oui. Dès qu'on sera sorties d'ici !

Elle parvient à me faire quitter la terrasse et à me faire descendre le long de la jetée en direction de la sortie. Je ne m'en étais jamais rendu compte auparavant, mais Sonnet est incroyablement forte ! J'essaie de me dégager de ses bras, mais elle me serre davantage, m'obligeant à avancer.

— Tu peux me lâcher maintenant ?! je m'écrie une fois que nous nous sommes suffisamment éloignées du restaurant.

Sonnet relâche son étreinte et je m'approche du bord de la jetée, inspirant profondément tandis que le vent projette la brume du lac sur mon visage.

Sonnet se tient à côté de moi, le regard fixé sur les vagues qui ondulent.

— Merci, dis-je au bout d'un instant.

Je suis encore sous l'effet de l'adrénaline, mais je comprends ce qui aurait pu se passer si Sonnet ne m'avait pas fait sortir de là.

— Tu n'as pas à me remercier, Beau. On est meilleures amies. On se protège l'une l'autre, répond-elle, son habituel sourire optimiste ayant laissé place à un froncement de sourcils.

Je ne comprends pas pourquoi elle tient tant à moi, après tout ce que j'ai fait.

— Je pensais pas ce que j'ai dit, Sonnet. Je suis juste… fatiguée. Tellement fatiguée.

Ses bras sont croisés sur sa poitrine, mais je lui attrape quand même la main et la serre aussi fort que je peux. J'attrape mon collier de ma main libre.

— Tu n'es pas seule là-dedans, dit-elle.

— Pourtant j'ai l'impression de l'être, parfois. Les autres peuvent reprendre le cours de leur vie. Pas moi.

— Tu pourrais si tu essayais.

— Peut-être. Mais qui empêchera que ça arrive à la sœur de quelqu'un d'autre ? Qui nous protégera si on ne le fait pas ?

Sonnet soupire.

— J'aimerais avoir une autre réponse que « nous-mêmes ». Mais même si Peter Johnson va en prison, ça pourrait encore arriver.

— Je sais. Qu'est-ce qu'on fait, alors ?

— J'en sais rien…

Alors que nous regagnons l'arrêt de bus, le monde autour de moi me semble si effrayant. N'importe qui, n'importe où, pourrait me faire n'importe quoi et s'en tirerait probablement. Je pense que Sonnet a raison en disant que la seule personne que je peux sauver, c'est moi-même. J'aimerais juste savoir comment.

Lorsque je rentre à la maison cet après-midi-là, j'ai chaud, je suis fatiguée et je suis en colère. Je m'effondre sur le lit de Katia. Je me retourne sur le dos et sors de ma poche la monnaie de Giordano's. J'ouvre le tiroir de la table de chevet de Katia qui se trouve à côté du lit, mais il reste coincé. C'est étrange.

Je me redresse et tire dessus d'un coup sec. Je pourrais ranger mon argent dans ma table de chevet à côté de mon lit, mais je suis à présent déterminée à réparer ce tiroir. Il est évident que quelque chose l'empêche de s'ouvrir. Je glisse ma main à travers la fente du tiroir et tâtonne. Je sens de la monnaie, des stylos et des crayons dans le fond. Je retourne ma main et attrape ce qui me semble être une grosse enveloppe. Elle est coincée.

Je tire et tire encore jusqu'à ce que le tiroir s'ouvre complètement. Il s'agit d'une enveloppe blanche non cachetée. Je manque de m'évanouir en l'ouvrant. Elle est remplie de billets de cent dollars flambant neufs. Je ferme la porte de la chambre et m'assieds sur le lit de Katia pour les compter. Au début, je me dis qu'il s'agit peut-être de quelques centaines de dollars provenant de ses économies. Mais quand j'ai fini de compter, je n'en suis plus si sûre.

Il y a huit mille dollars.

CHAPITRE 26

Je ne sais pas quoi faire après avoir trouvé cet argent.

J'envoie un texto à Sonnet qui me dit de ne pas tirer de conclusions hâtives, que ce n'est pas parce que c'était dans la table de nuit de Katia que ça lui appartient forcément. Peut-être qu'elle le cachait pour Jordan. Comme si ça changeait quelque chose.

Je remets l'argent dans le tiroir et franchis la porte d'entrée pour prendre l'air. Je voudrais que le soleil vienne me réchauffer le visage, mais la nuit est presque tombée. Les enfants jouent à se courir après au milieu de la cour. Tanya, du bâtiment C, tresse les cheveux de quelqu'un sur son palier. Deux OT sont postés près de l'entrée du bâtiment. Et ma sœur est dealer.

Je suis sur le point de retourner à l'intérieur quand j'aperçois Breon qui marche sur le trottoir. Deja me tuerait si elle nous voyait parler, mais je n'ai pas envie d'être seule en ce moment.

— Salut, Beau ! Quoi de neuf ?

J'essuie les larmes de mon visage et esquisse un sourire pitoyable.

— Pas grand-chose, je traîne un peu. Et toi ?

Elle s'arrête juste au début de l'allée qui mène à notre porte.

— Comme d'hab.

Je ne sais pas quoi lui répondre. Alors que nous discutions aisément autrefois, il y a désormais une gêne entre nous.

— J'allais à l'épicerie acheter des chips et un soda. Tu veux venir ?

— Euh… Ouais, OK. Laisse-moi juste prendre les clés de la maison.

Cinq minutes plus tard, nous nous éloignons de Grady Park côte à côte. À l'époque où nous étions amies, nous adorions faire le tour du quartier. À présent, j'ai l'impression que nous marchons depuis une éternité, et je ne sais pas qui est censée parler en premier, ni même ce qu'on pourrait bien se raconter.

— Ça va, le lycée ? demande-t-elle.

C'est naze, mais au moins elle essaie.

— Ça va. Comment va ta mère ?

Je n'ose pas lui parler de son lycée, car je suis presque sûre qu'elle n'y va plus.

— Bien, vraiment bien ! Elle pète la forme. Et tes vieux ?

Le simple fait d'y penser me fait lever les yeux au ciel.

— Ils sont relous. Ma mère n'a plus de taf et mon père dort sur le canapé de mon oncle Kolby.

S'ils avaient été de meilleurs parents, s'ils avaient mieux réussi dans la vie et gagné plus d'argent, peut-être que Katia n'aurait pas éprouvé le besoin de vendre ou de prendre de la drogue. Cela m'aurait évité de perdre des mois de ma vie à essayer de prouver à tout le monde qu'ils avaient tort alors qu'ils avaient raison depuis le début.

— Bah putain, répond Breon en donnant un coup de pied dans un caillou sur son passage, ça fait beaucoup de choses à gérer. Comment tu tiens le coup, ces derniers temps ?

— Je… Je sais pas. C'est difficile. Et je viens de découvrir un truc qui n'arrange pas les choses.

Breon écarquille les yeux.

— Qu'est-ce que t'as découvert ?

Je suis tellement chamboulée que j'en oublie presque à qui je parle. Personne n'est au courant pour l'argent à part Sonnet et je préfère que les choses restent ainsi.

— C'est juste que je pensais connaître quelqu'un et je me suis rendu compte que c'était pas le cas.

Je parle de Katia, mais je pourrais très bien parler de Breon. Lorsqu'elle a avoué avoir volé le bracelet de Deja, c'est comme si elle s'était transformée en une autre personne du jour au lendemain. Avant ça, j'aurais confié ma vie à cette fille.

Nous arrivons au coin de la rue et attendons que le feu passe au vert pour traverser.

— Je vois ce que tu veux dire. Hé, c'est joli ça, je peux voir ?

Elle pointe mon collier du doigt.

— Merci. Ouais, bien sûr.

Je tends le cristal violet pour qu'elle puisse l'examiner de plus près, et elle frotte la pierre précieuse avec son pouce. Elle doit sûrement penser qu'il s'agit d'un bijou ordinaire. Si c'était quelqu'un d'autre, je lui dirais de ne pas y toucher. Mais comme il s'agit de Breon, ça ne me dérange pas.

— Tu l'as eu où ? demande-t-elle.

— C'est un cadeau de ma tante Pepper. C'est, euh… ils l'ont fait à partir des cendres de Katia.

Je m'attends à ce que Breon panique et le lâche, mais elle ne le fait pas. Elle le caresse délicatement une dernière fois et le laisse retomber doucement contre mon cœur.

— C'est vraiment cool. Maintenant, elle t'accompagne partout où tu vas.

Des larmes viennent brûler le coin de mes yeux et je m'empresse de les essuyer.

— Qu'est-ce qu'il y a ? J'ai dit quelque chose de mal ? Je voulais pas…

— Non, non ! C'est pas toi, c'est Katia, je réponds.

Le feu piéton s'allume, mais au lieu de traverser, Breon me conduit vers un banc à côté de l'arrêt de bus. Elle s'assoit à côté de moi et prend mes deux mains dans les siennes. Nous ne nous sommes pas tenu les mains depuis une éternité, mais aujourd'hui, ce geste me fait du bien, j'ai l'impression de partager un peu le fardeau qui pèse sur mes épaules, de ne plus avoir à le porter seule.

— Je suis désolée, chuchote Breon.

Je renifle.

— Ça va. Je vais bien. C'est juste que…

Peut-être que je peux me confier à Breon. Elle boit tellement de lean qu'elle n'oserait jamais juger Katia pour avoir commencé à se droguer.

— Tu peux me le dire, Beau. Je sais que ça fait longtemps qu'on s'est pas parlé, mais… J'ai toujours voulu être là pour toi, surtout après la mort de Katia. J'ai essayé de te parler après l'enterrement, mais Deja…

— Je sais. Elle ne s'est toujours pas remise de l'histoire du bracelet. Tu sais à quel point elle est rancunière.

— Ouais, c'est vrai. Mais si c'est pas parce que Katia te manque, pourquoi t'es si triste ?

Je prends une profonde inspiration.

— Je pense que Katia dealait de la drogue avant son décès.

— Quoiiiii ? Katia ? Qu'est-ce qui te fait dire ça ? demande-t-elle, choquée.

— J'ai trouvé une cachette où elle planquait de l'argent. Beaucoup d'argent. Plus que ce qu'elle se faisait à la pharmacie. Je sais pas d'où ça sort, mais ça a forcément un rapport avec la cocaïne qui était dans la voiture. Elle devait forcément vendre.

Breon baisse les yeux vers le sol et secoue la tête.

— C'est peut-être pas ce que tu crois. Tu penses toujours au pire.

— Alors, explique-moi comment huit mille dollars se sont retrouvés sous sa table de chevet. J'ai vu ses anciens talons de chèque. Impossible que tout ce cash soit propre.

— Mais t'en es pas certaine, répond Breon.

— Le flic qui l'a descendue a dit qu'elle essayait de s'introduire chez lui. Si elle planquait huit mille balles sous son lit, qui sait quel autre genre de connerie elle faisait !

— Beau…

— J'aurais dû m'en douter. Elle aurait fait n'importe quoi pour Jordan, au point de se faire descendre à cause de lui. Et moi, comme une idiote, j'ai tout fait pour prouver que c'était pas une racaille qu'a eu ce qu'elle méritait.

— Beau, arrête ! s'écrie Breon.

Elle resserre ses mains sur les miennes et je lutte pour ne pas les retirer.

— Écoute-toi un peu. Katia ne supportait pas de nous voir traîner ensemble après m'avoir vu boire une fois.

— Je sais, c'était aussi une putain d'hypocrite.

— Non, ce que je veux dire c'est que… Beau, il faut que je te dise quelque chose.

— À propos de quoi ?

Breon prend un air sérieux qui ne présage rien de bon. Elle se mord la lèvre et son genou commence à tressauter. Elle a peur de quelque chose.

— Bre ? Qu'est-ce qu'il y a ? Est-ce que Katia t'a vendu de la drogue ?

— Non ! Elle était pas comme ça, et je veux pas que tu penses qu'elle l'était.

— Qu'est-ce que t'en sais ? je rétorque. Tu m'as à peine adressé la parole ces deux dernières années, et t'étais pas amie avec Katia.

— Parce que j'ai acheté de la drogue à Jordan. Et…

— Et quoi ?

— Je suis au courant pour le compte Twitter, lâche-t-elle calmement.

— Qui t'en a parlé ? je demande.

Car si elle est au courant, il est probable que les OT le soient aussi.

Mais Breon secoue la tête.

— Personne. C'est moi, ArithMyTick. Mais je peux tout expliquer !

Breon est ArithMyTick. C'est quoi ce bordel ? Je retire mes mains d'un coup sec.

— C'est toi qui me menaçais ?! Tu déconnes ?! Pourquoi ? Pour protéger Jordan ?

— Non ! C'est une longue histoire. Promets-moi juste que tu me détesteras pas quand je t'aurai tout raconté, d'accord ?

— Je te promets rien du tout ! Qu'est-ce que t'as fait ? Dis-moi la vérité. Maintenant ! je hurle.

— D'accord, d'accord ! Je t'envoyais ces messages pour essayer de te protéger. Je savais que quelqu'un avait trouvé ton compte Twitter et te donnait des infos bidon pour te mener en bateau. Je n'ai jamais voulu te faire de mal. Je voulais juste te faire peur pour que tu supprimes ton compte et qu'ils te foutent la paix.

— Qui ça, les Onyx Tigers ? je demande, la gorge nouée à cette idée.

— Pas vraiment. La nuit après le meurtre de Katia, j'ai vu Jordan. Il s'est glissé par la fenêtre de la chambre de cette fille qui l'aidait à se cacher. Ils m'ont vue avant que je puisse m'enfuir. Ils m'ont dit qu'ils me paieraient si je disais rien. Beau, j'avais besoin de cet argent pour quelque chose d'important. Sinon, je ne l'aurais jamais fait. J'ai essayé de te le dire après l'enterrement, mais…

Non, c'est impossible.

— Tu mens, je la coupe. Je t'ai spécifiquement demandé à la fête de Jacques si t'avais vu Katia et Jordan ce soir-là et tu m'as juré que non !

Breon se mord la lèvre.

— Je ne les ai pas vus cette nuit-là. J'ai vu Jordan la nuit *après* que Katia s'est fait tirer dessus.

Ça expliquerait pourquoi je l'ai crue à cette fête. Techniquement, elle m'a dit la vérité. Même si elle ne m'a pas tout révélé.

— Breon, est-ce que t'es en train de me dire que tu sais où est Jordan ? Que tu le savais depuis tout ce temps ?!

— S'il te plaît, Beau, laisse-moi finir. Au début, j'ai refusé, mais elle savait exactement comment me forcer ! Mes amies me manquaient et elle m'a assuré qu'elle me pardonnerait enfin si je lui accordais cette faveur. Après ce que j'ai fait, j'ai pensé que je lui devais bien ça. Je voulais juste retrouver mes amies, c'est tout, je te jure !

À présent, elle pleure à chaudes larmes, la morve dégoulinant sur son visage et la pointe de ses oreilles virant au rouge vif. Mon cerveau tente tant bien que mal de réunir tous les éléments de l'histoire. Mais ça n'a aucun sens.

— OK, peu importe, dis-moi juste où est Jordan ! Si tu le sais, il faut que tu me le dises, Breon !

— Il est dans le bâtiment C, répond-elle.

— Dans le bâtiment C ?

— Oui. Il est caché dans Grady Park.

Mon corps se détend en réalisant que je n'ai aucune raison de m'énerver à ce point. Il est impossible que Jordan aille et vienne tranquillement dans l'immeuble à côté du mien. Je l'aurais vu. Ou bien quelqu'un d'autre l'aurait vu et me l'aurait dit. Oui, quelqu'un me l'aurait dit.

— Arrête de te foutre de moi, Breon. Comment est-ce qu'il pourrait s'y cacher alors qu'on vit ici ? Je suis au courant de tout ce qui se passe là-bas !

— Pas tout. J'imagine qu'il a dû rester dans l'appart la plupart du temps. J'en sais rien, j'ai arrêté de poser des questions à son sujet au bout d'un certain temps.

— Ouais, c'est ça. Quel numéro d'appart ? je demande.

Ce n'est pas que je la croie, mais je veux voir jusqu'où elle est prête à aller dans son mensonge.

— Il se cache chez… Deja.

Maintenant, je sais qu'elle délire complètement à cause de la lean.

— Deja ? C'est tout ce que t'as trouvé ?

— Mais je…

— T'aurais pu au moins choisir quelqu'un qu'on connaît pas, comme Porsche du bâtiment A ou quelqu'un d'autre.

Breon fronce les sourcils.

— Mais je dis la vérité, Beau ! Je l'ai vu passer par la fenêtre de la chambre de Deja la nuit après le meurtre. Et c'était pas la première fois, d'ailleurs.

Je secoue la tête.

— Je sais pas pourquoi j'ai cru qu'on pourrait redevenir amies. Tu t'intéresses qu'à ta petite personne ! D'abord tu voles le bracelet de Deja et maintenant t'essaies de me monter contre elle ? Juste parce qu'on veut plus traîner avec toi ? T'es pathétique.

Je commence à m'éloigner, mais elle m'attrape par le bras et me ramène en arrière.

— T'es tellement obnubilée par Deja que t'arrives même pas à voir ce qui est juste sous ton nez ! Elle se tape Jordan depuis l'été dernier. Si je te le dis, c'est parce qu'elle en a rien à foutre de ce qui t'arrive. Elle est prête à tout pour protéger Jordan. J'ai pas envie qu'elle te fasse souffrir à cause de ça !

Je retire mon bras d'un coup sec. Mon esprit est incapable de concevoir que Deja puisse me trahir à ce point. Elle ne ferait *jamais* ça. Surtout pas pour Jordan.

— Non, elle me ferait jamais ça. Je sais qu'elle ferait jamais ça !

Breon sort son téléphone portable et le met sur haut-parleur. Il sonne plusieurs fois.

— Allô ?

C'est Deja.

— C'est moi, dit Breon.

— Nan, sans déc. Qu'est-ce que tu veux ?

— C'est à propos du Twitter de Beau.

— Ouais ? qu'est-ce qu'il y a ?

C'est quoi ce bordel ? Deja est au courant pour le compte Twitter qu'on a créé ?

— Je veux plus être mêlée à ça. Beau est mon amie.

Un grognement se fait entendre à l'autre bout de la ligne.

— Qu'on soit bien clair. C'est *mon* amie et ce que je fais ou dis avec elle te regarde absolument pas.

C'est. Quoi. Ce. Délire. C'est impossible. Deja et moi nous racontons tout. Du moins, c'est ce que je pensais.

— Ça me regarde parce que t'es une menteuse. Dans quel monde tu crois que Beau sera d'accord avec le fait que tu sortes avec Jordan ? Ou le fait que tu la mettes sur des pistes bidon ? lance Breon.

— C'est *moi* la menteuse ? Allô ?! T'as déjà oublié que t'as volé le bracelet en argent que mon père m'avait offert quand j'étais bébé ? Je pensais que je pouvais te faire conf…

— J'en ai plus rien à foutre de ta culpabilisation à la con ! J'ai juste volé un bracelet. Ce que tu fais avec Jordan dans le dos de Beau, c'est pire et tu le sais très bien.

— Bla bla bla. Et sinon, c'est pour ça que tu me déranges ? demande Deja mollement.

— Je voulais juste savoir si t'avais changé d'avis à son sujet.

— Au sujet de qui ? De mon mec ? fait Deja.

— Tu crois vraiment que Jordan vaut la peine de foutre en l'air ton amitié avec Beau ? lance Breon en me regardant dans les yeux.

Deja rit. Elle ne lui répond pas « Je ne suis pas avec Jordan » ou bien « Mais qu'est-ce que tu racontes, putain ? » Elle se contente de *rire*.

— Ça n'arrivera pas, finit-elle par dire.

Puis elle passe d'un ton agacé à un ton mielleux. Le même que celui qu'elle utilise lorsqu'elle ment à quelqu'un :

— Breon, je sais que t'essaies de la protéger, mais fais-moi confiance. Une fois que les choses se seront calmées et que Beau arrêtera de se lamenter sur le sort de Katia, elle comprendra pourquoi on pouvait rien lui dire. Elle nous pardonnera à toutes les deux. Bon, je voulais te faire la surprise, mais je comptais te donner cent dollars de plus. Pour te remercier d'avoir été une si bonne amie pendant tout ce temps. T'as qu'à passer les chercher chez moi ce soir. On se matera un film et on se fera les ongles, OK ?

Breon reste silencieuse un instant, puis soupire.

— D'accord. À ce soir.

Elle raccroche et je reste plantée à côté d'elle, en état de choc. Breon se met à me parler, mais j'ai l'impression d'avoir la tête sous l'eau. Tous les bruits sont assourdis, les voitures qui nous dépassent à toute allure dans la rue, les types qui parlent et rient devant le magasin d'alcools, les battements de mon propre cœur. Je laisse Breon me raccompagner jusqu'au banc près de l'arrêt de bus et je m'assois, immobile comme une statue, tandis que mon cerveau essaie de rassembler les morceaux de cette histoire tordue.

Il y a forcément une explication à tout ça. Peut-être que Breon a enregistré la voix de Deja, ou qu'elles parlaient d'un autre Jordan, ou que le stress me fait délirer – j'ai entendu dire à la télé que ça arrivait parfois.

— Tu me crois, maintenant ? demande Breon.

— Je dois le voir. Je ne le croirai pas tant que je ne l'aurai pas vu, je réponds, encore hébétée.

— Mais ça pourrait être dangereux, rispote Breon. Et puis, Deja et lui savent que tu le cherches. Il irait se cacher ailleurs.

Je plisse les yeux.

— T'as peut-être raison. Ou alors tu dis ça parce que tu sais que Jordan est pas chez Deja. Peut-être bien que c'est chez *toi* qu'il est !

Breon écarquille les yeux.

— OK. Tu sais quoi ? Je vais te prouver que je dis la vérité. Je vais t'emmener voir Jordan, mais d'abord, il va falloir des renforts. Au cas où.

— Au cas où quoi ? je demande.

— Au cas où cet enculé aurait un flingue et déciderait de nous tirer dessus ! Tu crois vraiment qu'il va s'asseoir tranquillement et t'expliquer pourquoi il se planque depuis des mois ?

— T'as raison. Je sais qui appeler, dis-je en sortant mon téléphone. J'appuie sur « appels récents » et attends qu'il décroche.

— Allô, Parker ? J'ai besoin de ton aide.

CHAPITRE 27

Une heure plus tard, Sonnet, Breon et moi sommes assises dans le tacot de Parker au coin de la rue de Sonnet. Je remarque que Breon jette des regards assassins à Sonnet depuis le siège passager à peu près toutes les deux minutes. Mais ça m'est égal. J'ai besoin de quelqu'un en qui je puisse avoir confiance et ce ne sera certainement pas Parker ou Breon.

— Bon, peut-être qu'on devrait demander de l'aide à quelqu'un d'autre, déclare Sonnet après que Breon a de nouveau raconté son histoire abracadabrantesque.

— Tu veux appeler les flics ? Me dis pas que t'es stupide à ce point, rétorque Breon.

— Pas les flics. Mais quelqu'un qui saurait quoi faire, par exemple l'avocate de ta famille, Beau ?

J'y ai pensé aussi, mais je suis presque sûre que maître Anniston nous conseillerait elle aussi d'appeler la police. Elle pourrait même être légalement obligée de signaler ce qu'elle sait.

— Je pense pas que ce soit une bonne idée, je réponds.

Parker grogne depuis le siège du conducteur.

— Pourquoi on a besoin d'un plan ? lance-t-il. Je suis avec vous. On a qu'à s'introduire chez cette pute et faire ce qu'on a à faire.

— Je suis d'accord avec lui, approuve Breon.

— On peut pas juste le tabasser avant de le dénoncer, je déclare. Il faut qu'il dise la vérité sur ce que lui et Katia faisaient sous ce porche cette nuit-là et sur les drogues qui se trouvaient dans la voiture.

— En admettant qu'il soit là.

— Je connais mon frère, répond Parker. C'est pas le type à s'asseoir et parler à cœur ouvert autour d'un thé et de biscuits. Il faut qu'on le fasse monter là-dedans, qu'on lui botte le cul et qu'on le lâche devant un commissariat de police.

— En quoi ça m'aidera moi, ou ma sœur ? je demande.

— J'en sais rien. Mais c'est soit ça, soit laisser les OT lui faire sauter la cervelle. Les deux me vont.

De toute évidence, Parker ne demande qu'à faire couler le sang, mais il ne s'agit pas seulement de régler mes comptes avec Jordan. Si Breon n'a pas menti et qu'il est chez Deja, je dois le convaincre de me dire la vérité. J'ignore comment, mais je dois essayer.

Breon se racle la gorge.

— On est en train de perdre du temps en restant assis ici à parler. Peu importe ce qu'on fait, il faut qu'on le fasse ce soir avant que Deja commence à avoir des soupçons et essaie de le cacher ailleurs.

— OK, d'accord, je dis. Voilà le plan. Breon frappera à la porte puisque Deja l'attend. Parker, Sonnet et moi, on se cachera sous la fenêtre de devant et on foncera à l'intérieur après toi, Breon. Parker surveillera la porte d'entrée pour que personne ne puisse sortir et nous trois, on vérifiera si Jordan se cache dans une des chambres.

Parker, Sonnet et Breon attendent la suite de mes instructions, mais je n'en ai pas d'autres. Mon cerveau n'a pas encore complètement assimilé ce que nous sommes sur le point de faire, ni le fait que ma meilleure amie au monde m'a peut-être trahie.

— Et qu'est-ce qu'on fait si on le trouve ? On lui fait la bise ? interroge Breon d'un ton narquois.

— On improvisera, je réponds en haussant les épaules.

À présent, je suis presque sûre à quatre-vingt-dix pour cent que Jordan ne se trouve pas là-bas. Deja ne me ferait jamais de mal comme ça. Mais comme l'a dit Sonnet, nous devons suivre toutes les pistes qui nous semblent un tant soit peu plausibles. Il reste tout de même dix pour cent de chances que Breon dise la vérité.

Mais j'espère de tout cœur que ce n'est pas le cas.

À vingt-deux heures trente, nous entrons tous les quatre dans la cour de Grady Park. Pour une fois, le lieu est étrangement calme et vide. Aucun enfant ne joue, personne ne fait griller des saucisses ou n'écoute du Jay-Z sur la stéréo de sa voiture. Tout le monde est rentré, à l'exception d'un groupe d'Onyx Tigers postés dans leur coin, comme à leur habitude.

— Est-ce qu'il y a une fête ce soir dont on n'est pas au courant ? je chuchote à Breon. Où sont les gens ?

Elle me répond d'un haussement d'épaules.

— Aucune idée. Mais t'as raison. Y a quelque chose de louche…

J'essaie de me débarrasser de cet étrange sentiment et de me concentrer sur ma mission, à savoir, passer l'appartement de Deja au crible pour prouver à Breon qu'elle avait tort. Sonnet, Parker et moi nous dirigeons vers l'arrière du bâtiment C et nous nous accroupissons sous la fenêtre pour demeurer invisibles.

— OK, chuchote Breon, à mon signal (elle lève la main en signe de paix), vous déboulez derrière moi. Pigé ?

Nous acquiesçons en chœur. Nous suivons Breon jusqu'à la porte de Deja et nous nous arrêtons juste à gauche, là où on ne pourra pas nous voir.

Quand Breon frappe à la porte, mon cœur bat à tout rompre dans ma poitrine. Nous sommes sur le point de tendre une embuscade à ma meilleure amie depuis toujours. Mais nous sommes aussi peut-être à deux doigts de retrouver Jordan et de faire enfermer l'agent Johnson. Je suis à la fois excitée, effrayée, triste et en colère.

— Salut, Bre ! C'est qui, ceux-là ? lance un homme depuis le trottoir, en nous fixant du regard.

Et merde.

Breon se retourne.

— Oh, c'est juste des amis. On fait une blague à Deja, dit-elle en riant.

Mais l'homme ne rit pas et ne se retourne pas pour s'éloigner.

— Oh putain, murmure Parker en remontant sa capuche sur sa tête.

Je suis perdue jusqu'à ce que j'aperçoive l'arme qui sort de la ceinture du type et le groupe d'Onyx Tigers dans un coin qui se rapproche derrière lui.

Dans quel merdier vient-on de s'embarquer ?

Je sens Sonnet, accroupie derrière moi, trembler de peur.

— Ah, salut, tout le monde, lance nerveusement Breon en faisant un signe de la main.

— Y s'passe quoi ?

Maintenant je comprends mieux pourquoi tout le monde était à l'intérieur à notre arrivée. Quelque chose de grave est sur le point de se produire et nous nous trouvons en plein dedans.

— C'est qui, ce nigga avec le sweat à capuche ? veut savoir le Onyx Tiger. Dis-lui de l'enlever.

Breon se tourne vers Parker, mais celui-ci ne se relève pas ni ne retire son sweat. Je me souviens alors qu'il a dit que Jordan l'avait piégé et avait demandé aux OT de lui faire la peau. S'ils le voient ici, sur leur territoire, c'est un homme mort. Nous sommes tous morts.

— Debout, nigga ! hurle le type en braquant son arme sur nous.

Je lève instinctivement les mains et regarde Parker se redresser lentement. Juste à ce moment-là, Deja ouvre la porte et Breon est rapidement entraînée à l'intérieur. Avant qu'elle ne puisse claquer la porte, Parker se retourne et force le passage, et j'entraîne Sonnet avec moi.

— Qu'est-ce que vous foutez tous ici ? s'étonne Deja.

On cogne à la porte. Les OT n'ont pas lâché l'affaire.

— Dites à Jordan de sortir et on vous laisse tranquilles, crie un homme à l'extérieur.

Le visage de Deja se décolore et elle se précipite à l'autre bout de la pièce pour éteindre les lumières, nous plongeant dans l'obscurité.

— Il est pas là ! hurle Deja à travers la porte.

Soudain, une silhouette sombre surgit dans l'embrasure de la porte du salon.

— C'est quoi, ce bordel ?! demande la voix de Jordan.

Je sors mon téléphone, j'active la lampe torche pour mieux voir et la pointe dans la direction de la voix.

C'est vraiment lui. C'est Jordan.

Il ne porte qu'un caleçon et un débardeur blanc, et il lève une main pour bloquer la lumière qui l'éblouit.

— Jordan ! je crie.

Avant que je puisse dire un mot de plus, Parker surgit de nulle part et envoie un coup de poing en plein dans le visage de son frère. Ils tombent tous les deux au sol dans un bruit sourd et se mettent à se frapper l'un l'autre.

— C'est comme ça que tu veux que ça se passe, Deja ? Pas de souci, gronde l'Onyx Tiger.

Les coups s'arrêtent soudainement. Deja s'effondre sur le sol à côté de la porte, et je fais signe à Sonnet de me suivre derrière le canapé.

À Grady Park, « pas de souci » ne signifie pas que c'est terminé. Cela signifie que les emmerdes sont sur le point d'arriver.

Deja lève les yeux vers moi, l'inquiétude se dessinant sur son visage.

— Beau, je peux tout expliquer. Je…

Mais elle est interrompue par le bruit des balles qui fusent dans l'air.

Dans la pénombre, je ne distingue rien, mais j'entends les balles traverser les murs et la fenêtre de devant. Un objet en verre se brise et projette une pluie d'éclats sur le sol. Je tourne la tête sur le côté et je sens la chaleur de la balle qui siffle à quelques centimètres de mon oreille. Je plaque mon corps contre le sol et entraîne Sonnet avec moi.

Les tirs se poursuivent pendant ce qui semble être une éternité. Mais nous sommes au sol, le plus bas possible, loin des fenêtres. Je me dis que nous allons nous en sortir, que nous allons tous nous en sortir lorsque j'entends Parker crier et pousser un grognement de douleur. Il a dû se prendre une balle.

— Jordan ! crie Deja.

Elle commence à ramper à travers la pièce pour le rejoindre, mais Parker le retient au sol, son cou coincé dans le creux de son bras.

Lorsque les tirs cessent enfin, je crois être devenue sourde. J'entends un fort bourdonnement dans mes oreilles. L'odeur de la poudre me brûle les narines et peut-être est-ce mon imagination, mais je vois de fines volutes de fumée s'échapper des dizaines de trous dans les murs.

Nous restons encore cinq minutes allongés sans percevoir d'autre bruit que les faibles gémissements de Deja contre la moquette et les respirations haletantes de Jordan et de Parker. Puis Breon se glisse de dessous le canapé. Je ne l'ai même pas vue se faufiler là-dessous.

— C'est fini ? me demande Sonnet.

J'attrape sa main et la serre de toutes mes forces. Nous avons failli mourir. *Nous avons failli mourir, putain de merde.*

— Lâche-le ! crie Deja à Parker.

Je tourne ma lampe torche vers eux et vois du sang couler du nez de Jordan et un trou dans la manche du sweat gris de Parker, dont la tache de sang s'étend rapidement.

— Appelle le 911, dis-leur qu'on a besoin d'une ambulance, j'ordonne à Sonnet.

— Lâche-moi, putain ! crie Jordan, étranglé.

Il tente de frapper Parker dans les côtes, mais ce dernier ne desserre pas sa prise.

— Ferme-la, crache-t-il. T'iras nulle part, nigga. Tu te souviens du piège que tu m'as tendu ? À ton propre frère ? Estime-toi chanceux que je te foute pas dehors pour les laisser t'exploser la cervelle.

Soudain, Deja saute sur Parker et le frappe au visage pour l'obliger à lâcher prise.

— Lâche-le, putain ! hurle-t-elle.

Je me tourne vers Breon, qui est assise à côté du canapé et semble effrayée.

— Bre, fais quelque chose ! je supplie.

Elle acquiesce et se précipite pour éloigner Deja de Parker. Toutes les deux tombent à la renverse sur le canapé. Mais Deja réagit vite. Elle envoie un coup de coude dans le visage de Breon, se retourne et l'attrape par le cou.

— Toi ! Espèce de salope ! C'est toi qu'es derrière tout ça !

Deja est complètement déchaînée, le sang de Jordan coulant sur son visage et ses bras. Elle a l'air d'une folle. Et désespérée. Je sais que si je ne fais rien, elle étranglera Breon. Je dois me battre contre ma meilleure amie.

Je me jette sur elle et j'essaie de lui faire lâcher Breon, qui suffoque et dont le visage a viré au rouge vif. Mais Deja me repousse d'une main et je trébuche sur la table basse. L'arrière de ma tête heurte le sol. C'est à ce moment-là que je le vois. Un cendrier en verre qui a dû tomber à côté de moi. Je le ramasse. Il est petit, mais lourd.

Sans hésiter, je me relève et frappe Deja d'un coup sec à l'arrière de la tête. Le cendrier se brise en deux dans un claquement sourd et Deja s'effondre sur le sol.

— Est-ce que ça va ? je demande à Breon en l'aidant à se lever du canapé.

Elle acquiesce, massant l'endroit de son cou où les ongles de Deja ont entaillé sa peau.

— Oui, nous sommes à Grady Park. Dépêchez-vous, il y a eu une fusillade ! crie Sonnet dans son téléphone.

— Vérifie si elle va bien, je lance à Breon, en désignant Deja.

— Quoi ?! s'écrie-t-elle en me regardant comme si j'étais folle. Cette salope a failli me tuer !

— Vérifie juste qu'elle respire encore ! Je dois aider Parker.

Je ne connais pas grand-chose aux premiers secours, mais je sais qu'il perd beaucoup trop de sang. S'il s'évanouit et que Jordan s'échappe à nouveau… Je préfère ne pas y penser. Je me rends dans la cuisine et attrape un torchon à côté de la cuisinière.

Je m'agenouille à côté de Parker, Jordan se débattant toujours mollement sous lui.

— Parker, t'es blessé. Panique pas, Sonnet a appelé les secours, j'explique en pressant la serviette sur sa plaie au bras.

Il grimace, mais me laisse appuyer pour ralentir le saignement.

— Bre ! je m'écrie, sans retirer mes mains de la blessure de Parker.

— Oui ? J'ai vérifié, cette salope de Deja est toujours en vie, elle est juste un peu assommée, répond-elle.

— OK, parfait. Va dans sa chambre et regarde dans le tiroir du bas de sa commode. Il y a une paire de menottes roses en fourrure. Ramène-les ici.

Elle me jette un regard perplexe, mais acquiesce. Lorsque Breon revient de la chambre de Deja, elle attache l'un des bras de Jordan au radiateur contre le mur et Parker peut enfin le libérer.

— Aide-moi à le mettre sur le canapé, je demande à Sonnet.

Parker passe son bras valide sur mon épaule et nous l'aidons à s'asseoir sur le canapé. Le torchon que je presse sur sa blessure est déjà imbibé de sang.

— Comment tu te sens ? T'es blessé ailleurs ? je l'interroge en soulevant son sweat à capuche.

Il secoue la tête.

— Non, je crois pas. Putain, j'arrive pas à croire que je me sois fait canarder ici.

Je lève les yeux et le coin de sa bouche se retrousse en un faible sourire.

— Personne n'a jamais dit qu'être garde du corps était sans danger, je réponds.

Dehors, des lumières rouges et bleues se mettent à clignoter, et les sirènes de la police, d'un camion de pompiers et d'une ambulance couvrent nos voix.

— Fais chier ! peste Jordan en essayant de se libérer de ses menottes.

Au sol, Sonnet fait rouler Deja sur le dos, laquelle gémit, mais n'essaie pas de se défendre.

— Qu'est-ce qu'on va dire quand les flics seront là ? demande Breon, en jetant un coup d'œil inquiet à travers le judas de la porte d'entrée.

Je contemple le chaos qui règne autour de moi. Sonnet fait les cent pas dans la cuisine ; Jordan, le nez cassé et le visage ensanglanté, tire sur les menottes roses à poils qui le retiennent prisonnier ; Breon se passe les mains dans les cheveux encore et encore et respire difficilement ; Parker halète toujours sur le canapé et fait la grimace chaque fois que j'appuie plus fort sur son bras ; et Deja, ma meilleure amie, est étendue à côté de moi sur le sol de son propre salon.

Tout ça pour prouver que Katia n'était pas une trafiquante de drogue. Plus rien n'a de sens.

Je me tourne vers Breon.

— On va leur dire la vérité.

CHAPITRE 28

AVANT

La nuit suivant ma grosse dispute avec Katia, j'ai dormi sur le canapé. Non pas parce que j'étais encore en colère, mais parce que j'avais peur qu'elle essaie de me tuer dans mon sommeil.

Je n'arrivais toujours pas à croire que j'avais traité ma grande sœur de « ratée ». Et elle ne m'avait pas frappée, elle s'était contentée d'encaisser sans broncher. Katia m'avait déjà traitée de ratée des milliers de fois, si bien que je me suis dit que je n'avais pas de raison de culpabiliser. Je ne lui aurais même pas dit si elle ne m'avait pas piégée avec la bague de notre père.

Pourtant, même si j'avais raison, je me sentais coupable, le genre de culpabilité honteuse qui vous pousse à vous haïr de toujours dire et faire des choses stupides, et de gâcher la vie de tout le monde.

— Meuf, c'est abusé qu'elle t'ait fait porter le chapeau pour protéger Jordan, s'est indignée Breon, un après-midi, sur le terrain de basket-ball.

Il faisait froid ce jour-là, si bien qu'il n'y avait aucun type torse nu dehors, juste Deja, Breon et moi, emmitouflées dans nos sweats à capuche à regarder les nuages passer au-dessus du soleil.

— C'est vrai, quoi, il est même pas si beau gosse que ça, a renchéri Deja. J'arrive pas à croire qu'elle ait dit que t'avais volé la bague, t'aurais dû lui en coller une, a-t-elle ajouté en mimant un coup.

— Ouais, je sais. Mais j'ai l'impression d'avoir été trop loin, ai-je répondu.

— Tu l'as juste traitée de « ratée » ? Je t'ai appris à faire mieux que ça pour rabattre le caquet des pétasses, a poursuivi Deja. Merde, t'aurais au moins pu la traiter de salope ou quelque chose de plus violent.

— T'as pas vu comment elle m'a regardée ! Je l'avais jamais vue dans cet état-là. On aurait dit que je venais de lui donner un coup de poing en pleine face.

Breon a claqué sa main sur mon épaule.

— Ça, mon amie, c'était le regard du respect. Tu laisses toujours Katia te commander et te parler mal. Maintenant, elle sait que c'est terminé et ça lui fout les boules.

J'ai abandonné l'idée de leur expliquer. Peut-être étaient-elles incapables de comprendre parce qu'elles n'avaient pas de frères et sœurs. J'avais envisagé d'en parler à quelqu'un d'autre, mais peu importe ce qu'on me répondrait. J'avais fait du mal à Katia et je m'en voulais terriblement. Je ne savais même pas que j'étais capable de faire une telle chose.

L'ambiance à la maison a été particulièrement gênante pendant les deux semaines qui ont suivi. Katia était prise par son travail, si bien que je n'avais pas à la côtoyer la plupart du temps, mais le vendredi, il n'y avait plus qu'elle et moi à la maison, jusqu'à ce que ma mère termine son travail à vingt-trois heures.

En rentrant des cours le vendredi, j'ai trouvé Katia dans notre chambre sur son iPad. Elle était installée à MON bureau.

— Qu'est-ce que tu fais là ?! j'ai aboyé depuis l'embrasure de la porte.

Elle a sursauté et s'est tournée vers moi.

— Ah, salut. J'avais juste besoin de faire un truc vite fait.

J'ai croisé les bras.

— Pourquoi t'as besoin de le faire ici ? J'allais dessiner.

Elle m'a dévisagée en plissant les yeux.

— C'est notre bureau à toutes les deux. C'est pas parce que t'as mis tout ton bordel dessus que je peux pas m'en servir aussi.

La salope. Soudain, ma culpabilité s'est envolée et j'étais prête pour le deuxième round. J'étais sur le point de répliquer, mais avant que j'aie eu le temps de dire quoi que ce soit, son téléphone portable s'est mis à sonner.

— Salut, meuf, quoi de neuf ?... Ouais, attends, je vais dans le salon, a dit Katia au téléphone.

Elle m'a donné un coup dans l'épaule en sortant.

Je me suis alors dirigée vers mon bureau et ai récupéré l'iPad pour voir sur quoi elle travaillait.

Il s'agissait d'une candidature. J'ai fait remonter la page jusqu'en haut. Ce n'était pas une candidature quelconque, mais une candidature pour entrer à l'université. La Texas A&M University. Pas étonnant qu'elle se soit comportée comme une vraie garce à mon arrivée. Elle avait dû s'imaginer que j'allais me moquer d'elle.

Je me suis assise à mon bureau et j'ai fait défiler la page pour voir quelle partie du formulaire il lui restait à compléter. Mais elle avait rempli tous les champs. La date limite indiquée en caractères gras et rouges au bas de la page mentionnait que toutes les candidatures devaient être déposées le jour même, avant minuit.

J'ai jeté un coup d'œil à ma montre. Il était bientôt dix-neuf heures. Le formulaire était complété, alors pourquoi Katia ne l'avait-elle pas encore envoyé ?

C'est à cause de ce que je lui ai dit. Peut-être l'avais-je tellement blessée qu'elle avait fini par penser qu'elle était bel et bien une ratée ?

Je l'aurais pensé moi aussi, si j'avais été rejetée des trois meilleurs établissements en dernière année de lycée. Deux ans s'étaient écoulés depuis. Elle devait probablement penser qu'elle n'était toujours pas assez intelligente pour entrer à l'université.

Tout ça parce que je lui avais dit qu'elle était une ratée, alors que je ne le pensais pas.

J'ai parcouru rapidement la candidature une dernière fois, juste pour m'assurer qu'elle n'avait pas fait de faute d'orthographe par mégarde. Puis j'ai fait défiler la page jusqu'en bas avant d'appuyer sur le bouton vert « Envoyer ».

Si elle était acceptée, Katia me prendrait dans ses bras, mais si elle était refusée, elle m'étranglerait. Toutefois le jeu en valait la chandelle. L'université était la seule solution pour faire sortir Katia de Grady Park et l'éloigner de Jordan. Ni elle ni moi n'étions des élèves brillantes, mais cela ne signifiait pas que nous devions renoncer à notre avenir sans même avoir essayé.

La candidature de Katia ne serait pas examinée avant le printemps, mais je me suis imaginé ce que cela pourrait être si elle était acceptée. Ce qu'*elle* pourrait être si elle était acceptée. Lorsque Katia se montrait gentille, je l'aimais bien la plupart du temps. Mais je savais qu'il y avait des aspects d'elle qu'elle n'appréciait pas. Peut-être que le fait d'aller à l'université changerait la donne.

Sans oublier que je ne voulais pas être la première de notre famille à être diplômée. Je voulais que Katia soit la première, pour qu'elle puisse m'aider lorsque je partirais à mon tour à l'université.

Pour moi, cette candidature était le scénario idéal pour Katia. Elle n'en avait parlé ni à nos parents ni à moi, mais ce dossier complété m'avait révélé tout ce que j'avais besoin de savoir. Katia voulait être meilleure qu'elle ne l'était. Et cette fois-ci, elle s'en donnait les moyens. Elle essayait vraiment.

CHAPITRE 29

Les rumeurs vont bon train à Grady Park le week-end de la fusillade. Nous avons failli y passer, mais aux yeux des autres, il ne s'agit que d'un nouveau ragot à colporter. Certains disent que Deja et Jordan géraient un réseau de trafic d'êtres humains depuis l'appartement de Deja. D'autres racontent que j'ai couché avec Jordan et Parker, et qu'ils se sont ensuite retrouvés chez Deja pour se battre pour moi. La pire rumeur étant celle affirmant que j'ai orchestré le meurtre de Katia car je voulais Jordan pour moi seule et que je suis devenue folle quand il a choisi Deja. Ça me met hors de moi de savoir que les gens ont le temps d'inventer toutes ces conneries, tandis que quand j'avais besoin d'aide pour retrouver Jordan, personne n'avait rien à dire. Mais ils peuvent continuer à deviner ce qu'il s'est passé. Personne ne connaît la vérité, à part les six personnes présentes dans l'appartement cette nuit-là.

Quand je passe devant la porte barricadée de Deja ce lundi matin, une haine profonde s'enracine en moi. Je pensais que l'arrestation de Jordan prouverait à tout le monde que Katia était innocente. Mais le seul journaliste venu poser des questions a présenté son article ainsi : « LE SUSPECT D'UN CAMBRIOLAGE PRÉSUMÉ QUI A FAIT UNE VICTIME A ÉTÉ APPRÉHENDÉ ». *Une victime.* C'est comme ça que ma sœur est appelée à présent. Ils mentionnent une mineure de seize ans envoyée dans un centre de détention pendant que les services sociaux enquêtent sur sa mère. Deja a connu de nombreux ennuis auparavant, mais elle n'a jamais été envoyée en centre de détention. Sans moi pour la soutenir, je parie qu'elle est effrayée, là-bas avec toutes ces filles qu'elle ne connaît pas. J'ai presque peur pour elle, mais je ne me préoccupe plus d'elle. Plus maintenant.

Quand ils ont appris pour la fusillade, mes parents se sont déchaînés contre moi pendant au moins quarante-huit heures. Ils m'ont dit que j'étais punie à vie, mais m'ont quand même laissée parler à Parker au téléphone à sa sortie de l'hôpital, deux jours après la fusillade.

Je ne sais toujours pas d'où venaient les huit mille dollars trouvés dans notre chambre, mais personne ne m'a posé de questions à ce sujet, si bien que je me dis qu'il s'agissait peut-être vraiment des économies de Katia. Je les ai cachés sous mon lit, car le plan « quitter Chicago » est toujours d'actualité.

Un jour, j'aurai besoin de cet argent.

Le mardi matin, alors que je descends du bus et que je franchis les portes de Millennium Magnet, mes baskets couinant en raison de la pluie battante tombant au-dehors, tout le monde m'observe du coin de l'œil. Je suis semblable à une sirène marchant sur la terre ferme pour la première fois, le glamour et la magie en moins. Je suis une masse mouillée, sombre et laide. Quelque chose de dangereux.

J'essaie de me faire aussi petite que possible et de me faufiler à travers la foule jusqu'à mon casier. Si quelque chose a changé, c'est que les rumeurs sur Katia et ma famille sont pires qu'auparavant.

Je sors un livre de mon casier quand je sens une main se poser sur mon épaule.

— Salut, dit Champion dans un demi-sourire maladroit.

— Salut, je réponds sèchement.

Je ne suis pas d'humeur pour ses reproches en ce moment. Je ne suis d'humeur pour rien.

— J'ai entendu dire qu'il y avait eu une fusillade dans ta cité ce week-end. Je voulais t'appeler pour m'assurer que t'allais bien. Mais je savais pas si t'avais envie de m'entendre.

— T'as bien fait, dis-je en claquant la porte de mon casier et en m'éloignant.

Il m'emboîte le pas.

— Allez, Beau ! Merde, j'essaie de m'excuser, mais tu me laisses aucune chance !

Je me retourne si vite qu'il manque de me percuter.

— Je suis pas obligée d'accepter tes excuses juste parce que monsieur est soudainement désolé ! T'as dit que t'en avais fini avec moi.

— Tu m'as pas vraiment laissé le choix !

— Champion, tu t'es déjà demandé comment je me sens ? Je viens de me faire tirer dessus. Je n'ai pas de temps pour toi en ce moment.

Puis je fais volte-face et le laisse planté là, la bouche entrouverte. Il ne me suit pas.

Sonnet m'a conseillé d'écrire ce que je voulais dire avant de rendre visite à Jordan, pour ne rien oublier. Mais en essayant hier soir, je ne savais plus quoi noter. C'est étrange. J'attendais ce moment depuis plus de cinq mois et je n'avais jamais vraiment pensé à ce que je lui dirais. J'ai envie de lui crier dessus. Mais je crois surtout que je veux savoir pourquoi il a laissé Katia mourir comme ça.

Breon m'a assuré que je pouvais me contenter d'envoyer une lettre, mais ça ne suffirait pas. Je veux le regarder dans les yeux et entendre ce qu'il a à dire de vive voix.

Le mercredi, après les cours, j'attends au coin de la rue, vêtue d'un sweat à capuche, d'un jean et de mes Nike Air Max. Je n'ai pas pris mon sac à main afin d'accélérer le passage de la sécurité.

À l'heure prévue, Cierra arrive dans la Buick de sa mère. Je m'installe sur le siège passager.

— Merci de faire ça, dis-je alors que nous nous engageons dans la circulation.

— Pas de souci. Je lui ai dit que je ne prendrais plus ses appels s'il ne te parlait pas, répond-elle.

— T'es plus en colère contre lui ?

Jordan ne s'est pas contenté de la mettre enceinte et de l'abandonner, il fréquentait aussi une autre fille.

Mais Cierra secoue la tête.

— Au début, oui. Mais il m'a appelée depuis la prison, et on a discuté. Il m'a dit qu'il avait peur d'être un mauvais père, puisque le sien a été enfermé quand il n'était qu'un bébé. Ça explique pourquoi il ne voulait pas être là pour l'accouchement, et tout le reste.

Non, ça n'explique rien du tout.

— Et pour toutes les tromperies, il a dit quoi ?

— Il m'a expliqué que les OT avaient commencé à le rechercher alors qu'il avait récupéré un peu d'argent pour Jordan Junior. Il avait l'intention de me le donner, mais il y a eu cette fusillade avec la police. Comme je répondais pas à ses appels à l'époque, il a dû trouver un endroit où se planquer. Il m'a dit que ton amie Deja était un plan de secours. Ne le prends pas mal.

Je lève les yeux au ciel. J'aurais dû me douter que Jordan essaierait d'échapper à la prison. Je n'ai même pas besoin de lui demander pour savoir que Cierra a mis de l'argent sur ses comptes. Ensuite, Jordan lui a raconté tout ce qu'elle avait envie d'entendre. Quelqu'un devrait lui dire qu'il se sert seulement d'elle, mais cela ne changerait sûrement rien. Ça n'a rien changé avec Katia.

Une fois arrivées à la prison où Jordan est incarcéré, nous disposons de trente minutes avec lui, tous les trois.

Nous entrons dans la salle de visites beige où des tabourets en métal sont placés devant des fenêtres en verre. Il y a des numéros noirs peints en haut de chaque cabine, de un à dix. La salle est remplie de monde.

J'aperçois un couple de personnes âgées blanches au bord des larmes. Il y a beaucoup de bébés, certains geignant, d'autres pleurant, leur visage enfoui dans les cuisses de leurs mères pendant qu'elles tentent de les calmer en tenant le combiné du téléphone coincé dans le creux de leur épaule. Personne d'autre que moi ne semble être perturbé par l'aspect stérile et froid de la pièce, mais j'imagine que ce sont là des visiteurs réguliers. Des proches.

Cierra et moi nous dirigeons vers la seule cabine vide, la numéro huit.

Jordan est déjà assis de l'autre côté, vêtu d'une combinaison orange. Il a des cernes violets sous les yeux et des égratignures rouges sur le cou. Je m'attendais à ce qu'il ressemble à une coquille vide, triste, maigre, pâle. Mais malgré les blessures, il a toujours cette allure arrogante qui rend les filles stupides folles de lui. Bien qu'il soit évident qu'il s'est fait passer à tabac plusieurs fois, il se tient droit sur son siège tel un roi recevant ses serviteurs.

Cierra me fait signe de m'asseoir sur le tabouret le plus proche du téléphone, et je m'exécute. Je décroche le combiné et le porte à mon oreille. Jordan attend un moment, puis fait de même.

Il n'a pas l'air surpris de me voir. Il n'a pas l'air de s'en soucier.

Je suis tellement en colère que je commence à trembler. J'ai envie de lui crier toutes les insultes possibles à pleins poumons. J'ai envie d'exploser et de laisser tous les mots qui flottent dans ma tête jaillir comme des poignards lancés en plein dans sa carotide. Je voudrais faire une scène, balancer des objets, frapper des gens et pleurer.

Mais je me suis déjà promis de ne rien faire de tout ça. À peine commencerai-je à péter les plombs qu'ils nous expulseront probablement et nous banniront d'ici.

— Salut, je lance.

— Salut, répond-il, un sourire narquois se dessinant au coin de ses lèvres.

— T'as rien à me dire ? je demande.

Jordan ne cille même pas.

— Pas vraiment.

— Et à propos de ce que t'as fait à ma sœur ?

Ses narines se dilatent.

— J'ai rien fait à Katia.

— Tu l'as laissée seule cette nuit-là. T'es même pas retourné voir si elle allait bien, t'as même pas appelé de l'aide ! Tout ce qui t'intéressait, c'était ta petite personne.

Il me fixe avec des yeux plissés, et j'aperçois le muscle de sa mâchoire se contracter.

— Je sais que tu m'aimes pas, mais j'aimais Katia. Crois ce que tu veux, mais c'est la vérité.

Si Cierra entend ce qu'il dit, elle ne réagit pas.

Je ris.

— Ouais, tu l'aimais tellement que t'as jamais pris la peine de nous appeler pour nous dire ce qui s'était passé. T'es même pas venu à ses funérailles. Et puis t'as osé tromper ma sœur avec ma meilleure amie ! Ma meilleure amie *de seize ans*.

— Tu vois, c'est pour ça que les gamines comme toi feraient mieux de rester chez elles. Tu sais rien et t'es beaucoup trop à fleur de peau. J'en avais rien à foutre de Deja. Elle voulait m'aider, alors je l'ai laissée faire. C'était après Katia.

— Donc, t'as utilisé Deja.

— Si c'est ce que t'as besoin d'entendre, alors ouais, c'est ça.

Je me tourne vers la femme dans la cabine voisine. Elle semble avoir à peu près l'âge de Katia, vêtue d'une longue robe bleue fluide qui forme une mare à ses pieds.

— Il va bien, dit-elle dans son combiné. Il court partout dans la maison et déchire tout. Ta mère dit que je dois le frapper, mais je ne peux pas faire ça…

Je me retourne vers Jordan.

— Dis-moi. Si t'aimais Katia, comment tu peux accepter que l'homme qui l'a tuée soit en liberté ?

Il soupire.

— C'est pas comme si je pouvais y faire quoi que ce soit. Tu t'en es assurée en me faisant coffrer ici.

— Et tu comptais faire quoi depuis le lit de Deja ?!

Il jette un coup d'œil à gauche et à droite avant de baisser la voix.

— J'attendais que la pression retombe. Je l'aurais *descendu*.

Je n'ai rien à voir avec Jordan, mais j'y ai pensé, moi aussi, à traquer Peter Johnson et à lui loger une balle en plein cœur. Ce serait mentir de dire que sa mort ne me ferait pas du bien, que je ressentirais ne serait-ce qu'une once de remords après coup. Mais qu'il meure avant de dire au monde ce qu'il s'est vraiment passé cette nuit-là, sans reconnaître ce qu'il a fait, ce n'est pas rendre justice à Katia. Ce n'est pas rendre justice à ma famille.

— Non pas que je croie que tu tenais suffisamment à elle pour tuer, mais en quoi ça aurait prouvé son innocence ? je réplique. Comment on peut laver son nom si le salopard qui l'a tuée est mort ? Ça t'est jamais venu à l'esprit ?

Jordan pose ses coudes sur la table devant lui et se met à rire.

— Beau, tu crois vraiment que t'as tout compris, hein ? Je suis accusé de meurtre. De *meurtre*.

— De meurtre ? Tu veux dire que t'as…

— Non, c'est pas moi. On veut me faire porter le chapeau. Mais tu t'en fous de ça, pas vrai ? Je pourrais ne jamais sortir d'ici !

— Raison de plus pour dire à la police que Katia était innocente !

— Mon père a passé la moitié de sa vie derrière les barreaux. J'avais une réputation avant même de franchir la porte de cette prison. C'était comme s'ils m'attendaient. Tu penses vraiment que ces gens croiront un mot de ce que j'ai à dire ?

— On ne le saura jamais si tu n'essaies pas.

Il lève les yeux vers le plafond et secoue la tête.

— Tu sais, ce que j'aimais chez ta sœur, c'est qu'elle me remontait toujours le moral, elle me disait que je pouvais être rappeur, que je pourrais enregistrer des singles avec Kanye et Chance, peut-être la voix d'un petit Trey Songz posée sur un refrain. Quand je l'ai rencontrée ce jour-là, sur le terrain de basket pendant que je jouais, je me suis dit qu'elle était stupide. Mais elle croyait *vraiment* à tout ça. Elle pensait qu'on allait devenir quelqu'un.

— Elle était stupide de penser ça de toi, je lance.

Il me surprend en répondant :

— Je sais. Parce que je vis dans la réalité. Mais toi et ta sœur, vous vivez dans une sorte de bulle et vous voulez pas comprendre comment fonctionne vraiment le monde. Parfois, c'est mignon, mais parfois, ça te fout dans la merde.

— Quel rapport avec ton témoignage à la police ?

Il frappe du poing sur le comptoir.

— Tu comprends toujours pas ?! La vérité n'a aucune importance ! Pas si elle vient de moi, pas si elle vient de toi, même pas si elle venait de Katia. Personne se soucie de la vérité quand elle vient de gens comme nous.

Ses yeux marron me transpercent à travers la vitre, et je sais qu'il a laissé tomber son petit jeu d'acteur arrogant. Il croit vraiment ce qu'il dit. À présent, c'est *moi* qui ne sais plus quoi croire. Il a raison, compte tenu de son passé avec la justice, mais je ne me suis jamais dit que ce qu'il avait à dire ne ferait pas la différence. C'est la seule autre personne qui était là. Son histoire doit compter, elle doit signifier quelque chose. J'ai besoin qu'elle signifie que quelque chose va changer pour nous.

— La vérité compte. Elle compte toujours, je dis, mais ma voix tremble, car à en juger ce qui m'est arrivé ces derniers mois, Jordan a raison.

— Ce système choisira jamais des gens comme nous plutôt qu'un homme blanc. Surtout un flic. Ils croiront ce qu'ils veulent bien croire, et ils veulent croire qu'un mec comme moi faisait des conneries. Ils savent déjà ce qui s'est passé.

— Qu'est-ce que tu faisais là, alors ? Pourquoi t'étais sur le porche de ce type à quatre heures du matin ?

Jordan soupire.

— On allait chez mon pote. La batterie de la voiture était à plat parce que Katia avait laissé les phares allumés pendant qu'on était en boîte. J'ai appelé mon pote pour qu'il vienne nous donner un coup de main, mais il a pas répondu. Je savais qu'il vivait pas loin, alors j'ai dit à Katia de descendre et de marcher avec moi jusque chez lui. Elle devait attendre là-bas avec sa copine pendant que mon pote et moi ramènerions sa voiture.

— OK… et qu'est-ce qui s'est passé ensuite ? Pourquoi t'es pas allé chez lui ?

— Je pensais que c'était là ! Mais il faisait noir… et j'avais bu un peu… Les maisons dans cette rue, elles se ressemblent toutes, même en plein jour. Alors on est arrivés là-bas, et je pensais que c'était chez mon pote. On a frappé et il a pas répondu. On a appelé et toujours pas de réponse. Je savais qu'il était chez lui, alors j'ai ouvert la porte moustiquaire et j'ai frappé de grands coups à la porte pour le réveiller. Mais rien. Alors on est juste restés là, sur le porche, à se demander qui appeler, quand la porte s'est ouverte.

Je presse le combiné plus près de mon oreille et ferme les yeux, essayant d'imaginer ce que Katia a ressenti à ce moment-là. Était-elle ivre ? Était-elle défoncée ? A-t-elle vu venir le coup ?

— Je me souviens de rien. Juste d'avoir entendu *bang bang bang !* Il y a eu des éclairs de feu. J'ai couru aussi vite que j'ai pu. Je pensais que Katia était juste derrière moi.

— Tu as regardé ? je demande, un nœud se formant dans ma gorge.

Jordan détourne les yeux avec honte et secoue la tête.

— Il tirait encore ! Je pensais qu'il me poursuivait. J'ai continué à courir, j'ai essayé de m'éloigner autant que possible. J'ai fini par tomber sur mon pote, assis dans sa voiture, dans son allée, environ cinq maisons plus loin, et je lui ai raconté ce qui s'était passé. Je lui ai dit qu'on devait retourner chercher Katia, mais il a répondu qu'ils m'arrêteraient. Il a dit qu'elle avait probablement couru dans l'autre direction.

— Et tu l'as cru ? je fais, sceptique.

— Je voulais le croire. Ensuite, j'ai pensé que, même si elle allait pas bien, qu'est-ce que je pouvais faire ? Je suis pas médecin. Si j'étais retourné là-bas, soit ce gars m'aurait tué, soit j'aurais été arrêté sur-le-champ.

— Au moins, elle serait pas morte seule !

— Alors quoi ? Elle serait morte heureuse si on s'était tous les deux vidés de notre sang dans la rue ?

— T'aurais dû essayer ! Tu t'es enfui et tu l'as laissée là, toute seule. T'aurais peut-être pu faire quelque chose, mais tu le sauras jamais parce que t'es un lâche !

— T'es qu'une gamine qu'a jamais eu à se soucier de ce genre de choses, rétorque Jordan. Tu sais pas ce que tu ferais avec un flingue braqué sur ta tête.

— Si, parce que j'aimais Katia. C'était ma sœur, mon sang. Je l'aurais jamais laissée seule comme ça, et elle m'aurait pas laissée non plus !

Les joues de Jordan rougissent de colère.

— C'est ma faute, c'est ça ? Les gens ont toujours besoin de trouver un bouc émissaire. Pas le flic qui a tiré sur nous sans raison, mais moi. Tu veux que je sois responsable. C'est pour ça que t'as convaincu la mère de mon gosse de t'emmener ici ? Pour m'entendre dire que c'est ma faute ? OK. C'est ma faute. Tu te sens mieux, maintenant ?

Je plisse les yeux en le fixant.

— Et pour la drogue dans la voiture ? T'as dit à la police qu'elle était à toi ?

Ses yeux marron évitent les miens et se dirigent vers le sol.

— Je vois pas de quoi tu parles.

— J'aurais préféré que ce soit toi cette nuit-là, je lance, sans ciller.

Mes parents m'ont toujours dit qu'il ne fallait jamais souhaiter la mort de quelqu'un, mais ils ne sont pas là, et c'est ce que j'aurais voulu. Voir Jordan allongé dans un cercueil, pendant que sa famille pleure au-dessus de lui, comme on a dû le faire pour Katia.

Jordan hoche la tête lentement

— Ça aurait dû être moi. Mais peut-être que je suis censé mourir ici, qui sait. J'ai pas pu protéger Katia. Je peux même pas me protéger moi-même ! Plus tu restes à Grady Park, plus tu risques de te faire tirer dessus. Qui vit et qui meurt, parfois, c'est juste une question de chance.

Derrière nous, un trio de bambins aux cheveux bouclés commence à pleurer alors que leur mère les fait descendre de leurs chaises. Une des petites filles porte des perles violettes au bout de ses tresses. Elle se tient sur le tabouret, frappant contre la vitre et pleurant alors qu'un homme s'éloigne de l'autre côté.

— Je suis pas stupide, dis-je en me retournant vers Jordan. Tu sais pas si t'aurais pu protéger Katia, parce que t'as même pas *essayé*. Alors tu peux me lâcher avec tes conneries, parce que t'es pas à plaindre. Ta vie est foutue, mais c'est quand même une vie. Celle de Katia est finie.

Jordan pose sa tête sur son bras comme s'il s'ennuyait.

— Autre chose, gamine ?

Je sais que je le touche, parce que ce ton arrogant et sournois est revenu dans sa voix. Il se cache de nouveau dans sa coquille, c'est plus facile que d'entendre la vérité. Mais je ne partirai pas d'ici avant qu'il ne l'entende.

— Je sais que ça te ronge, Jordan. C'est pas parce que t'as pas appuyé sur la gâchette que t'as pas joué un rôle là-dedans. Katia était folle de toi. Elle aurait fait n'importe quoi pour toi, et tu le savais ! Mais la seule fois où elle a vraiment eu besoin de toi, tu l'as laissée tomber. Peu importe comment t'essaies de te convaincre du contraire, tu seras *toujours* en partie responsable de la mort de ma sœur.

Je raccroche violemment le combiné et me lève sans un regard en arrière pour Jordan.

Après le tour de Cierra, nous sortons ensemble de la prison et une pluie fine s'abat du ciel mauve du soir. J'expire, me disant que le poids qui pèse sur ma poitrine va enfin se dissiper, mais ce n'est pas le cas. Je ne suis pas soulagée. Mais je me sens un peu mieux en sachant que Jordan ne l'est pas non plus.

Le lendemain matin, mon père et moi sommes assis dans le luxueux bureau de maître Anniston. Nous avons essayé de convaincre ma mère de venir avec nous, mais elle a répondu qu'elle était trop fatiguée, ce qui est un code pour « j'ai déjà abandonné ».

— Les fauteuils sont confortables, dit maladroitement mon père pendant que nous attendons maître Anniston.

— Ouais, on devrait en acheter pour la maison, je réponds.

Je suis nerveuse comme jamais, car je n'ai pas dit à mon père que j'étais allée voir Jordan hier. Je ne l'ai dit à personne, parce que je ne sais toujours pas ce que ça signifie. Je risque peut-être de compromettre l'affaire en dévoilant ses propos. Non pas que je n'aie pas déjà tout gâché depuis le début de cette histoire.

Mon plan est de tout raconter à maître Anniston devant mon père. Ainsi, il devra attendre qu'on rentre à la maison avant de me tuer. Mais si c'est une bonne nouvelle et qu'on peut obtenir un procès, ils me remercieront tous.

Après quelques minutes, maître Anniston entre dans son bureau avec une énorme chemise en carton remplie de papiers qu'elle pose sur sa table en s'asseyant. Son assistante, une blonde aux lèvres rouge vif, nous apporte à mon père et à moi une bouteille de jus de pomme chacun, avec deux verres remplis de glaçons.

— Je suis contente que vous ayez pu venir aujourd'hui, monsieur Willet, dit maître Anniston.

— C'est normal. Ma femme voulait venir, mais elle avait besoin de se reposer.

— Ce n'est pas un problème. Nous pourrons la tenir au courant plus tard. Nous avons beaucoup de choses à traiter, notamment au sujet de Jordan Samson, répond maître Anniston en me regardant.

Je me rapetisse sous son regard.

— Je vous assure que je n'avais aucune idée que Jordan se cachait si près de chez nous, dit mon père. Si j'avais su, je l'aurais tué moi-même !

— Je ferai comme si je n'avais rien entendu, monsieur Willet. Ce qui est important, c'est que Jordan Samson est en détention. J'ai eu l'occasion de parler à son avocat au téléphone ce matin.

Mon cœur se serre. *Oh merde.*

— J'ai ensuite eu une autre conversation avec le procureur au sujet du témoignage possible de Jordan.

— A-t-il accepté de témoigner à la barre ? je demande, me penchant en avant sur mon siège.

Maître Anniston pince les lèvres comme le font les gens lorsqu'ils s'apprêtent à vous annoncer une mauvaise nouvelle.

— Il a accepté de témoigner contre l'officier Johnson. Dans le cadre d'un accord de plaidoyer pour son propre procès pour meurtre.

Mon père pose sa bouteille de jus et nous regarde, maître Anniston et moi.

— Attendez, son propre procès pour meurtre ? Qui a-t-il tué ?

— Apparemment, un autre membre de gang dans le sud de l'Illinois. Le meurtre a eu lieu l'été dernier, mais ce n'est que lorsque Jordan s'est enfui que plusieurs informateurs se sont manifestés pour l'identifier comme le coupable.

Mon cerveau fonctionne à une vitesse folle, comme si j'étais une détective.

— C'est trop facile. Vous pensez qu'il a été piégé ? Par son propre gang ?

Maître Anniston hoche la tête.

— Qu'est-ce que ça signifie pour nous ? questionne mon père.

— Le procureur a présenté l'accord de plaidoyer à la famille de la victime. Ils l'ont refusé.

Mon père et moi restons là à la fixer, attendant la suite. J'ignore combien de fois nous devons dire à cette femme que nous ne comprenons pas ce qu'elle raconte. Mais je peux voir à la manière dont elle nous regarde, comme si nous étions de pauvres chiots aux pattes cassées, que c'est une mauvaise nouvelle.

— Il ne peut pas témoigner quand même ? Sans accord de plaidoyer ? interroge mon père.

— Il pourrait, mais en général, les accusés qui sollicitent un accord de plaidoyer sont réticents à l'idée de dire la vérité pour des raisons d'intégrité. À ce stade, l'État n'a rien à offrir à Jordan. Ils peuvent le forcer à se présenter à la barre, mais il plaidera probablement le cinquième amendement à chaque question qu'on lui posera.

Mon père se met à se frotter le menton.

— Peut-être qu'on pourrait convaincre la famille de changer d'avis sur l'accord de plaidoyer ? Est-ce qu'ils savent ce qui est arrivé à ma fille ? Que le flic s'en sort librement ?

Maître Anniston soupire.

— Je suis sûre qu'ils sont au courant, monsieur Willet, mais la situation est délicate. Leur fils de quatorze ans a été assassiné. Ils désirent que justice soit faite pour lui tout autant que vous le désirez pour votre fille. Je ne pense pas qu'il y ait quoi que ce soit qui puisse les faire changer d'avis à ce stade.

— Mais il n'a rien fait ! je crie, sentant mes yeux commencer à brûler, pas par pitié pour Jordan, mais de tristesse pour ma famille, pour Katia.

J'ai passé tant de temps et sacrifié tellement de choses pour attraper ce type, et maintenant tout m'échappe comme de l'eau entre les doigts.

— Je pense que tu as de bonnes chances d'avoir raison, Beau. Mais si l'État a des preuves pour l'inculper, ils le feront, qu'il l'ait fait ou non. C'est injuste, je sais, mais c'est ainsi que la justice fonctionne parfois. C'est un système imparfait, mais c'est pour ça que je suis ici. Pour obtenir la moindre compensation possible pour toi et ta famille. On en a déjà parlé, il est temps d'engager la procédure de plainte pour mort injustifiée contre la ville de Chicago.

— Et pour le procès ? On ne peut pas avancer sans Jordan ? Je lui ai rendu visite hier, et il m'a raconté ce qui s'est passé cette nuit-là. Ils étaient à la mauvaise adresse, ils n'essayaient pas de cambrioler !

Mon père se tourne vers moi, les yeux écarquillés.

— T'es allée où ?!

Mais maître Anniston l'ignore.

— Beau, je sais que tu voulais bien faire, mais ça ne marche pas comme ça. Ton témoignage sur les événements serait considéré comme du ouï-dire, puisque tu n'étais pas présente sur les lieux. Ce n'est pas suffisant pour que le procureur dépose un chef d'accusation envers Peter Johnson.

— Qui t'a emmenée là-bas pour voir ce type ?! s'exclame mon père, me fixant comme s'il s'apprêtait à me demander d'aller chercher la ceinture.

— Je voulais juste aider, dis-je en m'enfonçant dans ma chaise, laissant les coussins m'engloutir.

J'ai l'impression d'être dans une partie truquée de Monopoly où tout le monde triche sauf moi. J'enfonce mes ongles dans l'accoudoir de la chaise.

— C'est en partie ma faute, déclare maître Anniston, regardant mon père avec compassion. J'ai peut-être laissé croire, sans le vouloir, que Jordan serait la clé pour résoudre cette affaire. À l'époque, c'est ce que je pensais. Mais c'était avant que les accusations de meurtre ne surgissent. Croyez-moi, Arlen et Beau, j'ai tout fait pour. Je n'ai cessé d'avoir des réunions avec le procureur, et peu importe dans quel sens je retourne cette situation, il n'y a tout simplement aucun moyen de gagner. Nous n'avons pas assez de preuves.

Mon père baisse les yeux sur ses mains, comme un enfant qui ne sait pas quoi faire de lui-même. Il y a quelques mois, il aurait probablement crié, hurlé, et peut-être même renversé ce grand bureau en chêne devant nous. Mais je vois dans ses yeux qu'il est fatigué. Fatigué de se battre contre quelque chose que nous ne pouvons vaincre.

— On pourrait organiser une manifestation, je propose. Juste devant le tribunal. Il faut attirer leur attention !

Mais même moi, je commence à comprendre que c'est sans espoir. Qui viendrait ? Tout le monde pense que Katia était une dealeuse. Je peux le nier autant que je veux, mais pour le reste du monde, Katia est une affaire classée, du passé. Il n'y a plus que nous pour qui elle compte encore.

— Je ne suis pas contre l'idée d'une manifestation, mais ça ne changera pas la décision du procureur. Notre meilleure option, c'est de déposer une plainte au civil. Cet argent ne ramènera pas Katia, mais il allégera le fardeau financier de sa mort. Nous allons demander des indemnités pour les frais médicaux, la perte de revenus, la douleur et la souffrance, tout ce que je peux vous obtenir. Ça ne vous semble peut-être pas utile maintenant, mais ça vous aidera à l'avenir.

— Quel avenir ?! je m'exclame, en me levant brusquement de ma chaise.

— Beau ! crie mon père.

Mais j'en ai assez de l'écouter. J'en ai assez d'écouter tous ces gens qui me disent d'abandonner.

Maître Anniston ne semble pas perturbée, comme si elle avait l'habitude qu'on lui crie dessus.

— Beau, crois-moi, j'ai fait tout ce que j'ai pu. Mais le système judiciaire n'est pas parfait.

— Il fonctionne très bien pour les flics pourris ! Alors, pourquoi vous ne pouvez pas fouiller dans tous ces bouquins stupides et trouver quelque chose pour nous aider ?

Mon père me saisit par le bras.

— Beau Brianca Willet ! Tu ferais mieux de poser ton derrière noir sur cette chaise avant que je te force à le faire moi-même !

Je retire brusquement mon bras.

— Arrête de me dire quoi faire ! Beau, fais le ménage ; Beau, aide ta mère ; Beau, fais tout pour tout le monde !

Mon père pousse un soupir et se tourne vers notre avocate.

— Je suis vraiment désolé pour ma fille. Elle a clairement perdu la tête.

— Non, je n'ai pas perdu la tête ! je crie. Pourquoi est-ce que je suis la seule à me soucier de laver le nom de Katia ? Ou de faire enfermer ce flic pour qu'il ne puisse plus tuer d'innocents ? Pourquoi personne ne veut m'aider ?!

Mon père se lève et s'éclaircit la gorge.

— Désolé, maître Anniston, peut-être qu'il vaut mieux reprendre ça une autre fois. Beau, on y va, dit-il, se dirigeant vers la porte.

Je me tourne de nouveau vers l'avocate, espérant que mon explosion de colère la fasse changer d'avis, qu'elle comprenne enfin que je ne peux pas passer le reste de ma vie en sachant que l'homme qui l'a détruite se promène librement. Mais elle me regarde encore avec ses yeux de chien battu, me disant ce que je sais déjà : qu'il n'y a plus rien qu'elle ou qui que ce soit d'autre puisse faire. Cela ne me suffit pas. Ça ne me suffira jamais.

La nuit après notre entretien avec maître Anniston, je m'assieds entre mes parents sur le canapé, et nous regardons les informations à propos du cinquième anniversaire de la mort par balle d'un homme noir nommé Diamante Jones. Ce flic-là non plus n'a pas été arrêté. Il n'y a rien dans les nouvelles à propos de Katia. Personne ne s'en soucie.

Pour le reste du monde, c'est comme si elle n'avait jamais existé. Comme si je n'existais pas non plus. J'ignore ce qui me prend, mais tout à coup, je me lève et mon poing s'abat sur l'écran plat, le faisant tomber du meuble TV et fissurant l'image.

— Mais t'as perdu la tête, ma fille ?! hurle mon père.

Le bruit de mon poing fracassant l'écran a dû sortir ma mère de sa transe, car elle me regarde, elle me regarde *enfin*.

— Tu crois que t'es chez une de tes copines ? Parce que, dans cette maison, tu ne casses pas des trucs que t'as pas achetés ! Tu sais combien a coûté cette télé ?

— Je sais, répond ma mère depuis le canapé. C'était une offre Black Friday, cent trente dollars chez Best Buy, il y a deux ans. Vous vous rappelez de cette nuit-là ?

Elle fixe un point au-delà de nous, dans la télévision, comme si ses souvenirs défilaient à l'intérieur des morceaux brisés. Non pas parce que je viens de détruire notre seule télé à mains nues.

— Basil, mais qu'est-ce que tu racontes ?! T'as vu ce que ta fille vient de faire ?! Qui va la remplacer, hein ?

— On s'en moque ! On la regarde plus, sauf quand quelqu'un se fait tuer. On ne peut plus regarder la télé sans Katia !

— Pourquoi pas ?

La voix de mon père s'adoucit alors qu'il s'avance lentement vers moi. Il me prend pour une folle. Il essaie simplement de me calmer pour pouvoir me laisser seule avec ma mère, une fois de plus. Très bien, qu'il le fasse.

— Parce qu'on ne peut pas ! Je ne veux pas. Tu crois vraiment que tu vas t'asseoir encore une fois sur ce canapé pour regarder les Bulls jouer ? Je ne supporte même plus d'être dans cette maison !

Ma mère se lève du canapé, tend la main vers moi, mais je ne la prends pas. Mes parents s'avancent vers moi, des larmes brillantes dans les yeux. Ils ouvrent leurs bras, attendant que je capitule. Que je me mette à pleurer comme une gamine et que j'admette qu'ils avaient raison depuis le début, sur tout. Que j'ai perdu mon temps. Que Katia a vraiment été arrachée à nos vies pour toujours.

Non.

— Ne me touchez pas ! je crie à mes parents. Ne me touchez pas, ne me serrez pas dans vos bras, ne faites rien. Comme vous l'avez fait tout ce temps.

— Ma chérie, on souffre nous aussi ! Tu ne le vois pas ? demande mon père.

— Tout ce que je vois, c'est que tu nous laisses, maman et moi, seules à nouveau ! T'as dit que tu regrettais de pas avoir été là la nuit où elle… Mais ça fait des mois et tu ne restes *jamais* la nuit ! Tu t'en fiches si ça recommence. Et si les flics venaient au milieu de la nuit et essayaient de nous embarquer ? Tu ne pourrais rien faire !

Je ne sais même pas si mes mots ont encore du sens. Mes pensées bouillonnent, débordant dans mon esprit et se déversant hors de ma bouche, mais mes lèvres ne suivent pas, et tout se mélange.

— Ne dis pas ça. Personne ne va te faire de mal, Beau !

— Comment tu peux le savoir ? T'as aucune idée de ce qu'ils m'ont dit ! De la façon dont ils me regardent, ces enfants blancs au lycée, ce flic qui m'a frappée dans le ventre et jetée par terre…

Les yeux de mes parents s'écarquillent. Mais c'est trop tard à présent.

— Attends une minute, ces enfoirés t'ont frappée ?! Tu ne me l'as jamais dit ! hurle mon père.

— Parce que ça aurait servi à rien ! Qu'est-ce que t'aurais fait ? Qu'est-ce que tu peux faire ? Rien.

— Beau, on veut juste…

— Ça n'a aucune importance. Rien de tout ça n'a d'importance. Tu sais qu'il n'y a eu qu'un seul article en ligne sur la fusillade chez Deja ? Et rien aux infos. J'ai veillé toute la nuit la semaine dernière à attendre qu'ils disent quelque chose à ce sujet ou à propos de Katia, mais ils ne l'ont jamais fait. Ça. N'a. Pas. D'importance.

La voix de ma mère implore :

— Je sais que ce n'est pas le résultat que tu voulais, mais chérie, c'est la vie. C'est ça, faire partie de la vie. On va souffrir, on va avoir mal, très mal. Mais quand cette phase sera passée, on va vivre.

— Alors tu ne verras pas d'inconvénient à ce que je passe ce putain de deuil en accéléré, non ?

— Surveille ton langage !

Je tourne sur mes talons et cours vers notre chambre, ma chambre, MA chambre. Mes parents me suivent de près, mais je craque. Je balaie tout ce qui se trouve sur la coiffeuse de Katia. Vernis à ongles, crèmes, lotions, sérums s'écrasent contre le plancher, laissant des taches qu'on ne pourra jamais effacer.

— Qu'est-ce que tu fabriques ? demande ma mère, comme si elle parlait depuis les abysses, quelque part loin derrière moi.

— Je me débarrasse de ses affaires ! Les infos avaient raison, vous aviez raison, rien de tout ça n'a d'importance, alors Katia non plus !

Je saisis le tabouret blanc et l'utilise pour fracasser le miroir, les ampoules jaune vif éclatant comme des étoiles dans un ciel blanc.

Mes mains s'empressent d'arracher chaque Polaroid de ma sœur et de ses amis qui tapisse le mur. J'en déchire certains en minuscules morceaux. La pièce devient floue, et soudain, je suis de mon côté de la chambre, tirant les tiroirs de mon bureau, jetant crayons, stylos et anciens dessins par terre. Je prends mon carnet de croquis préféré pour frapper la lampe de mon bureau, plongeant la pièce dans la semi-pénombre, seule une dernière ampoule du miroir de Katia restant allumée.

Je m'arrête et la regarde. Cette dernière ampoule. Se consumant au milieu de tout ce que je viens de détruire.

Mes parents enroulent leurs bras autour de moi par-derrière, et je m'effondre contre eux, je ne suis plus qu'une enfant, un bébé, des pleurs.

Katia est morte. Elle est morte *pour de bon*.

Et elle m'a laissée ici.

Mes parents et moi glissons sur le sol en un tas informe. Je me fais toute petite, enfonçant ma tête dans la chemise de mon père, imprégnée de l'odeur de bière Reggie et de whisky Crown Royal. Ma mère se presse contre mon dos et, leurs bras enlacés autour de moi, je suis en sécurité, tel un chaton dans la gueule de sa mère. Je ne vais pas bien, mais je me sens bien, là, tout de suite.

Je me sens protégée.

Ici, personne ne peut m'atteindre.

CHAPITRE 30

Réaliser que tout ça est enfin terminé me fait l'effet d'un coup de poing en plein ventre venant chasser l'air de mes poumons. Je pensais qu'il ne pourrait rien arriver de pire que la mort de Katia, mais je dois maintenant accepter qu'elle est morte pour rien et qu'il n'y a rien que je puisse faire pour changer les choses, pour les arranger ou pour qu'elles reviennent à la normale. Je me sens inutile, insignifiante.

— T'es sûre de vouloir le faire, hein ? *Vraiment* sûre ? me demande Sonnet.

Nous nous trouvons sur le parking vide du Rosie's Diner. Les lumières à l'intérieur sont éteintes, l'enseigne ne tourne plus et des mauvaises herbes ont envahi les coins du bâtiment. Une affiche portant l'inscription « De retour prochainement… » a été collée au dos de la porte d'entrée. Six ans se sont écoulés depuis la nuit où Katia et moi avons mangé tous ces gâteaux. Il ne m'est jamais venu à l'esprit que l'établissement avait pu mettre la clé sous la porte.

— J'en suis certaine. Katia et moi ne sommes venues ici qu'une seule fois, mais je pense qu'elle voudrait être ici. Tu as dit que tu comprenais dans la voiture, dis-je en serrant mon collier.

— Oui, mais ça ne risque pas de mettre tes parents en colère ?

— Ils ont leurs propres bijoux. Ils peuvent garder les leurs, mais moi, je suis prête à me séparer du mien, j'affirme en ôtant mon collier.

Sonnet m'emboîte le pas tandis que je promène ma main le long du mur de briques du Rosie's Diner. J'en attrape une et tire dessus pour la déloger. J'enroule la chaîne autour du pendentif qui contient un peu de Katia et dépose le collier dans le trou. Puis, je remets la brique en place. Katia n'est plus là et la porter autour de mon cou ne rime à rien.

— Comment tu te sens ? interroge Sonnet.

— J'sais pas. Un peu bizarre. Mais surtout pareille.

Je me demande à quel point mon amitié avec Sonnet va changer à présent. Elle est restée à mes côtés pendant tout ce temps, même quand les choses ont commencé à merder. J'ai l'impression de lui avoir gâché la vie en la faisant entrer dans le foutoir qu'est la mienne. Et me servir de son amour pour *Pretty Little Liars* pour qu'elle accepte de m'aider était vraiment minable. Mais à l'époque, tout ce qui m'importait, c'était de retrouver Jordan. Même si cela impliquait de blesser d'autres gens.

— Je suis désolée pour tout ce qui s'est passé. Je suis désolée d'avoir causé ton arrestation et d'avoir mis ta vie en danger plusieurs fois, dis-je en plissant les yeux face au soleil matinal perçant les nuages.

Sonnet se tourne vers moi.

— T'as pas à t'excuser. Je voulais t'aider, et même si c'était beaucoup plus dingue que ce que je pensais, je regrette pas de l'avoir fait. Pas une seule seconde.

— Mais ça n'en valait même pas la peine. On a trouvé Jordan, il nous a dit la vérité, et ils s'en contrefoutent toujours autant. Il n'y aura pas de procès, ça ne devait jamais arriver.

Le fait de le dire à voix haute ne rend pas les faits plus réels. Mais je me dis qu'à force de le répéter, je finirai par l'accepter.

— Mais t'as essayé ! T'as pas baissé les bras, tu t'es pas laissé faire. Tu t'es battue. C'est pas rien.

Je donne un coup de pied dans les graviers.

— Ouais, on a perdu beaucoup de temps et d'énergie et on s'est fait cogner dessus par ces flics pour rien. Tu sais, je comprends maintenant pourquoi les gens violent la loi. Dans tous les cas, on se fait avoir. On a tout tenté pour rétablir la vérité, et ça n'a rien changé.

— Ça m'a changée, moi.

Sonnet m'attrape par le bras et m'entraîne vers la voiture où nous nous appuyons toutes les deux contre le capot.

— Tu sais pourquoi j'ai demandé à ma mère de me laisser aller à Millennium Magnet ?

Je hausse les épaules.

— Pour devenir une meilleure sculptrice ?

— Ouais, mais aussi pour découvrir le monde en dehors de nos familles. Ma mère dit que la société est corrompue et qu'il vaut mieux se démerder seul. Mais j'ai envie de me faire mon propre avis.

J'acquiesce.

— Ta mère a raison. Il n'y a rien de juste ou de bien à propos de ce merdier.

— Oui, c'est vrai, mais c'est pas en l'ignorant que les choses s'amélioreront. Beau, nous *sommes* puissantes. On n'a peut-être pas fait arrêter Peter Johnson, mais on a montré aux gens qu'on refusait de se laisser faire. Toi et tes parents leur avez montré que Katia a une famille, des amis et un tas de gens qui se soucient d'elle et qui sont prêts à la défendre. Alors, peut-être que la prochaine fois, un flic y réfléchira à deux fois avant de tirer sur quelqu'un.

Une mèche de cheveux tombe dans ma bouche et je la glisse derrière mon oreille.

— Sûrement, dis-je sans conviction.

J'ai du mal à me soucier de quoi que ce soit ces derniers temps. C'est en voyant Jordan que j'ai enfin compris. Ma sœur est vraiment partie. Je ne serai jamais la demoiselle d'honneur de Katia à son mariage, elle ne me verra jamais terminer le lycée, nos enfants ne grandiront jamais ensemble. Le plus dur, c'est qu'elle ne sera pas à mes côtés quand nos parents mourront.

Nous devions affronter la vie ensemble, elle et moi, mais je suis seule à présent. Je me sens incapable d'y arriver sans elle. D'être seule au monde. Je suis loin d'être aussi forte que Katia.

— Tout ce temps où on cherchait Jordan, à l'enterrement, et même avant, depuis la nuit où on lui a tiré dessus, je ne savais pas si elle avait essayé de s'introduire dans cette maison ou non, j'admets.

Ça y est. C'est enfin sorti. Je ne pourrais jamais l'avouer à mes parents ou à quiconque ayant connu Katia, tant la vérité est horrible. C'est une chose horrible que de ne pas croire sa propre sœur. Mais comment l'aurais-je pu ? Même si je l'aimais, et que je l'aime toujours, Katia a commis tant d'erreurs. J'ai du mal à croire qu'elle serait encore là avec moi si elle avait été plus intelligente, plus riche, plus gentille ou si elle avait fait de meilleurs choix.

Sonnet me prend la main et la serre.

— Ce n'est pas grave. Maintenant, tu connais la vérité. Katia n'a rien fait de mal cette nuit-là.

Je lui presse la main en retour, reconnaissante de l'avoir à mes côtés, cette ancre qui me rattache à ce monde où j'ai l'impression de ne plus être à ma place. Je veux juste être avec ma sœur.

— Est-ce que c'est débile que je sois en colère contre elle maintenant ? Pour m'avoir laissée toute seule ? je demande, ma voix se brisant.

Sonnet me sourit.

— Tu n'es pas toute seule, Beau. Tu m'as, moi.

Elle a raison. Je n'aurais jamais pu surmonter tout ça sans elle. J'étais tellement focalisée sur la disparition de Katia que je n'ai jamais véritablement prêté attention à ceux qui restent.

Un peu plus tard, alors que je m'engage sur la voie rapide pour rentrer chez moi, j'imagine un univers alternatif dans lequel la nuit où ma sœur et moi avons dévoré des hamburgers et des gâteaux au Rosie's Diner se répète à l'infini. Dans cet univers, il est toujours quatre heures du matin et Katia et moi sommes toujours ensemble.

———

Lorsque nous retournons chez Sonnet, elle me demande de l'attendre dans le jardin, près du brasero.

— Installe-toi confortablement, lance-t-elle, je vais chercher tout ce qu'il faut pour préparer les meilleurs s'mores du monde ! J'espère qu'il nous reste des guimauves véganes et des Graham au blé entier.

Je fais la grimace.

— Mon Dieu, j'espère qu'il ne reste ni l'un ni l'autre.

— T'es hilarante, Beau ! J'arrive tout de suite.

J'observe Sonnet filer dans sa maison avant de m'asseoir sur l'une des chaises en bois autour du brasero.

Puis une voix de garçon s'élève hors de mon champ de vision.

— T'inquiète, je lui ai dit de ramener aussi des crackers et des marshmallows classiques.

Je me retourne pour regarder derrière moi et aperçois Champion de l'autre côté de la maison, une énorme boîte de chocolats en forme de cœur dans une main et une rose rouge dans l'autre.

— Champion ? Qu'est-ce que tu fais là ? je demande.

Une partie de moi aimerait se retourner et le laisser planté là comme un idiot. Mais une autre partie rêve de le serrer dans mes bras.

Il me tend la fleur et les chocolats, puis s'assoit sur la chaise à côté de moi.

— Ne lui en veux pas, mais j'ai demandé à Sonnet de te faire la surprise. Elle m'a tout raconté.

— Raconté quoi ?

— Comment vous avez découvert que Jordan se planquait chez Deja pendant tout ce temps. Que ça faisait des mois que vous essayiez de le retrouver.

Connaissant Sonnet, elle n'a dû lui donner qu'une version simplifiée de l'histoire. L'espace d'une minute, je tente de trouver un moyen de me justifier. D'expliquer à quel point ma vie est un désastre. Mais la vérité, c'est que j'en ai assez de mentir.

— Elle n'aurait pas dû t'en parler, je réponds.

— T'as raison. C'est toi qui aurais dû le faire. Pourquoi tu ne m'as rien dit quand je te l'ai demandé ?

Je soupire.

— Je ne voulais pas que tu saches ce qui se passait parce que c'est beaucoup plus complexe que ce que Sonnet t'a probablement raconté. J'ai failli nous faire tuer toutes les deux. Deux fois.

Il me lance un regard confus.

— Quoi ? Comment ça ?

— Ça n'a pas d'importance, Champion. Je t'aime bien. Vraiment. Mais si tu connaissais la vraie moi, je ne suis pas sûre que tu l'aimerais tant que ça.

Il me prend la main.

— Moi aussi, je t'aime bien, Beau. Mais je veux t'aimer tout entière, pas seulement les bons côtés. Je veux aussi connaître les mauvais.

— Et si mes mauvais côtés étaient pires que ceux des autres ? je lance.

— Ça n'a pas d'importance pour moi.

J'ai envie de le croire. Il m'est difficile d'être heureuse en sachant pertinemment que cela ne durera pas. Il y a toujours quelque chose qui vient ruiner les rares moments positifs que je passe.

Mais peut-être n'est-il pas nécessaire qu'il en soit toujours ainsi.

— Champion, dis-je.

Il se tourne vers moi, le soleil éclatant réfléchissant l'huile sur ses cheveux.

— Oui ?

— Moi aussi, je veux que tu me connaisses. Tout entière.

Il sourit.

— Ça tombe bien parce que j'avais l'intention de te demander quelque chose.

— Quoi ? je demande.

— Qu'est-ce qu'on est… l'un pour l'autre ?

— Oh. Euh… J'en sais rien. À toi de me le dire.

Je plonge mes yeux dans les siens et il se penche pour m'embrasser.

— Si ça ne dépend que de moi, alors je pense qu'on devrait être ensemble. Si c'est ce que tu souhaites.

Je lui prends la main et acquiesce.

— C'est ce que je souhaite.

Et c'est le cas. Moi qui étais convaincue d'avoir perdu Champion en lui mentant, peut-être qu'il était toujours là depuis tout ce temps.

— Maintenant, revenons-en à toi et à Sonnet qui avez failli être tuées, dit-il.

— Je te le raconterai bientôt. Je te le promets. Mais pour l'instant, est-ce qu'on peut juste… profiter du moment présent ?

Il me presse la main.

— Bien sûr. Tout ce que tu voudras.

Peu de temps après, Sonnet et Mme Bluefall nous rejoignent pour allumer le feu de camp. Nous faisons griller des guimauves véganes et classiques (les véganes ne sont pas si mauvaises que ça), et nous bavardons, nous plaisantons et nous rions. Je passe un bon moment, mais tandis que le ciel s'obscurcit et que je recommence à penser à la maison, quelque chose change.

Même si je déteste Breon et Deja, elles me manquent un peu. Quand je pense à la maison, je ne pense pas seulement à notre appartement, je pense aussi à mes meilleures amies. Katia n'est plus là, mes parents sont devenus des fantômes, et je n'ai même plus mes copines à présent. Il faut que j'arrange les choses.

CHAPITRE 31

Le dimanche matin avant la dernière semaine de cours, je suis réveillée par une nouvelle dispute entre mes parents. Je pensais que les choses s'amélioreraient après notre petite séance de larmes l'autre jour, mais rien n'a changé. Il semble impossible pour mes parents de faire semblant de s'intéresser à moi pendant plus de deux heures. Parfois, je pense à m'enfuir juste pour les énerver, mais je suis prête à parier qu'ils ne s'en apercevraient même pas.

— T'étais pas là, Arlen. Évidemment qu'elle allait passer ses journées à traîner avec cette gamine déjantée. Sa sœur lui manque ! j'entends ma mère crier depuis la cuisine.

— Tu m'as foutu dehors ! C'est toi qu'étais là ! T'aurais dû la surveiller ! T'aurais dû les surveiller toutes les deux !

Un objet en porcelaine vient se fracasser contre un mur. D'autres hurlements et d'autres pleurs s'ensuivent.

Je me lève, enfile le vieux sweat à capuche de Katia et le jogging bleu ciel que je portais à son enterrement.

Dès que j'entre dans le salon, les hurlements s'arrêtent un instant.

— Beau, tu vas où comme ça ? demande mon père.

— Fous-lui la paix, Arlen ! crie ma mère.

— Oh que non ! Laisse-moi faire mon boulot de parent ! C'est à cause de tes « fous-lui la paix » qu'il ne nous reste plus qu'un enfant ! rugit-il.

Alors que le prochain round s'annonce, je sors de la maison et plonge dans un matin lugubre et humide. Je sais qu'ils ne veulent pas me faire de mal. Ils essaient de se briser le cœur mutuellement parce qu'ils ne savent pas quoi faire d'autre. Sans Katia, il nous manquera toujours quelque chose. Cette douleur dans ma poitrine, je pense que mon père et ma mère la ressentent eux aussi. J'aimerais pouvoir la faire disparaître pour nous tous. Mais j'ignore comment.

Le temps de me rendre à l'épicerie du coin, mes vêtements sont trempés et je sens mes chaussettes frotter dans mes Nike, mais rien ne me dérange plus maintenant que j'ai perdu les deux personnes qui m'étaient les plus chères au monde.

En arrivant au magasin, je trouve Breon assise à l'extérieur à son coin habituel, vêtue d'un short en lycra et de Jordan trop grandes de cinq tailles. Elle tient un parapluie d'enfant aux motifs de coccinelle au-dessus de sa tête.

Je m'approche d'elle et donne un coup de pied dans son énorme godasse.

— Salut, lâche-t-elle en me regardant à travers la pluie.

Je lui tends un billet de cinquante dollars.

— C'est quoi ça ? s'étonne-t-elle.

— Ta récompense. Tu nous as dit où se planquait Jordan, ça mérite une récompense.

Elle ne tend pas la main.

— Oh, prends-le, Breon, merde ! Achète-toi des chaussures à ta taille, ou du sirop pour la toux, je m'en tape !

Mais elle secoue la tête.

— Non ! J'en veux pas de ton argent. Je suis désolée, Beau, OK ?

Je veux qu'elle prenne l'argent parce que je veux avoir raison à son sujet. Je veux qu'elle le prenne pour que je puisse la mettre dans la même boîte que Deja, la boîte des personnes-mortes-à-mes-yeux. Pour que je puisse être seule au monde et que je puisse l'accepter.

— C'est mouillé, mais tu peux t'asseoir si tu veux, propose-t-elle.

Je m'exécute. Elle place le parapluie entre nos épaules de façon que nous soyons à moitié trempées et à moitié au sec.

Sans le vouloir, je me mets à pleurer. J'ignore pourquoi, mais ça sort d'un coup. Ma vie est foutue depuis un moment déjà ; on aurait pu croire que j'allais finir par être à court de larmes.

— J'ai entendu dire qu'ils avaient renvoyé Deja chez ses parents, déclare Breon au bout de quelques instants.

— Oh, qu'elle aille se faire foutre. Je m'en tape, je lance. Tu t'es disputée avec ta mère ?

Elle secoue la tête.

— Nan. Elle passe qu'une fois par semaine pour récupérer le courrier.

— Quoi ? Comment ça ?

Je me souviens que la mère de Breon travaillait jusqu'à pas d'heure, mais elle finissait souvent par rentrer à la maison, même si c'était à deux ou trois heures du matin.

— Bah, je me débrouille toute seule depuis la quatrième. Elle a tout laissé à son nom, elle paie les factures, elle me laisse même la carte de crédit du programme d'aide alimentaire. Mais elle vit en banlieue avec son petit copain. Et il aime pas les gosses.

— Attends, tu te fous de moi, là ? T'as vécu seule pendant tout ce temps ? Pourquoi t'as rien dit ?!

Elle lève des yeux rouges vers moi.

— Le dire à qui ? Vous vouliez plus entendre parler de moi après l'histoire du bracelet.

Je hausse les épaules.

— C'était pas que pour le bracelet, Breon. T'étais défoncée H24. C'était comme si t'étais devenue quelqu'un d'autre. Tu sais très bien que tu déconnais à l'époque. Même si maintenant, je comprends mieux pourquoi.

— Je savais pas quoi faire d'autre, avoue-t-elle.

— Bre, si tu m'en avais parlé, j'aurais compris. On aurait pu t'aider.

— Comment ? En demandant à tes darons d'appeler les services sociaux ? Je voulais pas me retrouver en foyer. Vous auriez rien pu faire pour moi, conclut-elle.

— On aurait trouvé une solution.

La pluie s'abat avec intensité, de grosses gouttes éclaboussant la pointe de mes baskets. Je me blottis contre Breon et me détends dans ce cocon chaud qui nous protège de l'averse.

— Vous m'avez vraiment manqué, Beau. Toi et Deja. Vous m'avez manqué, toutes les deux. Quand j'ai appris ce qu'elle faisait, c'est comme si elle avait à nouveau besoin de moi. Elle m'invitait chez elle des fois, pour regarder la télé. Je ne voulais faire de mal à personne. Vous m'avez vraiment manqué.

Je me tourne vers elle et constate qu'elle sourit, puis elle détourne le regard, embarrassée.

— Toi aussi, tu m'as manqué, Breon.

Elle retourne sa paume et écarte légèrement ses doigts. Son geste est petit, mais je sais ce qu'il signifie. Même quand je faisais semblant d'être gentille avec elle, j'avais commencé à voir Breon comme cette créature, cette chose qui n'était pas mon amie et qui ne l'avait jamais été. J'ai laissé Deja me convaincre de laisser tomber l'une de mes plus anciennes amies.

Je tends alors mes doigts et les glisse entre les siens, nous liant l'une à l'autre.

CHAPITRE 32

Le dernier jour de cours, le proviseur Marcos oblige l'ensemble des élèves à se rassembler à l'arrière du gymnase pour l'inauguration de la fresque intitulée *Le nouveau rêve*. En temps normal, personne ne s'intéresserait autant aux cours d'art, mais depuis que Bexley O a supervisé la réalisation de la fresque, le quartier entier en a fait une affaire d'État.

Ils ont installé une immense bâche blanche sur la fresque, dotée d'une longue corde dorée sur un côté pour pouvoir la détacher. La fanfare joue ce qui ressemble à « Lift Every Voice and Sing », et une douzaine d'équipes de tournage ont braqué leurs trépieds sur la fresque en prévision du grand moment.

— Est-ce qu'ils peuvent juste dévoiler ce putain de truc et donner la bourse à Madison, qu'on puisse enfin rentrer chez nous ? je lance en posant ma tête sur l'épaule de Sonnet.

Ça fait au moins vingt minutes que nous attendons là, en pleine chaleur, pressés les uns contre les autres.

— On a tous travaillé sur cette fresque, c'est pas seulement l'œuvre de Madison. Et arrête d'être aussi négative. Tu sais très bien que tu vas obtenir cette bourse, Beau.

— Oh, pitié. Même s'ils voulaient me la donner, Marcos les stopperait net comme Dikembe Mutombo.

J'essaie de ne pas me faire trop d'illusions en ce qui concerne la bourse d'art, même si cet argent serait le bienvenu.

— Mesdames et messieurs, déclare Mme Kubler. Ces derniers mois, les élèves du cours d'art de troisième année ont travaillé dur pour donner vie à une fresque murale imaginée par notre chère Madison Garber.

Elle désigne Madison d'un geste, et tout le monde se met à applaudir.

— Notre fresque, intitulée *Le nouveau rêve*, s'inspire du Dr King et de l'impact profond qu'il a eu sur notre pays. Nous sommes toutes et tous très fiers de Madison et de ses camarades de classe, ici à Millennium Magnet, et nous espérons que vous le serez aussi.

Mme Kubler fait à nouveau un geste vers Madison, qui se dirige vers le côté de la fresque où se trouve Bexley O, et elles tirent ensemble sur la corde dorée pour faire tomber la bâche.

Je ne suis que légèrement déçue que Bexley n'ait pas essayé de convaincre Madison de renoncer à cette idée de fresque ringarde, mais je dois admettre qu'elle n'est pas si mauvaise que ça. Au lieu d'être en noir et blanc, le portrait du Dr King a été peint dans des couleurs vives, à la manière d'un Picasso. L'œuvre semble surréaliste et je m'en veux de m'être fait virer du cours et d'avoir raté l'occasion de travailler dessus. Je ne regrette pas de m'en être pris à Madison, mais tout ce que j'ai obtenu en retour, c'est l'interdiction d'assister à mon cours préféré. Même si ce n'était pas mon idée, j'aurais été fière d'admirer cette fresque si j'avais participé à sa création.

— Et maintenant, poursuit Mme Kubler une fois que les applaudissements se sont tus, Mme Bexley O va annoncer le lauréat de la bourse d'études d'art du lycée Millennium Magnet de cette année.

— T'as intérêt à pas m'oublier dans ton discours de remerciements, murmure Sonnet.

Je lui tape sur le bras.

— Bonjour, chers étudiants de Millennium Magnet. Ce fut un véritable plaisir d'être accueillie dans votre lycée ces dernières semaines, déclare Bexley. Je tiens à remercier le proviseur Marcos de m'avoir ouvert les portes de son établissement et Mme Kubler de m'avoir permis de partager le travail de ses talentueux élèves en arts. Et maintenant, le moment que vous attendez toutes et tous. La bourse d'art du lycée Millennium Magnet 2018 est attribuée à…

Mon cœur fait un tour dans ma poitrine et je me demande si je dois ou non faire un doigt d'honneur à Madison lorsque je recevrai le prix. Pourraient-ils me le retirer ? Peut-être vaut-il mieux que j'accepte le prix maintenant et que j'attende la remise des diplômes pour mon doigt d'honneur.

— Madison Garber, annonce Bexley.

Madison saute sur place comme une idiote tandis que Bexley lui tend son certificat. Sonnet me tapote l'épaule et je baisse la tête.

Rien ne s'est bien passé pour moi cette année.

J'aurais dû le voir venir.

Après les dix longues minutes de discours de remerciements de Madison, Bexley remonte sur l'estrade avec un grand sourire. Je ne lui en veux pas. Je sais qu'elle n'a pas eu son mot à dire dans le choix du lauréat. On lui a demandé de lire le résultat parce que c'est tout simplement Bexley O et que recevoir un prix de sa part représente bien plus que d'en recevoir un de la part du proviseur ou de Mme Kubler.

— Avant de partir, j'aimerais annoncer un autre lauréat. Il s'agit cette fois de la première édition de la bourse Bexley O. Chaque année, un élève talentueux en arts visuels d'un lycée de l'Illinois sera choisi pour travailler à mes côtés pendant l'été.

Sonnet me donne un coup de coude dans les côtes.

— Une bourse ? Je n'ai jamais entendu parler de bourse, je m'étonne.

— La bourse s'élève à dix mille dollars, poursuit Bexley. Elle couvre le logement et la nourriture pendant trois mois, au cours desquels le lauréat travaillera avec moi sur plusieurs fresques à Chicago, Boston, Memphis et New York. Le tout premier lauréat de la bourse Bexley O est…

Si je dois écouter un autre discours de Madison, je vais péter un plomb.

— Beau Willet.

Pas. possible.

— Quoi ? Je n'ai même pas postulé ! je m'exclame alors que tout le monde autour de moi se met à applaudir.

Enfin, tout le monde ou presque. Madison fait la moue devant la fresque et le proviseur Marcos lance un regard de défi à Bexley.

— Vas-y, monte !

Sonnet me pousse en avant et la foule s'écarte pour me laisser passer.

Bexley me regarde, ses tresses néon scintillant sous le soleil. Elle me serre la main et fait un pas de côté pour me céder le micro.

J'observe la foule, certains bâillent, d'autres continuent d'applaudir et de siffler. J'aperçois Champion à l'arrière et je m'en veux de m'être si mal comportée avec lui. Sonnet s'est frayé un chemin jusqu'au devant de la scène, et je sais qu'elle n'aurait pas pu avoir l'air plus heureuse si elle avait gagné elle-même.

Je n'arrive pas à y croire. Et c'est à mon tour de parler.

— Euh… Je tiens à remercier Bexley O pour cette opportunité extraordinaire. C'est vraiment génial d'avoir été choisie et euh… J'ai hâte de travailler avec vous… donc, voilà… euh… merci !

Je descends de l'estrade et reçois à nouveau une faible salve d'applaudissements. Je suis si heureuse que je ne sais plus où me mettre. Avec dix mille dollars, nous allons de nouveau pouvoir payer le loyer et les courses. Je n'aurai pas à emménager avec mon père dans le salon d'oncle Kolby.

Une fois que le proviseur a renvoyé tout le monde pour l'été et que Bexley a signé des autographes à quelques personnes, je la rejoins en marchant jusqu'à sa voiture dans le parking.

— Rebonjour ! Euh… merci beaucoup pour cette opportunité. Je ne savais même pas que cette bourse existait, dis-je.

Elle me sourit et pose son tote bag sur le toit de sa voiture.

— Elle n'existait pas il y a encore quelques jours. Après notre rencontre au café Elena, j'ai parlé de vous à Mme Kubler. Autant vous dire que cette femme pourrait parler de vous pendant des jours. Elle m'a montré votre portfolio et m'a raconté ce qui s'était réellement passé avec la fresque originale que vous aviez proposée.

— Attendez une minute, vous avez créé la bourse… pour moi ? Mais, pourquoi ?

Elle me regarde, comme si elle me voyait *vraiment*. Comme si elle voyait des choses que je ne saisis pas encore tout à fait à propos de moi.

— Parce que c'est comme ça que ça marche. Nous embrassons notre don et nous le rendons au monde. Parfois, je me demande où j'en serais dans ma carrière si j'avais eu quelqu'un pour m'aider à mettre le pied à l'étrier. Je veux que cette bourse soit votre étrier, Beau.

— Waouh… d'accord. Eh bien, je ne sais pas si Mme Kubler a laissé entendre que ma famille avait des problèmes d'argent, mais sachez que ce n'est pas le cas.

Je ne veux pas de l'argent ou de la bourse parce qu'elle a pitié de moi. Je les veux parce qu'elle estime que je suis assez douée pour devenir un jour une artiste aussi talentueuse qu'elle.

— Non, ce n'est absolument pas le cas. Elle vient de me dire que vous étiez l'une de ses meilleures élèves. Je me souviens encore des croquis que j'ai vus dans votre carnet lorsque nous avons discuté au café Elena. Votre talent mérite un coup de pouce. Et si vous voulez vraiment faire ce que je fais, vous allez devoir vous habituer à voyager. À moins, bien sûr, que vous ne préfériez passer votre été chez vous.

— Non ! Il n'en est pas question. Je suis prête à vous accompagner ! Je dois demander la permission à mes parents, mais je sais qu'ils accepteront. Merci.

Cet après-midi-là, je prends mon temps pour rentrer chez moi, mes Chucks flottant pratiquement sur le trottoir. Je vérifie que le nom de Bexley figure bien dans la liste de mes contacts toutes les deux ou trois minutes, pour me convaincre que tout cela est bien réel, que je n'ai pas rêvé.

Après avoir passé tout ce temps à détester Madison, j'ai maintenant quelque chose d'encore mieux qu'une simple fresque sur le mur du lycée. Bexley O va me laisser travailler avec elle. Bexley O aime *mon* travail ! J'ai enfin réussi quelque chose. Et ça fait un bien fou.

CHAPITRE 33

— NOUS VISITERONS TROIS VILLES, Boston, Memphis et New York. J'ai du travail prévu dans chacune et Beau m'assistera, explique Bexley en tendant un itinéraire à mes parents.

Nous sommes attablés dans une boulangerie branchée du quartier nord de Chicago qui propose des scones végétaliens et du jus de pommes bio. Une idée de Bexley, évidemment.

— Elle sera en sécurité ? s'inquiète ma mère. Je ne veux pas qu'elle traîne dans la rue en pleine nuit dans une ville qu'elle ne connaît pas.

Elle passe encore la plupart du temps au lit à pleurer, mais de temps à autre, elle a suffisamment le moral pour se lever et me préparer des œufs pour le petit déjeuner, mettre de l'ordre dans la maison, prendre mon visage dans ses mains et m'embrasser sur le front, les jours où elle se soucie de moi. Aujourd'hui, elle se fait un peu trop de souci.

— Mamaaan, je gémis.

— Non, elle a raison de demander, répond Bexley. Madame Willet, je vous promets que Beau sera avec moi et mon équipe à chaque instant. Nous ne la quitterons pas des yeux.

— Ça me semble être une bonne idée. Je veux que Beau reste le plus loin possible de Grady Park cet été. Quand les beaux jours reviennent, les niggas ne savent plus comment se comporter, grommelle mon père en examinant l'itinéraire.

— Papa ! je m'indigne.

— Oh ! Désolé, je voulais dire que les *gens* ne savent plus comment se comporter.

Bexley se contente de sourire.

— Avant d'y aller, il y a une autre chose que je voulais te proposer, Beau.

Elle sort une photocopie de mon dessin de la fresque de Katia.

— Waouh ! s'exclame ma mère. C'est toi qui as dessiné ça, mon bébé ?

Mon père a l'air étonné, lui aussi.

— C'est magnifique. Pourquoi tu ne nous l'as jamais montré ?

— Ce n'est qu'une esquisse. Nous devions le peindre sur le mur du lycée, mais des parents ont appelé et se sont plaints parce qu'il s'agissait de Katia.

— Mme Kubler et moi trouvons cela tout à fait injuste, ajoute Bexley. Nous pensons que ce portrait mérite d'être vu. C'est pourquoi nous allons le peindre.

— Vraiment ? Mais où ? Est-ce qu'on a le temps d'obtenir un permis ?

— Je suis là pour m'occuper de tout ça. Je veux qu'elle soit installée à un endroit qui te tient à cœur. Des idées ?

Tous me regardent attentivement et je n'ai qu'à y réfléchir un instant.

— Oui, mais je crois que nous allons avoir besoin d'aide.

— C'est ridicule. Ça a vraiment l'air ridicule, non ? demande Parker, la tête penchée sur le côté.

Je me place à côté de lui, mais je ne vois pas de quoi il parle. Il a peint exactement ce que je lui ai montré.

— Ce papillon est tout simplement parfait, lui dis-je. Continue.

Bexley apporte une échelle pour que je puisse terminer la partie supérieure de la fresque.

— Attends voir, c'est un peu haut quand même, lance mon père. Laisse-moi monter là-haut et peindre cette partie pour toi.

— Papa. C'est *ma* fresque. Je ferai attention, promis, dis-je en montant l'échelle avec mon pinceau et ma palette.

Il me regarde d'un air inquiet en passant ses mains sur son crâne chauve. J'aurais aimé que ma mère soit là pour le distraire, mais elle m'a dit que ça la rendrait trop triste et qu'elle ne voulait pas tout gâcher. Son absence me contrarie. J'aimerais qu'elle passe du temps avec moi quand j'ai besoin d'elle. Elle n'est pas la seule à qui Katia manque terriblement. Mon père dit qu'il faut être patient, lui laisser le temps de se remettre. Mais ça fait déjà six mois. Et j'ai peur que ma mère reste triste pour toujours, que mon ancienne maman ait disparu à jamais.

Quand j'arrive en haut de l'échelle, je regarde en bas et j'aperçois Breon qui poursuit Champion avec un gros pinceau trempé de peinture violette. Sonnet est assise en tailleur dans l'herbe avec Mme Kubler, un morceau de cristal bleu dans la main. Bexley est agenouillée au pied de la fresque, montrant à Monica et à Clarice comment prélever la bonne quantité de peinture sur leurs pinceaux sans en gaspiller.

Je lève les yeux vers le ciel de l'après-midi et le soleil rouge orangé baigne le Rosie's Diner de sa lueur. Je suis si haut que je regrette de ne pas avoir laissé mon père venir à ma place, mais j'entends le bruissement des feuilles des arbres qui se balancent dans le vent, le gazouillis des oisillons prêts à s'envoler, la cohue des automobilistes dans la rue rentrant chez eux après une longue journée de travail.

Et alors je me mets à peindre.

D'abord, le haut de ses pommettes, la courbe de son nez en trompette, l'arc de cupidon de ses lèvres brun foncé. Tout passe directement de mon cœur à mon bras, à mes mains, jusqu'au bout de mes doigts. Je ne m'inquiète pas des proportions, de l'alignement ou de la profondeur, car je sais que je ne me tromperai pas. Je ne peux pas me tromper.

Je travaille pendant des heures. Mon père me conseille de faire une pause et de manger un morceau. Je refuse. Bexley me dit que je pourrai terminer demain, puisque tout le monde est rentré chez soi pour la journée. Je refuse une fois de plus. Lorsqu'il fait trop sombre pour voir quoi que ce soit, Champion et Sonnet reviennent avec de grosses lampes torches et des lanternes pour éclairer le mur de briques. À vrai dire, je n'ai pas besoin de lumière. Je pourrais faire ça dans le noir complet. Je vois le visage de Katia plus clairement que je n'ai jamais vu le mien. Je sais qu'elle est là, quelque part dans l'obscurité.

Lorsque j'ai enfin terminé, je pose mon pinceau et m'effondre dans les bras de mon père. Il est presque une heure du matin et il n'y a plus que lui et moi au restaurant.

— Tu n'as pas un entretien au lycée de Grady Park demain matin ? dis-je d'une voix ensommeillée alors qu'il me porte sur son dos jusqu'à la voiture. Tu aurais dû me dire qu'il était aussi tard.

Il ne m'avait pas portée ainsi depuis mes sept ans.

— C'est exact. Si tout se passe bien, je serai directeur adjoint du département des sports. Mais je sais qu'il ne faut pas interrompre un artiste dans son travail. Et puis, c'est une belle soirée. Calme, agréable. Ça m'a donné le temps de réfléchir.

— À Katia ? je demande.

— Oui. Et à toi. Je ne sais pas ce que j'ai fait pour que Dieu me bénisse avec deux filles aussi extraordinaires que toi et ta sœur, mais je suis heureux qu'il l'ait fait.

Nous regagnons la voiture et il se retourne vers le restaurant où trône la fresque. Les lampadaires projettent un halo mauve magique sur le mur, et les yeux de Katia brillent dans la nuit. Mon père se tait pendant le reste du trajet. Il doit encore penser à Katia. Je ne le lui dis pas, mais c'est un père correct quand il essaie. J'espère simplement qu'il continuera d'essayer. Pour moi.

CHAPITRE 34

AVANT

8 janvier 2018

— T'as dit que t'allais m'apprendre à faire du contouring ce soir ! ai-je gémi après avoir senti son parfum fruité réservé aux sorties.

Katia s'observait dans le miroir, rentrant son ventre et lissant une minirobe dorée sur ses hanches et ses fesses.

— T'en es sûre ? Parce que, euh, j'me souviens pas d'avoir dit une chose pareille.

— Tu l'as dit ce matin, menteuse !

J'étais vautrée sur mon lit avec mes crayons de couleur et un poster en papier glacé de Nicki Minaj en guise de modèle.

— Pourquoi tu veux faire du contouring, de toute façon ? T'en as même pas besoin.

— Tu le fais bien, *toi*. Et puis, tu me l'as promis.

Katia s'est approchée de moi tel un faon perché sur ses talons rose gold hauts comme des gratte-ciel. Ils lui enveloppaient les mollets comme des serpents. Elle les avait baptisés les « cloueurs de bec ». Je les appelais les « talons d'Antigone », car ils me rappelaient les sandales que l'on portait dans la Grèce antique.

— M'en rappelle pas, a-t-elle dit en s'asseyant sur le bord de mon lit.

J'ai levé les yeux au ciel.

— Tant pis, morue. Dans quelle boîte vous allez, ce soir ?

— C'est toi, la morue. On retourne au Blaze, a-t-elle répondu en se levant et en faisant rebondir ses fesses contre la commode.

Je n'ai pas pris la peine de lui demander de m'emmener, parce qu'elle refusait systématiquement.

— Vaut mieux pas que tu rentres complètement déchirée et que tu me réveilles, l'ai-je prévenue tout en dessinant la longue chevelure ondulée de Nicki.

Tout en continuant de remuer ses fesses contre la commode, Katia m'a lancé :

— Oh, allez, t'adores nos petites discussions de fin de soirées arrosées. De toute façon, je bois pas ce soir. Comme j'suis la seule à avoir une voiture, c'est moi qui suis SAM.

J'ai pris un crayon de couleur rose et me suis mise à colorier la combinaison moulante de Nicki. Katia s'est penchée sur le lit pour mieux voir.

— Pas mal, a-t-elle commenté en se frottant le menton.

— Tu trouves ? J'ai l'impression que les yeux sont mal faits.

— N'y touche pas, ils sont parfaits, a-t-elle assuré en ramassant son sac à main sur son lit. Il faut que j'y aille. Viens fermer la porte derrière moi.

J'ai suivi ma sœur dans le salon où flottait une odeur d'œufs foo young et de riz frit de la commande du restaurant chinois que nous avions passée plus tôt.

Alors qu'elle ajustait ses chaussures à talons, son anneau en or s'est coincé dans le col de sa robe et je l'ai détaché sans accrocher le tissu. Elle m'a souri.

— Bon, j'y vais, a-t-elle dit en ouvrant la porte d'entrée.

— À plus. Tu nous manqueras pas, ai-je lancé.

Katia a franchi le pas de la porte et l'a repoussée derrière elle. Avant qu'elle n'ait le temps de se refermer, elle a passé rapidement la tête à l'intérieur.

— Hé, Bozo ? Pour le contouring, je te montrerai demain si tu me le rappelles. Marché conclu ?

Et elle a tendu sa main dans l'entrebâillement de la porte.

J'ai posé ma main sur la sienne.

C'était une promesse.

— Marché conclu.

CHAPITRE 35

Deux jours après que j'ai terminé de peindre la fresque, Deja me téléphone.

C'est ce que j'attendais depuis son arrestation. Nous ne prenons pas de nouvelles l'une de l'autre et allons droit au but. Nous nous mettons d'accord sur un lieu de rendez-vous et nous raccrochons.

Alors que je descends à l'arrêt de bus et me dirige vers le Rosie's Diner, je me demande ce que je vais bien pouvoir lui dire. Je me suis imaginé notre rencontre un nombre incalculable de fois, mais depuis ces deux dernières semaines, chaque confrontation est de moins en moins violente dans ma tête.

Lorsque j'arrive sur le parking du Rosie's Diner, je peux enfin voir à quoi ressemble ma fresque sans un tas de gens et de seaux de peinture juste devant.

Au milieu des papillons roses et bleus semblant prêts à jaillir des briques du bâtiment et à s'envoler au loin, se trouve le visage de Katia. Ce n'est pas un Picasso, mais c'est mon œuvre à moi. C'est ma Katia, la fille à la raie au milieu, la fan des Cheetah Girls, celle dont les conversations sont meilleures lorsqu'elle a trop bu. Elle me sourit à moi et à tous ceux qui passent par là pour vaquer à leurs occupations.

Ça me fait tout de même mal de la voir ici. Je ne veux pas que ma sœur soit peinte sur un mur. On ne peut pas serrer un mur dans ses bras. On ne peut pas dire à un mur d'arrêter de nous appeler Bozo. On ne peut pas demander à un mur de nous conduire au centre commercial.

Lorsque je vois Deja apparaître au coin de la rue, mon cœur manque un battement.

Elle s'arrête à quelques mètres de moi, elle a l'air d'avoir peur de s'approcher de trop près. Mais pour être honnête, je n'ai pas l'intention de me battre avec elle.

— Salut, je lance.

— Salut, répond-elle.

Le silence s'installe entre nous, ce qui est étrange, car nous n'avons jamais eu de blancs auparavant. Et même si ça avait été le cas, nous n'aurions pas été mal à l'aise. Mais nous ne sommes plus les mêmes qu'avant. Nous ne serons plus jamais tout à fait ces filles-là.

— Où est-ce qu'ils t'ont emmenée ? je finis par demander.

— En centre pour mineurs. Puis dans un centre d'urgence en attendant que mon père vienne me chercher. On crèche dans un motel à l'autre bout de la ville.

— Oh.

— Ouais. Et toi, comment ça va ? Y paraît que tu pars en voyage avec cette tagueuse ?

— Ouais, dans quelques semaines. On va à Boston, Memphis et New York. Le retour à la maison risque d'être difficile.

Deja fait une drôle de moue. Sa trahison jette un énorme malaise entre nous que nous nous efforçons toutes les deux de contourner sur la pointe des pieds.

— C'est toi qui as peint ce truc ? demande-t-elle en apercevant la fresque sur la façade du restaurant.

— Ouais. Moi, Bexley, Sonnet et Breon. C'était un travail de groupe.

Elle baisse les yeux et secoue la tête.

— J'aurais dû être là…, chuchote-t-elle.

— Personne voulait de *toi* ici, je réponds sèchement, à ma plus grande surprise.

— Non, je veux dire, j'aurais dû être là pour toi. Au lieu de faire ce que j'ai fait.

Ma bouche s'assèche tandis que je la fusille du regard.

— C'est pas comme si c'était la première fois que tu choisissais un mec au lieu de moi. Mais Jordan ? De tous les types que tu pouvais avoir, fallait que tu le choisisses, lui. Même après toutes les crasses qu'il a faites à ma sœur, tu lui as quand même couru après !

— C'est faux. C'est lui qui est venu me chercher !

— T'es vraiment trop conne, je lance.

Elle se redresse à ces mots.

— T'as dit quoi, là ?

Mais je ne me défilerai pas. La fureur de Grady Park s'est emparée de moi et rien ne pourra arrêter ce qui sort de ma bouche.

— Tu m'as très bien entendue. Toutes ces saloperies que les gens racontent sur toi sont vraies. Katia m'a dit de te lâcher y a bien longtemps et j'aurais mieux fait de l'écouter.

Je commence à m'éloigner, mais elle me tire par le bras.

Je me dégage d'un coup sec.

— Me touche pas, Deja ! Ou je te jure devant Dieu que je vais…

— Me casser la gueule ? Vas-y ! Fais-le !

Elle ferme les yeux et reste plantée là, les bras le long du corps.

— Qu'est-ce que tu fous ?

— J'attends que tu fasses ce que t'as à faire pour passer à autre chose. Vas-y. Ça peut pas être pire que de se faire cogner dessus avec ce cendrier.

Je pense à la frapper, au fait que nous serions quittes, quelque part.

Mais au fond de moi, je sais que ça ne changera rien.

— Pourquoi t'as fait ça, Deja ?

— J'en sais rien. Je voulais juste quelqu'un rien qu'à moi. Il avait besoin de moi. Enfin, c'est ce qu'il disait.

— Bien sûr qu'il avait besoin de toi. Qui d'autre aurait pu cacher un criminel ?

— Je lui ai demandé ce qu'il avait vu la nuit où ta sœur a été tuée. Il a dit qu'elle allait bien quand il était parti. Il comptait revenir, mais il a vu toutes ces bagnoles de flic et il a flippé. Il savait pas ce qu'ils allaient lui faire.

— Katia aussi a dû flipper. Et elle était seule. Elle ne l'aurait pas laissé mourir seul.

Elle soupire.

— Qu'est-ce que tu veux que je te dise, Beau ? Qu'est-ce que t'attends de moi ? C'est fini entre Jordan et moi.

Je lève les yeux au ciel.

— Évidemment, puisqu'il est en taule ! Mais si c'était pas le cas, tu retournerais illico avec lui. Je te connais par cœur.

— Non, c'est faux ! Je peux vivre sans lui, mais je peux pas vivre sans toi. T'es la seule qui compte. T'es littéralement la seule personne à qui je fais confiance.

— Mais moi, je peux pas te faire confiance.

— Si, tu peux ! OK, je l'admets. J'ai merdé. Je fais toujours de la merde. Mais je promets que je te ferai plus jamais de mal. Plus jamais.

Elle lève vers moi des yeux suppliants et baignés de larmes, mais je reste de marbre.

Finalement, ses épaules s'affaissent et elle s'éloigne de moi.

— OK, j'ai compris. Je me tire. Mais je suis vraiment désolée. Sache-le.

Elle se retourne et rebrousse chemin.

Je dois la laisser partir. Je n'ai pas besoin de ce genre de personnes dans ma vie. Des personnes qui font des choix complètement cons pour des mecs complètement cons. Mais soudain, le soleil accroche les paillettes de la peinture violette utilisée pour la chemise de Katia. Je lève les yeux vers elle, plus grande que nature et plus belle que jamais. Je dois laisser partir Deja.

Mais je ne peux pas.

— Attends ! je l'appelle.

Elle se retourne et s'essuie le visage sur son tee-shirt. Je voulais des excuses, mais je sais que ça n'atténuera pas la douleur. Ça ne nous fera pas redevenir l'équipe que nous formions comme par magie.

— Je suis sincèrement désolée, Beau, dit-elle, la douleur dans ses yeux reflétant la mienne.

— Je sais. Les OT sont toujours à tes trousses ?

— Je crois bien. C'est pour ça qu'on est au motel, on s'est dit que c'était plus sûr.

— Je vois. Tant mieux.

Nouveau silence.

— Hier soir, en rentrant chez moi, j'ai vu Jacques se faufiler par la fenêtre de derrière chez Mme Odella, je raconte.

Les yeux de Deja s'écarquillent comme je l'avais prévu.

— Mais nan, meuf, sérieux ?

La conversation suit son cours et nous nous racontons ce qui s'est passé dans nos vies et à Grady Park depuis la dernière fois que nous nous sommes parlé. Nous n'évoquons pas Jordan. Nous n'avons plus besoin de le faire.

Nous discutons devant la fresque pendant deux heures. Assises en tailleur sur l'asphalte du parking, nous apprenons à nous connaître à nouveau. Au moment où nous nous apprêtons à partir, un vent violent fait voler les pistils blancs des pissenlits.

C'est alors que je réalise que je peux enfin répondre à ma propre question. Cette question qui me taraude depuis des mois. Quelque part au fond de moi, je pense que je connais la vérité depuis toujours.

Katia n'a rien fait de mal. Et même si elle sortait avec un type horrible, qu'elle vivait à la maison alors que le reste de ses amis étaient à l'université, et qu'elle ne savait pas à quoi ressemblerait son avenir, rien de tout ça n'a d'importance. Ça n'a jamais eu d'importance.

Elle ne méritait *pas* de mourir.

Les deux semaines précédant mon stage sont les meilleures que j'ai passées depuis longtemps. Tout me semble encore étrange, comme si je traversais un brouillard épais. Mais même si je ne vois pas toujours où je vais, je continue d'avancer. Je progresse dans ce brouillard à tâtons.

Dans mes mauvais jours, je ferme la porte à clé, j'éteins mon téléphone et je pleure, roulée en boule sous les draps de Katia. Dans mes bons jours, je suis la colle qui maintient mes amis ensemble.

La veille de mon départ, nous organisons une soirée pyjama chez Sonnet. Mme Bluefall nous aménage un coin douillet dans le champ qui longe la maison. De grands coussins en velours colorés recouvrent un large tapis de gymnastique bleu. Il y a des plaids, une radio, des légumes, des fruits et du houmous avec des chips.

— Ce truc a le goût d'aisselle. Qu'est-ce que c'est ? demande Deja avant de recracher sa bouchée dans une serviette.

— C'est de la purée de pois chiches, répond Breon.

Elle porte le pyjama en flanelle vert foncé que je lui ai prêté avant que mon père ne nous dépose tout à l'heure. Je suis heureuse d'avoir obtenu cette bourse, sans quoi nous n'aurions jamais pu offrir un toit à Breon. À présent, je dors dans le lit de Katia et Breon dort dans le mien. Ce n'est pas la même chose, évidemment. Mais parfois, ça ne me dérange pas. Parfois, cette différence suffit amplement.

— Bon, allons d'abord remplir nos bocaux, annonce Sonnet en posant un bocal en verre devant chacune d'entre nous.

Mme Bluefall nous apporte un grand pichet d'eau que nous faisons circuler.

Sonnet et sa mère m'affirment toutes deux que c'est une chance que mon voyage commence le matin suivant la pleine lune, que cela signifie que d'autres bonnes choses m'attendent. J'ai envie de croire que c'est vrai, même si je suis nerveuse à l'idée d'être loin de chez moi, surtout après tout ce qui s'est passé. Autrefois, je ne cessais d'évoquer mon désir de fuir Grady Park, mais maintenant que ce départ est imminent, je ne me sens pas prête.

— Hé, les filles… et s'il arrivait quelque chose pendant mon absence ?

Breon tambourine sur le couvercle de son bocal d'eau.

— Comme quoi ?

Elle s'approche et pose une main sur mon épaule.

— C'est le voyage qui te stresse, pas vrai ?

— Nan, c'est juste que je suis pas sûre que ce soit le bon moment pour partir. On s'éclate tellement ensemble, je veux pas que ça se termine.

— Je sais à quoi tu penses, lance Deja. T'as peur que les choses changent ici, t'as peur de changer, *toi*.

Je ris.

— Ça y est, elle a mangé un philosophe, je réponds.

— Nan, c'est plutôt logique, en vrai. Je me souviens du jour où j'ai appris que j'allais devenir première de la classe en quatrième, explique Breon. Personne n'avait la moindre chance contre moi. Mais l'idée de le devenir me réjouissait pas pour autant. J'étais stressée à mort.

— Pourquoi ? demande Sonnet, songeuse. C'est génial d'être première de la classe.

— Pas quand t'es persuadée que tu le mérites pas. Qu'est-ce qui me rendait meilleure que tous ces autres gosses ? Et si je décrochais le titre, je savais qu'on attendrait de moi que je sois la première de ma classe au lycée, puis à Princeton et que je trouve un remède au cancer ou quelque chose du genre.

— Mais tu étais… tu *es* assez intelligente pour faire tout ça si tu veux, je réponds.

— Je ne voyais pas les choses comme ça à l'époque. Je ne voyais pas comment je pouvais réussir quoi que ce soit avec ma mère absente et moi qui vivais toujours dans la cité. J'étais persuadée qu'un jour ou l'autre, j'allais tout foutre en l'air et me retrouver à la case départ, alors je me disais, à quoi bon essayer ?

C'est un peu comme si Breon racontait mon histoire à ma place.

— Ouais… ouais, c'est exactement ce que je ressens. J'ai pas l'impression d'en avoir fait assez pour mériter ça. Bexley ne m'a probablement décerné le prix que parce qu'elle avait pitié de moi. Moi aussi, j'aurais eu pitié de moi, j'admets.

Mme Bluefall allume des bougies chauffe-plat et les place tout autour de nous. Sonnet se tourne vers moi.

— Beau, tu ne t'es jamais dit que tout ça devait arriver parce que c'était ton destin ? Je crois à la chance, mais je crois aussi au destin. Quelle était la probabilité qu'on… je veux dire que *quelqu'un* dégrade la fresque et que Bexley en personne se porte volontaire pour venir l'aider à la repeindre ?

— C'est vrai, Beau, tu vois pas que tu mérites tout ça ? ajoute Deja. Et tu mérites bien plus encore.

Mes amies me regardent toutes avec amour et, soudain, c'est trop pour moi. J'enfouis mon visage dans mes mains et je dis ce que j'ai sur le cœur.

— Pourquoi je devrais quitter Grady Park alors que Katia n'aura jamais cette chance ?

Alors que je me mets à pleurer, je sens plusieurs paires de bras s'enrouler autour de moi.

— Mais elle l'a fait, déclare Mme Bluefall à mi-voix. Elle n'est pas prisonnière de Grady Park et toi non plus. Elle voudrait ce qu'il y a de mieux pour toi. Tu n'as pas à te sentir coupable d'en avoir envie, toi aussi.

Je sais qu'elle a raison. Katia me traiterait d'idiote rien qu'à l'idée d'avoir envisagé de ne pas y aller. Elle aurait voulu ça pour moi, je le sais. Je regrette juste de ne jamais pouvoir l'entendre me le dire de vive voix.

Je suis secouée par une nouvelle vague de sanglots et mes amies me serrent plus fort dans leurs bras. Je sens la chaleur, la tristesse, la colère, la joie, la haine et l'amour m'envahir en même temps sous une mer d'étoiles blanches. Katia ne reviendra pas, mais il me reste Deja, Breon et Sonnet. Peut-être que ce ne sera plus suffisant demain. Mais ce soir, ça l'est.

REMERCIEMENTS

Ce livre n'aurait pas été possible sans l'équipe formidable qui m'a soutenue.

À mon agente, Patricia, merci d'avoir cru en mon histoire et en moi en tant qu'autrice.

À mon éditrice, Kat Brzozowski, merci de m'avoir aidée à présenter mon histoire sous sa meilleure version possible.

À la Tulsa Artist Fellowship, merci de m'avoir donné le temps et l'espace pour travailler sur mon livre et d'avoir changé ma vie. Et à mes ami·e·s de Tulsa, Steve Bellin-Oka, Kenichi Bellin-Oka et Zoie.

À mon amie et mentor, Dr Erika Wurth : merci d'avoir pris soin de la petite autrice en herbe Juliana pour que je devienne l'autrice que je suis aujourd'hui. J'espère que tu sais que je suis l'une de tes plus grandes fans. Merci pour tout ce que tu as fait pour moi.

À ma meilleure amie, Audrey Gradzewicz ; merci d'avoir toujours été là et d'avoir été la personne aimante, attentionnée, géniale et brillante que tu es. Tu m'as soutenue dans les moments les plus sombres et je t'en serai toujours reconnaissante. À mon autre meilleure amie, Quarchea ; merci d'avoir toujours fait le maximum pour moi et de m'avoir appris à être plus gentille et plus douce. Tu es incontestablement la personne la plus gentille que j'aie jamais connue et je ne sais pas ce que je serais devenue sans notre amitié.

Aux membres de ma famille qui ne sont pas là pour voir mon rêve d'enfant se réaliser, ma tante Marcia Balciar, mes grands-mères Peggy Goodman et Willa Onayo, et mes grands-pères Charles Onayo et Jesse Wiley : merci d'avoir cru en moi quand je n'y croyais pas. Merci de m'aimer inconditionnellement. J'espère que cela vous rend fiers.

Mention spéciale à mon chat foufou, Pickle Bickle, et à mon petit compagnon préféré, Artie Partie, mes complices de rédaction nocturne.

Merci au reste de ma famille, à mes frères Brian Wiley et Chaz Gross, et à ma nièce Zoey Wiley.

À ma mère, Ginger Wiley, alias Gidget : merci de m'avoir permis de rêver. Je pense que tu savais bien avant moi que je voulais devenir autrice et que ça finirait par arriver un jour. Merci d'avoir été mon premier exemple de femme noire accomplie et de m'avoir aidée à le devenir aussi. Je t'aime, maman !

À ma grande sœur, Jillian : j'ai gardé le meilleur pour la fin, car je n'aurais jamais pu écrire un livre sur des sœurs sans la mienne. L'amour que Beau porte à sa grande sœur Katia est le même que celui que j'ai pour toi. Même quand nous nous disputons, je sais que tu seras toujours là pour moi, et j'espère que tu sais que je serai toujours là pour toi. Après trente et un ans, rien ne pourra jamais briser notre lien. Merci d'être honnête avec moi et de m'aimer. Je t'aime, J Gizzle n° 1.

L'AUTRICE

Photo © Dave Mason, IS Photographic

Juliana Goodman est née et a grandi à Blue Island, dans l'Illinois. Elle est titulaire d'une licence en littérature anglaise de l'université Western Illinois et d'un master en écriture de fiction de l'université Purdue. Juliana a reçu plusieurs prix et bourses pour son travail et a été finaliste du Jack Kent Cooke Graduate Arts Award. Ses textes ont été publiés dans les revues *Rectangle* de *Sigma Tau Delta*, *Blackberry: a Magazine* et le *Fiyah Literary Magazine*. Juliana est boursière en arts littéraires dans le cadre de la Tulsa Artist Fellowship. Pendant son temps libre, elle aime regarder des films d'horreur, lire les derniers romans pour jeunes adultes et passer du temps avec son pitbull, Artie Partie, et son chat, Pickle. *Noires et debout* est son premier roman.

Young Novel

« Young Novel », c'est la collection *young adult* (à partir de 15 ans) des Éditions Akata. Elle regroupe des traductions d'œuvres internationales, aussi bien que des créations originales françaises. Les ouvrages sont proposés en couverture souple, au format unique de 140 × 205 mm.

Déjà parus :

- *Je ne suis pas un gay de fiction*, de Naoto Asahara
- *Rendez-vous au Crépuscule*, de Tetsuya Sano
- *Fragments de Crépuscule*, de Tetsuya Sano
- *Nos mondes i-maginés*, de Tetsuya Sano
- *Mawaru Penguindrum*, tomes 1 à 3, de Kunihiko Ikuhara & Kei Takahashi
- *Pour trois jours de bonheur, j'ai vendu le reste de ma vie*, de Sugaru Miaki
- *Darius le Grand ne va pas bien*, d'Adib Khorram
- *Darius le Grand mérite mieux*, d'Adib Khorram
- *Kiss & Tell*, d'Adib Khorram
- *Pour l'amour du phở*, de Loan Le
- *L'Amour de A à Z*, de S. K. Ali
- *L'Amour de La Mecque à Médine*, de S.K. Ali

- *Slay*, de Brittney Morris
- *Le Prix du savoir*, de Brittney Morris
- *Oboro et moi*, de Taine Inukai
- *Nous ne sommes pas libres*, de Traci Chee
- *Ce qu'il n'est pas*, tomes 1 à 6, de Bingo Morihashi
- *Gros tracas pour Charlie Vega*, de Crystal Maldonado
- *#Sansfiltre et autres mensonges*, de Crystal Maldonado
- *Tant qu'il le faudra*, tomes 1 à 3, de Cordélia
- *Quand tu seras prêt*, de Gary Lonesborough
- *Avant qu'il ne soit trop tard*, de Gary Lonesborough
- *Le Théorème des garçons*, d'Anna Gracia

<u>À paraître :</u>

- *Ophelia malgré tout*, de Racquel Marie
- *Nos points vitaux*, de Tetsuya Sano
- *Que la mort nous rassemble*, d'Akinari Asakura